Autoajuda, educação e práticas de si
Genealogia de uma antropotécnica

Dora Lilia Marín-Díaz

Autoajuda, educação e práticas de si

Genealogia de uma antropotécnica

◈ ESTUDOS FOUCAULTIANOS

autêntica

Copyright © 2015 Dora Lilia Marín-Díaz
Copyright © 2015 Autêntica Editora

Todos os direitos reservados pela Autêntica Editora. Nenhuma parte desta publicação poderá ser reproduzida, seja por meios mecânicos, eletrônicos, seja via cópia xerográfica, sem a autorização prévia da Editora.

COORDENADOR DA COLEÇÃO ESTUDOS FOUCAULTIANOS
Alfredo Veiga-Neto

CONSELHO EDITORIAL DA COLEÇÃO ESTUDOS FOUCAULTIANOS
Alfredo Veiga-Neto (UFRGS); Walter Omar Kohan (UERJ); Durval Albuquerque Jr. (UFRN); Guilherme Castelo Branco (UFRJ); Sílvio Gadelha (UFC); Jorge Larrosa (Univ. Barcelona); Margareth Rago (Unicamp); Vera Portocarrero (UERJ)

EDITORA RESPONSÁVEL
Rejane Dias

EDITORA ASSISTENTE
Cecília Martins

REVISÃO
Dila Bragança de Mendonça
Lívia Martins

CAPA
Alberto Bittencourt (Sobre imagem de Stask/IstockPhoto)

DIAGRAMAÇÃO
Conrado Esteves

Dados Internacionais de Catalogação na Publicação (CIP)
(Câmara Brasileira do Livro, SP, Brasil)

Marín-Díaz, Dora Lilia

Autoajuda, educação e práticas de si : genealogia de uma antropotécnica / Dora Lilia Marín-Díaz. -- 1. ed. -- Belo Horizonte : Autêntica Editora, 2015. -- (Coleção Estudos Foucaultianos)

ISBN 978-85-8217-425-8

1. Artigos filosóficos 2. Educação - Filosofia 3. Foucault, Michel, 1926-1984 - Crítica e interpretação 4. Prática pedagógica I. Título. II. Série.

15-00165   CDD-371.3

Índices para catálogo sistemático:
1. Práticas pedagógicas : Educação 371.3

GRUPO AUTÊNTICA ⓒ

Belo Horizonte
Rua Aimorés, 981, 8º andar . Funcionários
30140-071 . Belo Horizonte . MG
Tel.: (55 31) 3214-5700

Televendas: 0800 283 13 22
www.grupoautentica.com.br

São Paulo
Av. Paulista, 2.073, Conjunto Nacional,
Horsa I . 23º andar, Conj. 2301 . Cerqueira
César . 01311-940 . São Paulo . SP
Tel.: (55 11) 3034-4468

Ao Carlitos.

Sumário

9   Apresentação – A chave é o indivíduo

17   O eu bem-sucedido e feliz! Espiritualidade e asceses hoje
20   Quem você é? O poder do eu
29   Trabalhe sobre você: pratique, experimente!
41   Cultive a felicidade
58   O "verdadeiro" sentido do sucesso

75   A autoajuda como antropotécnica: proveniência e transformações
79   Poder pastoral hebraico: a condução das almas
90   Poder político, *polis* e práticas de si
90   A cidade como esquema prático: emergência da Arete aristocrática
100   A cidade antiga: individuação e consolidação da primeira Arete cidadã
105   Arete e cidade: conformação da *Paideia*
112   Práticas de si na *polis* clássica: Esparta
119   Atenas: justiça, direito, democracia e modos de existência
128   Construir-se e conduzir-se: conformação do "si mesmo"
138   As práticas de si: exercícios, ascética e condução de si mesmo (filosofia)
160   O cristianismo: atrelamento de práticas pastorais e práticas de si

**189   Educar ou governar? "Laicização" do
poder pastoral – "pastorização" do poder político**
195   Modernidade: constituição de uma sociedade educativa
199   Práticas de si: sujeito aprendente como exercitante permanente

205   Desaprender e aprender: agir como capital humano
209   Conduzir nossos eus: construir nossas identidades
229   Aprender a ser feliz: educar-se permanentemente
248   Capital humano: sou um empresário feliz

259   Referências
271   A autora

Apresentação – A chave é o indivíduo

A literatura de autoajuda não é bem-vinda no mundo acadêmico. Ainda que milhões de pessoas leiam vários desses livros anualmente e ainda que sejam esses livros a única fonte de leitura desses milhões de pessoas, nos círculos acadêmicos parece simplesmente constatar-se, nesse fato, a superficialidade da nossa época ou o efeito do mercado no manuseio das expectativas mais íntimas das pessoas. Este livro propõe uma aproximação diferente para o auge da literatura de autoajuda: em primeiro lugar, é preciso reconhecer a importância desse fenômeno em termos da vida dos leitores, quer dizer, é preciso levar a sério esse fenômeno além de um assunto de mercado, pois se trata de ferramentas que as pessoas procuram para orientar a sua vida e que, em muitos casos, tem efeitos significativos na maneira como elas vivem. Em segundo lugar, é preciso reconhecer, além do óbvio fenômeno comercial, um fato menos visível, mas significativo em termos educacionais: a ancoragem da autoajuda numa milenar tradição de práticas dirigidas para o governo de si. Trata-se de um conjunto de técnicas antigas como a meditação e a escrita de si que são agora atualizadas num dispositivo novo que se poderia chamar, seguindo Simons e Masschelein (2006), o dispositivo de aprendizagem contemporâneo.

Esse dispositivo precisa de indivíduos, isto é, para o seu funcionamento requer produzir indivíduos que ajam como "eus", com interesses e com capacidade de aprender a aprender, para atingir a nova meta desejável: ser bem-sucedidos e felizes. Daí que a chave seja o indivíduo. Essa frase expressa um dos enunciados mais relevantes da nossa época e se faz evidente ao nos aproximar de alguns discursos de autoajuda e ao encontrar neles um conjunto de técnicas e exercícios de si ao lado de preceitos de comportamento – endereçados para que cada indivíduo defina e delimite seu eu. Seguindo as pegadas desse enunciado nos discurso de autoajuda, é possível encontrar um *primeiro elemento* que enquadra as reflexões apresentadas neste livro: trata-se dos três eixos que caracterizam e articulam os discursos de autoajuda: delimitação do eu; sua transformação ou modificação; e felicidade como sua principal finalidade. Tais eixos parecem atravessar e definir muitos dos modos de praticar a vida hoje, e podemos percebê-los circulando e determinando o foco das diferentes práticas educacionais desenvolvidas nos últimos séculos.

Nesse marco a aprendizagem aparece como uma noção central, tanto nos discursos pedagógicos quanto nos discursos da autoajuda e funciona como ponte de articulação desses dois tipos de discursos. Eles atuam e focalizam sua ação na produção de um indivíduo que age sobre si utilizando exercícios de treinamento intelectual e emocional para se transformar permanentemente. Essa condição da aprendizagem como núcleo dos discursos pedagógicos e de autoajuda teria possibilitado o ingresso dos livros de autoajuda nas salas de aula, a produção de livros desse gênero destinada à formação de pais e professores, e a sua celebração como maneira de atualizar as práticas pedagógicas ao levar até elas temas e problemas da vida e do mundo atual nos quais se reconhece a importância das emoções, dos sentimentos e das ações do indivíduo.

Dessa articulação entre discursos de autoajuda e discursos pedagógicos, que será descrita no decorrer do livro, deriva-se um *segundo elemento* central nas análises aqui apresentadas: trata-se justamente da centralidade que a aprendizagem (como noção e como prática) adquiriu no último século. Noções como "necessidades básicas de aprendizagem", "aprendizagem permanente", "sociedade da aprendizagem", "cidade educativa", "educação permanente", etc. aparecem com frequência se referindo à necessidade de dispor todos os cenários sociais e pessoais para que cada indivíduo, sujeito de sua aprendizagem, adquira as competências e as habilidades necessárias para "aprender a aprender", e assim, "aprender ao logo da vida toda".

Assim, parece que, se delimitar e fixar o "eu" foi o propósito da disciplina em séculos anteriores, mudar e transformar esse "eu" é o propósito da aprendizagem na contemporaneidade. Tal mudança de ênfase – acontecida nos discursos e nas práticas educacionais durante os dois últimos séculos – não constitui um assunto menor, pois ela foi fundamental na consolidação das formas de governamento atuais, aquelas reguladas pela concorrência no âmbito do mercado econômico e profissional. Em outras palavras, a aprendizagem aparece hoje como a estratégia para a condução das condutas de indivíduos que se consideram a si mesmos como agentes autônomos e empresários de si mesmos, indivíduos dispostos a se transformar e incrementar seu capital (*freelancer*) para alcançar a ascensão social e profissional, num mundo regido pela economia geral de mercado.

Sobre este último aspecto, um *terceiro elemento* aparece sustentando as análises aqui apresentadas: trata-se do reconhecimento da relação entre governamento e práticas pedagógicas. Essa relação que se fez presente nos modos de praticar a vida entre os séculos XV e XVI, com a ênfase disciplinar na instrução e na didática (e daí o aparecimento da máquina escolar), e nos séculos XVII e XIX, com a ênfase liberal na educação e na pedagogia (pela primeira vez pensada como uma ciência da educação), continua a ser central nas formas de viver das sociedades contemporâneas. Essa centralidade é marcada pela defesa e excessiva importância atribuída às práticas educacionais e de aprendizagem nos diversos cenários sociais.

Finalmente, afirmar que a chave é o indivíduo é trazer à tona um enunciado fundamental nos nossos modos de praticar a vida hoje e que expressa essa série formada pela exercitação, condução e individualização. Tal articulação, que é perceptível nas práticas de autoajuda e nas práticas pedagógicas atuais, é o ponto de emergência das formas de governamento contemporâneas, assim como de uma série de contracondutas ou de outros modos de condução surgidos no desdobramento da mesma racionalidade neoliberal. Essas contracondutas aparecem como resposta aos modos massivos de condução que focam no indivíduo, na sua autotransformação e no sucesso a chave da felicidade. A emergência dessas práticas contracondutuais, segundo as análises de Binkley (2009), correspondem a "revoltas de conduta" que procuram outros modos de condução e de ação sobre si mesmo. Assim, não se trata de não se conduzir ou não se deixar conduzir, mas de traçar outros fins para essa condução que tentem abrir outras possiblidades para indivíduos frustrados e imobilizados por não poderem dar conta desse êxito e dessa felicidade pelos quais eles são os únicos responsáveis. Trata-se de formas de exercitação que nem sempre estão orientadas para os indivíduos se produzirem como capitais humanos em permanente competição, mas como indivíduos que vivem sua vida com a felicidade de simplesmente viver.

Essas formas de contraconduta responderiam a um "fenômeno social" provocado por esse *télos* de felicidade permanente e "ao alcance de todos" que muitas vezes a autoajuda nos oferece (vende). "Procrastinação" é um termo novo usado para descrever a condição de algumas pessoas que ficam imobilizadas com sentimentos de frustração, medo, angústia e culpa – condição que por vezes torna-se insuportável para elas – ao sentirem que não conseguem o que parece possível para todos e o tempo todo: riqueza, felicidade e sucesso. Binkley (2009) descreve essa condição como um estilo de vida aflita que se funda no diferimento ou adiamento das tarefas, o que gera *stress*, culpa, baixa produtividade laboral e vergonha. Tal situação foi também analisada por Sennett (2010), quando fala em certa forma de "corrosão do caráter" na contemporaneidade. Ele assinala os efeitos perversos que as práticas do capitalismo contemporâneo estão gerando nas pessoas – em particular, esses sentimentos de frustração e fracasso que levam muita dor à vida quotidiana:

> O fracasso é o grande tabu moderno. A literatura está cheia de receitas para triunfar, mas em geral, calam no que tange à questão de lidar com o fracasso. Aceitar o fracasso, dar-lhe uma forma e um lugar na história pessoal é algo que pode obcecar-nos internamente, mas raras vezes se comenta com os outros. (Sennett, 2010, p. 124).

Diante dessa situação que afeta um grande número de pessoas a cada ano, começou a aparecer na prática clínica da psicologia uma nova doença "psicossocial" a ser tratada com terapias. Em contrapartida, também começaram a aparecer livros e *sites* de autoajuda que recomendam exercícios e técnicas para recuperar a capacidade de irresponsabilidade, de ócio e de não ação, para diminuir a ansiedade e o *stress*. Esses são assinalados por Binkley (2009) como exemplos de novos livros de autoajuda que, ainda mantendo uma estratégia similar aos tradicionais, expressariam finalidades e propósitos até contrários a eles.

Também se poderiam localizar aqui movimentos como o chamado de *Slow Science*,[1] que questiona o produtivismo acadêmico, a apresentação permanente de relatórios, a obrigação de escrever constantemente artigos e avaliar outros de colegas, a pressa permanente pelo acrescentamento dos *curricula* vitae. Ao contrário, insiste em que a produção acadêmica requer tempo, o pensamento marcha devagar, e a produção de conhecimento não é uma concorrência para ver quem publica mais. A revisão e análise dessa nova classe de livros e movimentos, suas técnicas e finalidades, pode ser interessante para complementar este estudo. Ainda mais se pensarmos que essa nova modalidade dos discursos pode ser uma superfície de emergência de contracondutas, cuja entrada em cena estaria contribuindo para uma possível crise das formas de governamento atuais e talvez para a emergência de outros modos de condução.

Esse assunto é justamente o *Último elemento* que gostaria de salientar na apresentação deste livro. Trata-se de pensar que, na segunda metade do século XX, estariam dadas as condições para uma crise generalizada

---

[1] Sobre este movimento, consultar o *site Slow Science – Donner du temps au temps de la Science.* Disponível em: <http://slowscience.fr/>.

de governamento, que poderiam ser semelhantes (o que não significa que seja sua repetição) àquelas vividas pelas sociedades ocidentais entre os séculos XV e XVI. Lembremos que, para esse momento, a reorganização, o aparecimento e a definição de certas práticas de governamento mudaram a forma de dirigir e governar a população, nas suas relações individuais, políticas e sociais, como afirma Foucault (2003a, p. 48):

> O Protestantismo, o desenvolvimento das grandes nações-estado, a formação das monarquias autoritárias, a administração de territórios, a Contrarreforma, todos representaram uma alteração no equilíbrio entre a Igreja Católica e o resto do mundo.

Longe de vivermos um período igual ao dos séculos XVI e XVII, o que parece é que hoje assistimos, sob outras condições, ao questionamento que as pessoas comuns fazem quanto aos modos como são conduzidas por outros, mas também quanto às formas como se sentem compelidas a conduzir a si mesmas. Esses questionamentos emergem também em meio a fatos históricos particulares – as crises econômicas marcadas pela instabilidade das economias do mundo, a escassez de alimento, o aumento populacional, assim como pelos conflitos armados entre os diferentes países, seja pela posse do petróleo, seja pela posse da água, seja pela posse da terra, seja pela posse das armas nucleares. Tais fatos, junto a essa excessiva centralidade do indivíduo, estão gerando a crise das instituições e das práticas que, nestes dois últimos séculos, marcaram os modos de praticar a vida coletiva nas nossas sociedades ocidentais.

Parece que estamos diante de uma crise de grande escala. Assim, aos fatos históricos – do seu lado, ou ainda os produzindo –, o narcisismo contemporâneo e a sua moral hedonista do pós-dever, como diria Lipovetsky (1994), agregam um elemento que seria fundamental para os nossos modos de viver hoje e para os que se avistam para o futuro: a incapacidade de educar. Tal moral hedonista, tal narcisismo, tal liberalidade nos põe diante da incapacidade de educar, de conduzir os novos por algum caminho ou para algum projeto coletivo. Esse individualismo estaria gerando um desencaixe nessas formas individuais que somos hoje: levou-nos do "superego" de Freud para o "super-eu" inflacionado, em cujas tramas estamos afundando.

Assim, por exemplo, não é de estranhar essa sensação de uma grande crise na educação, ao se perceber que a autoridade representada pelo adulto (professor ou pai/mãe) – pelo saber e a experiência acumulada – está perdendo sentido. Com isso, a tarefa de orientação, socialização, ensino, direção dos adultos está se apagando e sendo deslocada por práticas inéditas de autoaprendizagem e autogoverno das crianças que, ao decidirem sobre muitos assuntos quotidianos da sua vida, passam a ser uma nova espécie de adultos pequenos. O constrangimento sentido hoje pelos adultos diante da impossibilidade e, ao mesmo tempo, da obrigatoriedade em ter de oferecer e conduzir a primeira socialização das crianças parece ser uma amostra do sentimento de insatisfação, contrariedade e impaciência com respeito ao modo como somos conduzidos.

Tal insatisfação, essa "crise de governabilidade" (FOUCAULT, 2003b), teria sua expressão na vida quotidiana, na forma de resistências e revoltas específicas e difusas sobre os mais variados temas e contra as mais variadas instituições de governo. Pode-se percebê-la tanto nas grandes manifestações – dos estudantes no mundo todo, na chamada "primavera árabe" ou nos protestos dos ativistas de *Wall Street*, ou ainda no movimento dos *Indignados* em Madrid e em outras cidades europeias – quanto em temas relativos à vida quotidiana, como aqueles que se desenham como novas doenças de saúde pública: "procrastinação", "síndrome de Burnout" entre os professores, etc. Do mesmo modo, é possível percebê-la na produção de novas formas e reflexões para melhorar as condições de vida nas nossas sociedades – recuperação de técnicas de cuidado de si antigas ou de outras culturas, produção ampla e massiva de livros e materiais de autoajuda e, em geral, procura por métodos e formas de exercitação individuais e coletivas que ajudem a conseguir o equilíbrio que parece se encontrar no âmago do que muitos consideram ser felicidade.

O livro encontra-se organizado em quatro capítulos. No primeiro, nos aproximamos a um conjunto de exercícios e técnicas de condução de si atuais – exercícios autoajuda –, no qual o desvelamento do verdadeiro é procurado em certa "interioridade do sujeito", assunto que leva a cada um a se fixar em identidades e naturezas inatas para logo depois empreender a sua modificação e condução, usando para isso exercícios e técnicas de transformação. Essas são formas de exercitação que fazem do indivíduo um outro diferente, mas sempre adaptado e adaptável às condições de seu tempo e seu grupo social. No segundo capítulo, a proposta é tentarmos identificar e descrever a proveniência, a emergência e os modos como operam os exercícios e as técnicas de si, além de algumas formas como elas se vincularam às práticas educativas. Nesse sentido, trata-se de procurar a proveniência de alguns exercícios e as técnicas de si e as formas como eles se articulam com preceitos para a vida, definindo modos de existência em diferentes momentos da história do Ocidente. Tal percurso possibilita fazer visíveis alguns dos fios técnicos que acompanharam a produção e o desenvolvimento dos exercícios de si, e a sua importância na figura do que chamamos de governamento ético – entendido como a condução do indivíduo por si mesmo.

Já no terceiro capítulo, é tecida uma ponte entre a proveniência das técnicas de si e as práticas de governamento usadas na modernidade e na contemporaneidade. Para tanto, desenha-se um panorama de algumas das transformações que aconteceram entre a Idade Média e a chamada modernidade, salientando o privilégio que as práticas educativas tiveram, nos séculos seguintes como uma arte para o governamento da população. Logo depois, descrevem-se alguns elementos que acompanharam as transformações e as ênfases que essa arte de educar sofreu, no último século, e nas quais a aprendizagem tornou-se como uma das principais estratégias de condução do indivíduo e, portanto, em uma poderosa estratégia de governamento neoliberal.

Finalmente no quarto capítulo apresentam-se algumas características narrativas da autoajuda que se articulam com características dos discursos pedagógicos e que parecem expressar esse privilégio que as práticas de condução (de si e dos outros) alcançaram no decorrer dos séculos XIX e XX. Esses enunciados de identificação, transformação e procura da felicidade configura uma série de individualização-exercitação-condução que emerge de maneira muito clara nos discursos educacionais, nas práticas educativas e nos discursos de sucesso e felicidade sob a forma de noções como aprendizagem, educação permanente, competência e capital humano, vinculando-se às formas de governamento de si e dos outros que, no decorrer do século XX, acompanharam e alimentaram a conformação da racionalidade neoliberal contemporânea.

O eu bem-sucedido e feliz!
Espiritualidade e asceses hoje

O aparecimento do preceito de *cuidado de si* mostra-se como um acontecimento fundamental nessa longa história de transformações da relação entre o verdadeiro e o si mesmo, que Foucault descrevera nos seus cursos e palestras das décadas de 1970 e 1980.[2] Tal acontecimento, ao que parece, esteve acompanhado pela emergência de um conjunto de buscas, práticas e experiências – "tais como as purificações, as asceses, as renúncias, as conversões do olhar, as modificações de existência, etc." (FOUCAULT, 2002, p. 33) – que os indivíduos retomaram, ajustaram e criaram à procura do verdadeiro em si mesmos ou através de si mesmos. "Esse trabalho de si para consigo, elaboração de si para consigo, transformação progressiva de si para consigo em que se é o próprio responsável por um longo labor" (p. 34) é o que nomeamos de ascese (*áskesis*). Trata-se de uma forma de trabalho configurado a partir de diferentes ações, exercícios e técnicas que podemos apelidar, seguindo Hadot (2006) de espirituais.

Segundo Foucault (2002), durante a Antiguidade grega e greco-romana, os diferentes modos de pensar e praticar a vida mantiveram uma estreita articulação entre a questão do acesso à verdade – filosofia – e as transformações necessárias para ter acesso a ela que devia realizar o sujeito – espiritualidade. Essas duas questões, ao que parece, não estiveram separadas em nenhuma das tradições filosóficas, com exceção da aristotélica.[3] Acesso à verdade e transformação do sujeito, ou melhor,

---

[2] Cf. Foucault (1990a, 1990b, 2002, 2004, 2009, 2010a, 2010b).

[3] Foucault (2002, p. 35) nos diz que "A exceção maior e fundamental é a daquele que, precisamente, chamamos de "o" filósofo, porque ele foi, sem dúvida, na Antiguidade, o único filósofo; aquele, dentre os filósofos, para quem a questão da espiritualidade foi a menos importante; aquele em quem reconhecemos o próprio fundador da filosofia, no sentido moderno do termo, que é Aristóteles. Contudo, como sabemos todos, Aristóteles não é o ápice da Antiguidade, mas sua exceção".

filosofia e espiritualidade encontram-se estreitamente vinculadas nas formas de pensar e praticar a vida tanto nos pitagóricos, socráticos e platônicos quanto nos estoicos, cínicos, epicuristas, neoplatônicos, etc. Neles todos, a *epiméléia heautoû* (cuidado de si) designava precisamente um conjunto de condições de espiritualidade, de transformações de si, que eram a qualidade necessária para que o indivíduo acessasse a verdade.

Quando Foucault analisa as práticas ascéticas nessa tradição grega e greco-romana, ele destaca que a procura do verdadeiro caracterizou-se por três elementos: (1) o acesso ao verdadeiro jamais era dado como direito do sujeito, nem pelo "ato de conhecimento". Ele sempre exigia que o sujeito se modificasse, se deslocasse e, por isso mesmo, se transformasse, em certa medida e até certo ponto, em outro que não era mais o mesmo; (2) a relação com o verdadeiro exigia do sujeito um deslocamento, seja pelo *éros* (amor),[4] seja pela *áskesis* (exercício), que o levava de uma *condição* inicial para uma outra condição diferente da primeira, em que modificado era um sujeito capaz de verdade; e, finalmente, (3) o acesso ao verdadeiro produzia certo efeito ""de retorno" da verdade sobre o sujeito". Isso significa que o acesso ao verdadeiro, para além da recompensa, oferecia um efeito "iluminador" que lhe conferia alguma coisa que completava o próprio sujeito, que aperfeiçoava o seu "ser mesmo de sujeito", transfigurando-o (FOUCAULT, 2002, p. 34).

As práticas ascéticas exigem, então, um ato de conhecimento preparado, acompanhado, duplicado, consumado por certa transformação do sujeito, no seu modo de ser. O fim de qualquer ação que o sujeito realizava para saber de si, para encontrar ou acessar isso verdadeiro que haveria nele, era mais que um ato de "conhecimento da verdade". Era, sobretudo, uma ação de conversão e autotransformação que o tornava um outro diferente. A história da relação do sujeito com o verdadeiro é a história desses procedimentos de exercitação, físicos e/ou mentais, que teriam sido usados pelos humanos, há muitos séculos, para tentarmos saber de nós mesmos e aperfeiçoarmos nossos modos de existência. Assim, as práticas ascéticas, nas suas mais variadas versões e formas de inscrição nos grupos sociais e no decorrer da história, constituiriam um conjunto de "antropotécnicas" através do qual aquilo que consideramos "o humano" teria sido produzido e reconfigurado permanentemente (SLOTERDIJK, 2012).

Nessa forma de produção do humano e de relação com o verdadeiro, os mais variados modos de exercitação (transformação, conversão) foram

---

[4] Movimento de ascensão do próprio sujeito; movimento pelo qual, ao contrário, a verdade vem até ele e o ilumina (FOUCAULT, 2002, p. 33-34).

produzidos. São as pegadas desse animal exercitante – desse asceta que é o humano e dessas maneiras que vincularam espiritualidade com técnicas e exercícios de modificação do sujeito por si mesmo (as mesmas que já foram descritas por Nietzsche, Sloterdijk e Foucault) – as que se podem identificar através de exercícios e técnicas de condução que hoje são usadas para governar as nossas próprias vidas e as dos outros.

Os discursos educativos aparecem fortemente fundados nas questões relacionadas com o acesso à verdade e com as transformações do sujeito. Nesse sentido, eles encontram-se atravessados por um conjunto de práticas de exercitação destinadas à modificação dos sujeitos e à produção de modos de vida específicos para sociedades e grupos humanos também específicos. Podemos pensar que as práticas pedagógicas, enquanto ações reguladas destinadas à formação e à definição de modos de comportamento dos outros, podem ser consideradas como práticas de governamento (de condução). Isso porque nessas práticas são incorporados e desenvolvidos exercícios destinados à transformação do indivíduo, com o propósito de leva-lo a se enquadrar nos modos de vida de seu grupo social.

Assim, para além das práticas aceitas como propriamente educativas – por se encontrarem inscritas no campo de saber pedagógico ou por se referirem especificamente à escola como instituição educativa por excelência –, podemos encontrar hoje um amplo número de práticas orientadas para a condução da conduta dos indivíduos por eles mesmos que podemos considerar educativas, num sentido amplo do termo. Entre essas práticas, encontram-se a autoajuda em suas mais variadas versões e formatos: *talk show*; seções de conselhos de jornais e revistas; páginas da Internet; a indústria editorial da autoajuda, da superação pessoal, etc.; as práticas privadas dos clínicos em psiquiatria, psicologia e filosofia prática; a consultoria de empresas em gestão de recursos humanos e manipulação de conflitos; os serviços de bem-estar social; os planos de estudo escolares que incluem desde aulas de comportamento e saúde até aulas de resolução de conflitos e agora, como é moda, de *bullying* ou acosso escolar; além de um leque de grupos de apoio para as mais variadas adições e aflições humanas.

Neste texto, optou-se por analisar os livros de autoajuda. Contudo, é evidente que o campo a explorar é muito maior e que seria impossível cobri-lo por inteiro. Ainda assim, é plausível trazer para a cena alguns exemplos desses outros formatos, na tentativa de perceber a força de três elementos constitutivos dessa prática de autoajuda e o modo como eles articulam-se às estratégias de governamento atuais. Trata-se de exercícios orientados à (a) identificação e definição de um "eu" próprio, de sua natureza, e de estabelecer a maneira como esse "eu" se liga a forças superiores; do mesmo modo, de exercícios orientados à (b) autotransformação do indivíduo, e com ele, de suas condutas adquiridas para, finalmente, (c) conseguir algo que reconhecemos e aceitamos como sucesso e/ou felicidade.

Essas três características da autoajuda, que analiso a seguir, compõem a série *exercitação-individualização-condução* e atravessam muitas das práticas educativas atuais, toda vez que nelas o propósito é que cada um se reconheça a si mesmo como sujeito, como individualidade capaz de transformar-se, de desaprender condutas adquiridas, mas de aprender outras formas de se conduzir para conseguir isso que se acredita seja o sucesso e, com ele e através dele, a felicidade. Nesse jogo de desaprender e aprender novas formas de agir, o indivíduo se transforma em capital humano – competente e aprendiz permanente – forma necessária para o desenvolvimento do governamento neoliberal contemporâneo (FOUCAULT, 2007b).

Quem você é? O poder do eu

> *[...] o sucesso na vida depende de sabermos quem realmente somos.*
> *Quando nosso ponto de referência interno é nosso espírito,*
> *nosso verdadeiro ser, experimentamos todo o poder dele.*
>
> *[...] O poder do Eu é poder autêntico porque se apoia*
> *nas leis da natureza e vem do autoconhecimento.*
>
> (CHOPRA, 2011, p. 13)
>
> *Quem é você que não sabe o que diz? Meu Deus do Céu, que palpite infeliz!*
>
> (NOEL ROSA s/d, s/p)

A pergunta do título e a epígrafe de Chopra são formulações breves que orientam muitas das reflexões e dos exercícios propostos pelos livros de autoajuda hoje. Nesses discursos é possível encontrar descritos e sugeridos alguns exercícios e técnicas tanto para "saber de si" e enquadrar uma forma de "eu", que se supõe prévia e com uma natureza própria, quanto para procurar sua transformação permanente, sua adaptabilidade às condições e necessidades da vida atual. Essas são as primeiras duas características que podem salientar-se como parte do *télos* contemporâneo, que nos leva a nos exercitarmos permanentemente, a nos encarregarmos de nossa própria formação e a procurarmos as mais variadas formas de nos produzirmos como individualidades e particularidades mutantes e adaptáveis.

No viés desse saber de si, dessa limitação e caracterização do "verdadeiro ser", uma essência e uma natureza própria a ser desvendada, espreitada e reconhecida aparece como elemento fundamental. Aparentemente, o conhecimento que se procura de si, na maior parte dos livros revisados neste estudo, tenta marcar a particularidade, a exclusividade e a unicidade do indivíduo. Ao mesmo tempo, procura que tal indivíduo se identifique e se inscreva como pertencente a grupos identitários, definidos por certa natureza própria e pelas forças universais que regem todos os modos de ser e estar no mundo.

Em seu famoso livro *Soul Signs: An Elemental Guide to your Spiritual Destiny* (Os signos da alma: uma guia elementar para conhecer seu destino espiritual), Rosemary Altea – uma prestigiosa escritora inglesa de finais da década de 1990, qualificada como uma das maiores médiuns e curandeiras espirituais da atualidade – propõe a seus leitores que o conhecimento da própria alma seja feito através da identificação da "força elementar" (água, fogo, terra, ar ou enxofre) que movimenta a vida de cada um. Isso, para determinar o fluxo de energia e o signo específico da alma que impulsiona os diferentes modos de viver.

A autora refere que "como almas, a gente é afetada e impulsionada por essas mesmas forças naturais, esses mesmos poderosos elementos: fogo, terra, ar, água e enxofre" (ALTEA, 2005, p. 63). A pergunta fundamental, então, é: "Qual deles é você?". Com essa informação é possível, segundo ela, alcançar um "eu" mais centrado e equilibrado, achar a alma gêmea e reconhecer a atividade mais adequada para a personalidade de cada indivíduo que o leve a ter sucesso e viver feliz. Altea afirma que carregamos conosco um signo específico na nossa alma, e que ele nos acompanha desde o nascimento até nossa morte, definindo nosso modo de viver e morrer. Quando conhecemos o signo da nossa alma e sabemos de seus princípios fundamentais – o modo como ela surgiu, aonde ela vai ao morrer e como ela interage com outras almas enquanto fica no plano terrestre –, é possível compreendermos como a natureza de nossa alma define a nossa vida profissional e pessoal, e quanto podemos fazer com ela para viver tranquila e felizmente.

Trata-se, em geral, do descobrimento de si mesmo, de um saber de si que significa o encontro com o "destino espiritual" particular. O exercício de leitura e meditação proposto por essa autora para a exploração do eu (da alma "própria") requer uma autoavaliação profunda das formas como cada um procede, não das formas como gostaria de ser ou de agir ou de ser olhado pelos outros, mas de como age "de verdade", dos impulsos "naturais" que atuam quando toma decisões, quando interage com outros, seja no espaço laboral, seja no espaço pessoal e familiar. Então, diz a autora, é preciso uma análise "fria e serena" do próprio eu.

> Na medida em que leia as descrições de cada grupo, pode parecer que você se encaixa em mais de um deles. Quando eu escutei a descrição do signo terra, eu soube que essa era eu. Então li a descrição da água, e essa também parecia ser eu. Pois como os signos terra e água têm muito em comum – os dois são capazes de se diferenciar, se analisados serena e friamente –, minha confusão não era para ser tão estranha assim. Eu parecia me encaixar nos dois, mas não completamente. Se a influência da energia da terra supõe que quando já foi analisada e planejada uma estratégia, ela requer algum tipo de ação, a influência da água é diferente. Eles ideiam e planejam, mas diferentemente dos nossos signos de terra, nem sempre é preciso uma ação, exceto a que significa chegar a um acordo. E quando dedicados a uma avaliação profunda, os signos de água com frequência terminam em falta de ação, ao ficarem mais na reflexão. Enquanto os signos de terra são proativos, necessitam de ação, os de água, não. Outro elemento que me exclui como signo de água é que, embora eu esteja frequentemente disposta para fazer acordos, isso não é de meu impulso natural; tenho que trabalhar nisso. Assim, ainda que eu possa me comportar em muitas ocasiões como os outros grupos, minha necessidade de planejar e agir identifica-me claramente com o signo terra (ALTEA, 2005, p. 63).

Em seguida, o livro descreve amplamente cada um dos signos, usando uma série de expressões que vinculam metaforicamente as qualidades físicas dos elementos fogo, água, terra, ar e enxofre aos modos de ser e à natureza própria das almas humanas. Nesse ponto, lembremos que tais elementos já remetem a um conhecimento quase universal, que parece conferir ao livro uma aura de verdade. Uma referência que o vincula a um saber ancestral e a concepções místicas e naturalistas, em particular a um saber que os modernos nomearam de *alquimia*.

Assim, parece possível concluir que, assim como a filosofia alquímica pretendia conseguir a mutação dos metais ao remover imperfeições e adicionar perfeição neles, os exercícios apresentados no livro procurariam a mutação da alma sabendo dos metais elementares que a compõem, removendo imperfeições e adicionando perfeição. Um exemplo desse tipo de exercício (de concentração e intelectual) – que usa a técnica de leitura para que cada pessoa se identifique com certas características dos elementos fundamentais, das forças naturais que eles seriam – aparece descrito da seguinte forma:

Fogo: A paixão e a emoção podem ser tão evidentes como as chamas resplandecentes, ou tão discretas como o madeiro que fica num monte de cinzas.

Enérgicos, chispantes, cintilantes ou serenos, internamente agitados, veementes, sempre de cara com a possibilidade de estalar, fascinantes e criativos... Em ocasiões partilhados, animados, apaixonados, compulsivos, cintilantes e impetuosos, misteriosos e temperamentais, ou ardentes interiormente de inspiração. Influenciados e agindo pela emoção. É você?

Terra: Os signos de terra são planificadores e estratégicos e têm os pés no chão, realistas e capazes de racionalizar; sólidos como uma pedra e confiáveis; têm capacidade de razoar profundamente, capacidade essa que vai além das emoções e que se traduz num pensamento concreto e objetivo. Influentes, decididos, sempre dispostos para agir, cooperativos, prudentes, que têm com frequência ideias acertadas e pioneiras. Sempre produtivos, com um amplo sentido do jogo limpo e boas intenções. Geralmente centrados e instintivos. É você? (ALTEA, 2005, 63-65).

O texto continua a oferecer a descrição extensa dos outros signos – ar, água e enxofre –, sugerindo ao final que, para esse momento, o leitor deva ter uma ideia clara de "seu grupo energético" e que, se não for assim, adicionalmente vai encontrar outros exercícios que podem ajudá-lo em tal identificação. Isso, se é que o leitor ainda não está "seguro" de qual signo marca sua alma. Esse outro exercício, também de leitura e concentração, realiza-se a partir de uma série de declarações que devem ser lidas. Conforme "elas soem" mais ou menos familiares, podem ajudar na identificação do grupo ao qual cada pessoa pertence.

Na citação seguinte, é interessante perceber como o processo de inscrição em um tipo de alma supõe a caracterização desta para que aja como espelho das condutas e atitudes próprias. Essas maneiras de operar, em diferentes momentos e situações, são assumidas por cada indivíduo e, nesses exercícios, tentam fixar-se como ligadas a um elemento essencial, presente na alma de cada pessoa. A seguir, então, veremos as declarações correspondentes ao primeiro dos grupos referidos acima, com as quais cada leitor poderia se identificar mais facilmente ao signo de fogo.

- Ainda que algumas vezes sinta culpa, você fica contente em produzir algum efeito, seja bom ou ruim. Você vive numa espécie de drama, emocional ou criativo.
- Você é uma pessoa que necessita de atenção, reconhecimento e admiração; sensível e que sente feridas por coisas simples; capaz de amar e odiar com a mesma paixão.

- Você é uma pessoa que é plena com o amor e a paixão nas relações pessoais, que necessita ser a primeira em tudo na vida de seu parceiro; sente felicidade quando consegue o que quer e sente-se sem a atenção do outro com facilidade; é ciumenta quando a atenção do parceiro dirige-se a outra parte.

Se essas declarações descrevem você, então você é *um signo de fogo*.

[...] Quando ler, não se esqueça de que não se trata de saber como desejaria olhar a si mesmo, mas qual é o seu "eu" verdadeiro. Exceto o último grupo, ao qual a maioria de nós não pertence, eu não penso que haja um que é melhor, mais poderoso ou mais desejável que os outros. Cada um dos grupos elementares possui os mesmos méritos. Cada um é desejável à sua maneira. Eu estou contente de ser um signo terra, mas agradeço muitíssimo por ter amigos cujos signos são o fogo, o ar e a água. A vida seria aborrecida se todos fossem iguais, e nosso potencial de aprendizagem seria muito limitado (ALTEA, 2005, p. 66-69).

No exemplo acima, percebe-se o foco dos primeiros exercícios propostos por Altea: fixar certa natureza inata do "eu", identificar e classificá-lo em algum grupo, como uma forma de saber de si, para logo depois sugerir ações de modificação. Esse ajuste vai depender do "potencial de aprendizagem" próprio de cada pessoa, que é definido tanto pela "natureza de sua alma" quanto pelo "comportamento adquirido" no decorrer da vida, comportamento esse que por vezes faz com que as pessoas percam o caminho. Eis aqui outro ponto interessante: o potencial de aprendizagem e o comportamento adquirido constituem dois elementos que podem marcar as diferenças entre almas abalizadas pelo mesmo signo; são eles que definem certas particularidades do "eu". Contudo, a autora insiste permanentemente em que essa natureza elementar da alma é definitiva nas possibilidades que os humanos têm de ser felizes no plano terreno.

Mesmo que cada pessoa seja marcada por um signo, nem todas as almas marcadas pelo mesmo signo são iguais. Assim, o seguinte exercício proposto no livro, um exercício de leitura que exige concentração e atenção, orienta-se para identificar na própria alma, além do signo elementar que a marca, o tipo de alma em que ela se configurou. Então, a autora continua uma classificação que aponta para saber, além da "natureza" da alma, quais os traços que fazem uma alma ser diferente das outras almas marcadas pelo mesmo elemento. Paradoxal forma de reconhecer as diferenças, pois cada um tem uma natureza própria (você não é como os outros), mas como os outros, cada indivíduo está marcado por uma das cinco forças elementares, e *só pode ser um de 13 tipos de almas*.

As formas de ser e estar no mundo, e de agir sob certas situações, ficam enquadradas em cinco signos elementares (e três modalidades de alma no interior deles) que determinam os modos de agir e se conduzir. Assim, as diferenças entre as pessoas marcadas por um signo elementar focam-se no tipo de alma possível de se constituir, segundo o potencial de aprendizagem de cada um e as condutas adquiridas no meio onde vive. Aprendizagem, condutas adquiridas e experiência aparecem como categorias centrais nesses discursos de autoajuda. Voltarei a essas categorias em breve, uma vez que também aparecem nos discursos pedagógicos que reconhecemos como oficiais e próprios do campo educacional.

Retornemos ao livro de Altea e vejamos como se definem os tipos de almas para o signo de fogo, trazido na citação anterior:

Se você é um signo de fogo:

- Em algumas ocasiões, sente-se negativo e com frequência encontra alguma coisa de que se queixar?
- Você reconhece que é ou muito alentador ou muito desalentador com os outros nas suas ações?
- Você sonha com o parceiro perfeito, ainda que se sinta desiludido uma ou outra vez, quando isso não acontece?
- Se você se identifica com esse comportamento, você é uma *alma retrospectiva.*

Ou, quiçá:

- Você se sente impelido a expressar seu temperamento artístico?
- Você acredita que às vezes é pouco realista a respeito do que espera das pessoas e das situações?
- Pensa que com frequência olha para os outros através de um cristal cor-de-rosa para ver só o melhor que há neles?
- Se você se identifica com esse comportamento, você é uma *alma sonhadora.*

Ou, talvez:

- Você se vê a si mesmo como positivo e sociável, especialmente em circunstâncias difíceis?
- Você gosta de ser o centro de atenção, ainda que seja às custas dos outros?
- Você necessita dos elogios e de um parceiro que lhe ofereça toda a sua atenção?

Se você se identifica com esse comportamento, você é uma *alma estrela brilhante* (Altea, 2005, p. 161-162, grifo meu).

Signo de fogo (alma retrospectiva, alma sonhadora, alma estrela brilhante), signo de terra (alma caçadora, alma visionária, alma guerreira), signo de ar (alma viajante, alma profetisa, alma recém-nascida), signo de água (alma buscadora, alma pacificadora, alma velha). Mas e as almas correspondentes ao signo de enxofre? Elas não são mais descritas. Ao que parece, para esse momento, qualquer leitor dos livros de autoajuda não poderia pertencer a esse grupo, pois não seria um leitor disposto a reconhecer que possui uma alma tal e a tentar mudá-la. Quem continua a ler e consegue se localizar como marcado por um signo e como sendo um tipo de alma específico dessa classificação é um leitor que tenta reconhecer na sua primeira essência, nas suas "tendências naturais", uma natureza benigna que talvez o "comportamento adquirido" fez mudar, mas que estaria disposto a retomar e a transformar. Esse não seria o caso de uma alma tipo enxofre.

A partir desse ponto, há um assunto importante para destacar: a alma não muda. Aquilo que é possível modificar se restringe a um conjunto de comportamentos adquiridos que fariam com que o caminho tomado e as decisões assumidas fossem errados. A mudança de comportamento proposta é para aproveitar e sacar o melhor das "tendências naturais", e para fazer com que cada pessoa seja consciente das suas marcas naturais, que não deixam transformar totalmente uma pessoa. Assim, as tendências naturais podem ser orientadas para melhorar os comportamentos e para assumir e viver com aquilo que não pode ser mudado em nós e nos outros. Dessa forma, diz a autora:

> Quando observamos o modo com que o comportamento adquirido pode mudar nossas tendências naturais e aplicamos uma boa dose de sinceridade respeito a nós mesmos, inevitavelmente chegamos à conclusão correta.
>
> Alguns conhecem a si mesmos à perfeição e reconhecem instantaneamente o signo da sua alma. Para outros, esse reconhecimento supõe um esforço, quiçá porque pode resultar difícil aceitar certos aspectos próprios, ou porque não os percebe verdadeiramente, identificando quais traços são negativos e quais positivos. Alguns de nós, talvez, tenhamos uma baixa autoestima e nos seja difícil aceitar as coisas boas, enquanto que aceitamos as más com maior facilidade (ALTEA, 2005, p. 165).

Terminado esse processo de identificação e definição do material essencial com o qual a própria alma é feita, Altea leva os leitores a reconhecer que as "experiências terrenas" das almas que nos habitam conferem a cada pessoa uma "energia" tal que influencia sua alma a tornar-se cheia de costumes e "condutas adquiridas", movimentando forças destrutivas ou construtivas, segundo as escolhas e as próprias decisões. Será o conhecimento da própria alma e da alma dos outros, do signo que as define, o que ajudará a saber que há algo nessas naturezas próprias que não pode ser alterado. Disso dependem as possibilidades de ser feliz nessa vida terrena: "Você percebe que verdadeiramente existem coisas acerca de seu parceiro que simplesmente não pode mudar, e que tratar de mudar essas coisas só significa desperdiçar as suas possibilidades de ser feliz" (ALTEA, 2005, p. 289).

Aqui, então, vemos aparecer um assunto que vai atravessar boa parte desses discursos de autoajuda, marcando o porquê de todo esse trabalho de ascese e exercitação ser necessário: a felicidade. Essa é a terceira característica do *télos* contemporâneo, a qual orienta todas as ações que os sujeitos estamos dispostos a realizar sobre nós mesmos, e que merece uma atenção especial. Ao analisá-la, como veremos noutra seção, é possível perceber, ao lado da identificação e transformação do "eu", um conjunto de categorias próprias desses discursos e que os vincula às práticas educativas (de governamento) contemporâneas – aprendizagem, condutas adquiridas, interesse, desenvolvimento, natureza própria, experiência, etc. Noções usadas para expor e descrever as ações que o indivíduo deve realizar sobre si para ter sucesso.

Por enquanto, voltemos ao texto de Altea e vejamos o destaque que ela faz para essa terceira característica que articula os discursos de autoajuda hoje:

> Não importa que signo seja você, todos nós merecemos a felicidade, e todos merecemos ser amados, e todos merecemos ser nós mesmos. Felicidade, amor, autoestima. Como a gente pode encontrar esses valores? Muito simples. Conheça-se você mesmo, siga as regras e mantenha-se no caminho. A esperança e a felicidade encontram-se tão somente a alguns passos. Não volte a duvidar que essas coisas todas possam ser suas. Quando estamos traumatizados, sentimos a necessidade de revisitar, de reparar o passado (ALTEA, 2005, p. 289).

Nessa necessidade de nos "sentirmos amados e aceitos", diz a autora, quase sempre sofremos porque procuramos as pessoas do signo errado, que acabam por marcar muitas experiências ruins em nós, não por sua vontade, mas porque sua alma é incompatível com a nossa, e isso não pode ser transformado. Assim, parece que na hora de nos relacionarmos com os outros, esquecemos o princípio fundamental de toda forma de vida: "estamos marcados por esse princípio elementar", o "signo da alma" que nos correspondeu, e ele não pode ser alterado totalmente. Quando mais, é o próprio indivíduo que pode tentar agir sobre si, modulando as suas ações e os comportamentos adquiridos para levar uma vida e relação com os outros melhores, mas os outros não podem ser modificados à nossa vontade. O trabalho de transformação é algo que depende do próprio sujeito, da consciência que tome de si, na tentativa de ser feliz e viver o melhor possível. Nesse ponto, parte-se do "pressuposto que a vida tem em si algo para cuja transformação o indivíduo possui, ou pode adquirir, alguma competência" (SLOTERDIJK, 2012, p. 184).

A felicidade pode ser alcançada ao se aceitar "que há diferentes classes de pessoas", e que, muitas vezes, as experiências ruins obedecem ao encontro entre si de almas incompatíveis, que não sabem que são tais e machucam ou rechaçam umas às outras. Saber da existência desses signos e das diferentes classes de almas é o tipo de conhecimento que é oferecido por esse livro e pode levar não só a transformar as aprendizagens adquiridas pela alma, senão também, a saber de si e aceitar as coisas próprias e as dos outros que não podem ser transformadas. Esse seria o segredo da felicidade:

> Assim, devemos esquecer as pessoas que desejaríamos ser, as pessoas que desejaríamos que fossem os nossos pais, os nossos irmãos, o nosso parceiro, os nossos filhos. Devemos esquecer todos os "se" e aprender a viver o agora, viver no presente. É preciso aprender, do passado e dessas experiências passadas, que você e eles só podem ser movimentados pela própria energia que os criou, sua força vital. Aceite esse conhecimento, esse fato da vida eterna. Aceite seu poder. Tome para si o melhor que esse conhecimento pode dar a você: você mesmo.
>
> Quem é você? É uma força de energia que vive, que respira, uma fonte indestrutível de poder. Aceite sua alma. Conheça seu signo da alma. Busque aqueles cuja energia é compatível com a sua. Deixe de desperdiçar suas possibilidades. Cultive a tolerância e a compreensão para com aqueles cuja energia é incompatível com a sua, e então... Tome outro caminho. Uma vez que você assuma o risco de ser mais quem você é, menos ficará atado àqueles que o detêm. Agora, já deve conhecer o grupo de sua alma e o signo que você é. Você deve aprender a dizer, com verdadeiro convencimento e orgulho, e do mais profundo de seu coração: Eu sou! (ALTEA, 2005, p. 291).

Com essas palavras, a autora fecha o livro destacando que para modificar as formas de se relacionar com outras "almas", é preciso aceitar o próprio tipo de alma, num permanente afirmar "eu sou". Neste ponto, algumas pessoas poderiam argumentar que esse é um caso particular, que tal narrativa está muito marcada pelo caráter esotérico do saber, no qual se funda a reflexão proposta por Altea, e que necessariamente, essa não é uma característica comum aos discursos de autoajuda. Poderiam alegar também que essa disposição à definição de um "eu" do qual é preciso saber – para transformar o possível em cada um e aceitar o que não é possível alterar – obedece mais a esse tipo de saber místico e esotérico do que propriamente científico e acadêmico.

Contudo, ao fazer a revisão de outros livros desse gênero, das mais variadas proveniências em termos de saberes e experiências de vida de seus autores, é possível perceber que neles também aparece essa necessidade de reconhecer, identificar e descrever uma forma essencial do eu que está marcado por uma natureza própria. Tal obrigação surge como princípio fundamental de muitos exercícios que, logo depois, geralmente são acompanhados por reflexões e técnicas orientadas para a transformação desses "eus". Em outras palavras, o reconhecimento disso que se supõe que cada pessoa "é" naturalmente, ou a fixação de uma forma natural e essencial de "eu", aparece como a chave para mobilizar ações de transformação, de ascese do sujeito. O imperativo de transformação, de mudança da própria vida seria, então, a segunda característica do *télos* contemporâneo que orienta as práticas de autoajuda e que é importante focar na análise da relação autoajuda e educação.

Trabalhe sobre você: pratique, experimente!

> *Praticar o não julgamento é outra forma de experimentar a lei da potencialidade pura. E quando você está constantemente julgando as coisas como certas ou erradas, boas ou más, acaba criando turbulência em seu diálogo interno. Essa turbulência restringe o fluxo de energia entre você e o campo de potencialidade pura.*
>
> *[...] Por intermédio da prática do não julgamento você silencia a mente e tem acesso a sua inquietude interior.*
> (Chopra, 2011, p. 27)

Trabalhar sobre si, autotransformar-se, mudar o que é possível da natureza própria, entrar em harmonia com as forças naturais e universais, é o chamado que se faz em muitos dos livros de autoajuda. Ele expressa a segunda característica que podemos destacar nos discursos que se autopromovem como detentores das chaves para o sucesso e a felicidade. Tomemos como exemplos livros que derivam de outra forma de saber e que têm outras formas narrativas, diferentes da usada antes, para tentar perceber a força de tais discursos tanto na identificação de um "eu" quanto na sua autotransformação.

Comecemos com um clássico da área empresarial e econômica: *The seven habits of highly effective people. Restoring the character ethics* (Os sete hábitos das pessoas altamente eficazes), de Stephen R. Covey (1999), que surgiu no mercado em 1989, e o complementemos com o livro mais recente do mesmo autor, intitulado *O oitavo hábito: da eficácia à grandeza,* publicado em 2004 (Covey, 2011). Os dois livros, diferentemente do texto de Altea (2005), inscrevem-se numa série de literatura que circula amplamente no mundo empresarial e dos negócios, que parece fundar-se em disciplinas próprias a esse âmbito – a administração de negócios, a economia, as finanças.

O autor desses dois livros é considerado um sucesso editorial e reconhecido como o fundador e líder de duas exitosas empresas – a *Covey Leadership Center* em Salt Lake City, Utah, e a *Franklin Covey Corporation*,[5] ambas dedicadas, justamente, a "ensinar" como fazer planejamentos nas organizações seguindo esses hábitos da eficácia empresarial, e a publicar livros orientados para os mesmos fins.

Além desses livros, podemos encontrar no mercado muitos outros textos inscritos na mesma perspectiva que, no geral, salientam princípios e atitudes semelhantes às descritas por Covey. Esse é o caso do livro *Yo, S.A. de C.V. Conviértete en el director general de tu propia vida* (Eu, S.A. de C.V. Torne-se o chefe geral da sua própria vida), de Guillermo Ganem Musi (2008), um importante empresário mexicano. Desde 1996, ele colabora com a empresa *Franklin Covey* nas suas oficinas de liderança: *Os 7 hábitos das pessoas altamente eficazes*; *Focus, Alcance as suas mais altas prioridades*; *Administração efetiva de projetos*; etc.

Outro famoso livro com as mesmas características é *Know-how: The 8 Skills That Separate People Who Perform from Those Who Don't Crown business* (Know-how: As 8 competências que separam as pessoas

---

[5] A empresa editora dos livros aqui citados, Franklin Covey, afirma que sua missão é "Promover a grandeza das pessoas e organizações em todo o mundo". E destaca que a corporação é "líder global em treinamentos em eficácia, ferramentas de produtividade, estratégia de execução e serviços de avaliação para organizações e indivíduos. Atualmente está em mais de 144 países, conduzindo negócios em mais de 30 idiomas. Entre seus clientes estão 90% da *Fortune 500* e 75% da *Fortune 100*, e centenas de pequenas e médias empresas, bem como instituições governamentais e educacionais em todo o mundo. No Brasil, a Franklin Covey já ministrou treinamentos para centenas das maiores empresas, entre elas, Embraer, Faber-Castell, Instituto NOKIA, Nestlé, Tubos e Conexões Tigre, Roche, Universidade Mc Donald's, Petrobrás e HSBC. Além de sua unidade principal no Brasil, localizada em São Paulo, a Franklin Covey possui unidades de negócios espalhadas por todo o país." <http://www.franklincovey.com.br/quem-somos.html>.

que fazem das que não fazem) de Ram Charan (2007), um engenheiro indiano que se formou em doutorado na *Harvard Business School*. Além de atuar como professor na mesma instituição, ele é um afamado escritor e consultor de negócios para grandes empresas. Em seus livros e palestras – que seguem a mesma linha de Covey –, propõe oito habilidades ou competências próprias dos líderes, através das quais eles podem obter bons desempenhos e resultados no mundo empresarial, de modo a "governar" organizações de sucesso.[6]

Essas competências conformam o que Charan chama de *know-how* para conduzir uma empresa na direção certa. Esse *know-how* se configura em um conjunto de oito habilidades ou competências que um líder de empresa deve ter para "fazer as coisas certas, tomar as decisões certas, produzir resultados e deixar a empresa e seus funcionários em situação melhor do que estavam antes" (p. 15): avaliar pessoas, formar uma equipe, elaborar metas, estabelecer prioridades precisas, reagir com criatividade e positivismo às pressões sociais, entre outras habilidades, são necessárias no cumprimento da liderança. Assim,

> O domínio dessas competências permite o diagnóstico de qualquer situação e a tomada de medidas apropriadas, tirando-o de sua zona de conforto de *expertise,* ao desenvolver habilidades que o preparam para fazer o que a situação exige, e não apenas o que você sabe fazer bem.
>
> Essas competências, entretanto, não operam sem ajuda. Há um milhão de coisas que podem impedir o ser humano de fazer julgamentos acertados e tomar medidas efetivas. É aí que características pessoais, psicologia e emoções entram na conjuntura de liderança. Mas em vez de tentar definir e adotar o conjunto ideal de características pessoais, é mais proveitoso nos concentrarmos em uma simples pergunta: como sua psicologia pessoal e capacidade cognitiva influenciam a maneira como você cultiva e utiliza as competências? Por exemplo, a competência para detectar padrões de mudança externa ser afetada por sua habilidade em associar as coisas e pelo fato de ser pessimista ou otimista (CHARAN, 2007, p. 17).

---

[6] Segundo salienta a introdução do próprio livro, "Charan vendeu mais de dois milhões de exemplares nos últimos cinco anos. [...] Entre eles, estão os *best-sellers Execução* e *Encarando a nova realidade,* ambos em coautoria com Larry Bossidy; *Afinal, o que realmente funciona?*; *Boards that Work*; *Every Business Is a Growth Business*; *Crescimento & lucro*; e *Governança corporativa*. Colaborador frequente da revista *Fortune,* Charan é autor de duas reportagens de capa da revista: 'Why CEOs fail' e 'Why Companies Fail'. Outros artigos de sua autoria foram publicados no *Financial Times, Harvard Business Review, Director's Monthly* e *Strategy & Business*" (2007, p. 8).

Aqui podemos salientar dois elementos comuns às narrativas desses livros, e de muitos outros do campo empresarial e dos negócios. O primeiro elemento é que eles focam em nomear e desenvolver diretamente habilidades, competências e condutas orientadas a conseguir o sucesso laboral, profissional e pessoal; o segundo refere-se à força que a "própria experiência" dos autores tem para conferir legitimidade aos seus livros e valor de verdade aos seus ensinamentos.

Sobre o primeiro elemento, é necessário salientar que, além dessa forma narrativa que enumera e anuncia diretamente um certo número de habilidades, competências, exercícios, técnicas, hábitos, pílulas para conseguir o sucesso pessoal e laboral no âmbito empresarial, há outra forma narrativa usada nesses livros. Trata-se das reflexões promovidas através de fábulas ou historietas para gerar mudanças na atitude e nas ações das pessoas. Um exemplo deles é o clássico de Hateley e Schmidt (1996), *A peacock in the land of penguins: a Tale of diversity and discovery* (Um pavão no reino dos pinguins: uma fábula sobre os riscos e as possibilidades de ser diferente no mundo empresarial), que foi traduzido para 22 línguas, com vendas que superam as 300.000 cópias, segundo informações contidas nas páginas promocionais da web.

Nesse caso, também é interessante olhar as permanentes citações e referências entre esses autores e outros da linha empresarial e das finanças. Assim, por exemplo, na parte superior da capa da segunda edição do livro de Charan, aparece um comentário promocional feito por Stephen Covey, definindo-o como *"brilhante, prático e abrangente..."* (COVEY *apud* CHARAN, 2007, s/p). Outro exemplo é o comentário feito por Warren Bennis[7] na contracapa do livro de Hateley e Schmidt, assim assinalado:

> A beleza da metáfora é que comunica um sentido, não simplesmente informação, razão pela qual eu aprendi tanto lendo esse livro sobre diversidade, cultura corporativa e transformação organizacional; também aprendi muito sobre os "pavões" e os "pinguins" – aulas que jamais esquecerei (BENNIS *apud* HATELEY; SCHMIDT, 1996, s/p).

No segundo livro citado, a narrativa do tipo fábula é usada, segundo os autores, para mostrar "o que pode acontecer quando tentamos nos expressar de forma aberta e corajosa em um ambiente criado por executivos e gerentes que olham o mundo a partir de perspectivas diferentes"

---

[7] Warren Bennis é outro importante autor de livros nessa linha empresarial. É professor de administração e finanças no instituto de líderes da *University of Southern California*, e já publicou mais de 30 livros. O mais recente, de 2003, tem como título *Leaders: Strategies for Taking Charge* (*Líderes: estratégias para assumir o comando*).

(HATELEY; SCHMIDT 1996, p. 6). Ainda que para cumprir com seu propósito eles não proponham diretamente exercícios a serem realizados, a leitura do livro em si já é um exercício por meio do qual são promovidos momentos de reflexão para se pensar as próprias maneiras e gerar atitudes de autoconvencimento – ao que parece, todas elas necessárias para ter sucesso. Nesse sentido, o livro é dedicado "a todos os que anseiam voar livremente e mostrar suas verdadeiras cores, e para todos os que têm a sabedoria de aprender com aqueles que são diferentes" (HATELEY; SCHMIDT, 1996, p. 6).

Os autores – Barbara "BJ" Hateley, PhD em Ética Social, e Warren H. Schmidt, Professor de Administração Pública – são referidos como exitosos consultores de empresas. Nas décadas de 1980 e 1990, teriam ajudado muitos empresários e empregados a se tornarem líderes de sucesso. Nesse caso, ainda que os autores sejam apresentados pelos seus títulos como *experts* da ética social e da administração – elemento que confere validade às suas afirmações e reflexões –, eles também aparecem referidos como "consultores de sucesso", cujos desempenhos profissionais são uma expressão importante da validade dos preceitos que eles promovem e ensinam em suas palestras e livros.

Eis o segundo elemento comum aos livros já aludidos e a muitos outros do campo empresarial e de outros campos: a força que a "própria experiência" tem para lhes conferir legitimidade. Desse modo, enquanto em alguns casos a validade do conhecimento é apresentada pela formação acadêmica dos autores, em muitos outros, senão na maioria deles, essa formação não é mencionada, destacando-se que a força de seu saber emerge da própria experiência de triunfo e sucesso de quem escreveu. Assim, é possível encontrar textos escritos por pessoas comuns ou por empresários "de sucesso" que, a partir de sua experiência, validam um saber ensinável e aprendível, num mundo tão competitivo como é descrito o mundo das finanças, dos negócios e das empresas. Temos, pois, dois elementos dos discursos de autoajuda: o uso de duas formas narrativas (a descrição de exercícios práticos e a narração de contos ou fábulas); e o privilégio do saber vindo da experiência de vida do autor – ainda que, em alguns casos, o destaque vá para a formação acadêmica como critério de validade desse saber.

Esses mesmos elementos foram salientados e estudados por Eva Illouz (2010), quando analisa os contornos do que chama de *capitalismo emocional* na linguagem usada pelos discursos que exaltam as emoções e que se caracterizam pelo uso de uma série de metáforas, oposições binárias, esquemas narrativos e quadros explicativos que lhe permite alcançar a maior parte do público, bem como modelar a compreensão que cada um tem de seu "eu" e do "eu" dos outros. Assim, as formas narrativas usadas pela autoajuda expõem-se em formas reflexivas ou descritivas que focam seu olhar no próprio indivíduo, em suas emoções, suas sensações, seus sentimentos e nas ações que ele deve aprender e realizar para se transformar.

Voltemos para os textos de Covey, exemplo de sucesso empresarial, e revisemos dois de seus livros para seguirmos estudando os exercícios e as técnicas promovidos por eles. Podemos encontrar neles um bom exemplo da persistência dessa ideia de uma "natureza" própria, essa "alma" de Altea (2005) ou, neste caso, a "voz interior", articulada com a necessidade de transformação ou mudança. Na entrada de seu último livro, *O oitavo hábito: da eficácia à grandeza* (COVEY, 2011), que aparece como a atualização de seu livro anterior – em que ele salienta apenas a necessidade de sete hábitos –, o autor descreve a eficácia como novo hábito que conduz da "frustração à verdadeira realização, relevância e contribuição no novo panorama dos nossos dias" (p. 9). Sua descrição fala por si mesma, e embora a citação a seguir seja longa, aponta bem o que se argumentou e tentou exemplificar até agora:

> O propósito deste livro é fornecer-lhe um mapa que o conduzirá da dor e frustração à verdadeira realização, relevância e contribuição no novo panorama dos nossos dias – não apenas no seu trabalho e na sua organização, como em toda a sua vida. Em resumo, ele o levará a *encontrar sua voz interior*. Se você assim desejar, ele também o levará a expandir enormemente sua influência, independentemente da sua posição – inspirando pessoas com quem você se importa, sua equipe e sua organização a encontrar a própria voz e multiplicar a própria eficácia, crescimento e o impacto que exercem.
>
> A melhor maneira, e muitas vezes a única, de abandonar o sofrimento e avançar em direção a uma *solução* duradoura é entender primeiro o *problema* que está causando a dor. Nesse caso, grande parte do problema reside em um comportamento que procede de um paradigma, ou visão da natureza humana, incompleto ou profundamente falho que mina o sentimento de valor das pessoas e inibe os seus talentos e o seu potencial.
>
> A *solução* do problema, como em muitos dos avanços significativos na história humana, reside em um *rompimento fundamental* com os antigos modos de pensar.
>
> [...] Uma única palavra exprime o caminho em direção à grandeza: Voz. As pessoas que trilham esse caminho descobrem a própria voz e inspiram outras a encontrar a delas. O restante jamais o consegue.

Bem no fundo de cada um de nós há o anseio de viver uma vida de *grandeza* e contribuição, de ser realmente importante e de fazer a verdadeira diferença. Podemos duvidar de nós mesmos e da nossa capacidade de fazê-lo, mas quero que você saiba que estou plenamente convencido de que *você pode* viver essa vida. Você tem o potencial dentro de você. Todos nós temos. É o direito nato da família humana (COVEY, 2011, p. 8-13).

No caminho para encontrar e escutar essa voz, o livro propõe o primeiro exercício de concentração, que consiste em "tomar consciência" da necessidade de uma mudança de atitude diante do que nos assinala nossa voz interior. Trata-se de um exercício de descobrimento da voz interior, que pode significar tanto o reconhecimento da "verdadeira natureza" – expressa em três dons ou presentes de nascença: a liberdade, a capacidade de escolha e os nossos quatro tipos de inteligência/capacidade – quanto o desenvolvimento e uso com integridade do "tipo de inteligência ligado a cada uma das quatro partes da sua natureza" (corpo, coração, mente e espírito): "inteligências física/econômica, emocional/social, mental e espiritual" (COVEY, 2011, p. 14-20).

A estrutura de apresentação dessa natureza própria, dessa "força elementar" – se usarmos os termos de Altea –, não dista muito de um livro para outro. Nos dois casos estudados até aqui, como também em muitos dos outros livros revisados,[8] encontra-se esse requerimento de saber sobre a própria natureza, de identificar esse "eu interior". Nesse esforço, cada livro oferece uma divisão ou classificação que possa ajudar o leitor a saber das forças elementares, como ensina Altea, ou dos dons ou presentes naturais, como salientam Charan e Covey, entre outros.

O próprio exercício do último livro volta a ser um exercício de concentração que supõe que, com a leitura, o leitor deve avaliar suas formas de sentir e pensar, ao mesmo tempo que adquire a competência necessária para sua transformação. Isso com o propósito de reconhecer, identificar, escrutar, descrever e transformar esse "si mesmo" sobre o qual precisa trabalhar para potenciar ou desenvolver aquilo que está "latente e subdesenvolvido" em cada um.

A energia para descobrir nossa voz interior reside no potencial que nos coube ao nascer. Latentes e subdesenvolvidas, as sementes da grandeza foram plantadas.

---

[8] Para adiantar o estudo do qual procede este livro, foram consultados aproximadamente cem livros de autoajuda, alguns dos quais constam na bibliografia.

Recebemos magníficos "presentes" ou dons ao nascer – talentos, capacidades, privilégios, diferentes tipos de inteligência, oportunidades – que podem permanecer em grande parte latentes, a menos que tomemos nossas próprias decisões e façamos um esforço pessoal. Por causa desses dons, o potencial existente dentro de uma pessoa é tremendo, até mesmo infinito. Realmente, não temos a menor ideia da capacidade do ser humano. Um bebê talvez seja a criação mais dependente do universo e, no entanto, em poucos anos ele se torna a mais poderosa. Quanto mais usarmos e ampliarmos nossos talentos atuais, mais talentos receberemos e maior se tornará nossa capacidade (COVEY, 2011, p. 23-24).

Essa ideia de um si mesmo de uma natureza a ser conhecida e trabalhada, para desenvolver o que aparece como capacidade ou como inteligência, desenha-se como objetivo de um exercício de treinamento proposto por Covey para mudar, quase na mesma hora, a atitude que temos diante da vida. Trata-se um tipo de exercício no qual a premissa é "viver como se...", exercício que, uma vez aprendido, deve tornar-se, ele mesmo, no hábito e na competência adquiridos para tentar a própria transformação:

1. Para o corpo – imagine que sofreu um ataque cardíaco; agora viva de uma maneira condizente com isso.

2. Para a mente – imagine que o tempo de vida médio da sua profissão é de dois anos; agora prepare-se em função disso.

3. Para o coração – imagine que uma outra pessoa pode ouvir tudo o que você fala dela; agora fale de acordo com isso.

4. Para o espírito – imagine que você tem um encontro pessoal com o seu Criador a cada trimestre; agora viva tendo isso em mente (COVEY, 2011, p. 46-47).

Esse formato e essa classe de exercícios de meditação, concentração e treinamento em certas habilidades e competências também podem se encontrar como parte da descrição do seu primeiro livro. Nele são propostos exercícios para o desenvolvimento de cada hábito que o autor assinala como necessários para conseguir sucesso na vida pessoal e profissional. A proposta de Covey é que cada pessoa se torne alguém altamente eficiente e, com isso, também ajude para que outros, na sua empresa ou na sua família, façam o mesmo.

Tal análise sustenta-se no entendimento de que as pessoas com hábitos de efetividade são as pedras angulares das organizações (família, empresa, si mesmo, etc.) altamente efetivas – leia-se com sucesso econômico e liderança no mercado. Por isso, ele propõe sete hábitos que produziriam resultados concretos de efetividade tanto na vida pessoal quanto nas suas organizações. Tais hábitos ou atitudes necessários para esse projeto de sucesso são propostos pelo próprio Covey (1999) da seguinte forma:

Hábito	Descrição	Resultados
Proatividade	Hábito da responsabilidade	Liberdade
Começar com um fim em mente	Hábito da liderança pessoal	Sentido da vida
Estabelecer primeiro o primeiro	Hábito da administração pessoal	Priorizar o importante *versus* o urgente
Pensar em ganhar/ganhar	Hábito do benefício mútuo	Bem comum - Equidade
Procurar primeiro compreender e depois ser compreendido	Hábito da comunicação efetiva	Respeito, convivência
Sinergizar	Hábito da interdependência	Conquista - Inovação
Afiar a ferramenta	Hábito da melhora contínua	Balanço - Renovação

(COVEY, 1999, p. 16)

Nesse quadro explicativo, a execução de cada hábito teria um resultado próprio e, no seu conjunto, tais resultados fariam de qualquer empresa um sucesso, e de qualquer empresário, no pessoal e no profissional, um indivíduo bem-sucedido e feliz.

Ao salientar cada um desses hábitos, o livro propõe uma série de exercícios a serem realizados de forma dedicada e constante para, como assegura o autor, "adquirir o hábito correto". Seguindo essa lógica, a exercitação para aquisição de cada hábito é a forma de abandonar hábitos ruins e instalar, nos modos de agir, formas "adequadas", comportamentos corretos. Digamos que se trata de um desaprender aquilo que não é necessário e que atrapalha, para um aprender o que é necessário e leva ao sucesso. Em outras palavras, isso corresponde à modificação das condutas adquiridas previamente e que atrapalham o modo de ser da própria natureza (aprendizagem) ou correspondem também à aquisição de outras condutas necessárias ao momento atual e afins com as potencialidades oferecidas por essa natureza (aprendizagem).

Sigamos o exercício oferecido para desenvolver o primeiro hábito – Proatividade. Podemos perceber que na própria promoção da transformação dos hábitos, há toda uma ideia da existência de "algo" prévio a ser mudado e da existência de certa qualidade que o indivíduo possui ou pode adquirir, alguma competência que lhe permite autotransformar-se. De outro modo, tratar-se-ia de saber de si, dos hábitos que foram aprendidos antes (condutas adquiridas) para tentar mudá-los e assumir outra forma de vida:

> Proatividade. Teste dos 30 dias. Desafio o leitor a que ponha à prova o princípio da proatividade durante trinta dias; simplesmente deve tentar e olhar o que sucede. Durante trinta dias, trabalhe só no círculo de influências. Planeje pequenos compromissos e mantenha-os. Seja uma luz, não um juiz. Seja um modelo, não um crítico. Seja parte da solução, não parte do problema. Ensaie o princípio no seu matrimônio, na sua família, no seu emprego; não se justifique nos defeitos de outras pessoas. Não se justifique nas próprias debilidades. Quando cometer um erro, admita-o, corrija-o, e aprenda dele: imediatamente. Não culpe nem acuse. Trabalhe sobre as coisas que controla. Trabalhe sobre você. Sobre o seu ser. Veja as debilidades dos outros com compaixão, não acusadoramente. A questão não reside naquilo que eles fazem ou deveriam fazer, mas sim em sua própria resposta às situações e naquilo que você deve fazer. Se começar a pensar que o problema está "lá fora", detenha-se. Esse pensamento é o problema. As pessoas que exercitam dia a dia sua liberdade embrionária, vão ampliando-a pouco a pouco. As pessoas que não fazem isso olham como ela se enfraquece até que deixam de viver e literalmente "são vividas". Agem segundo os roteiros escritos pelos pais, os companheiros, a sociedade. Somos responsáveis por nossa própria efetividade, por nossa felicidade e, em última instância, pela maior parte de nossas circunstâncias... saber que somos responsáveis com "habilidade de resposta" é fundamental para a efetividade (COVEY, 1999, p. 108).

Temos aqui uma série de indicações concretas de formas como orientar a própria conduta para promover uma mudança que seja permanente no modo de viver. Nessa perspectiva, o trabalho convocado é "sobre o ser", sobre o "si mesmo" e o fim, novamente, é a felicidade. Uma felicidade que é a "própria efetividade" pela qual cada um é responsável. Responsabilidade pela efetividade do que fazemos, responsabilidade pelas nossas circunstâncias, responsabilidade pela nossa felicidade. Um modo de existir centrado na individualidade e nas ações particulares que cada pessoa esteja disposta a realizar sobre si, para saber de si e para transformar-se. Isso se torna mais evidente quando o texto continua e sugere atividades práticas, como as seguintes:

1. Durante um dia, preste atenção à sua linguagem e à linguagem das pessoas que estão por perto. Com qual frequência usa e escuta frases reativas como "se...", "não posso...", "devo..." ou "tenho de..."?

2. Identifique uma experiência com que talvez deva confrontar num futuro imediato na qual, com base em sua experiência passada, é provável que se comporte reativamente. Passe em revista a situação no contexto do seu círculo de influência. Como pode responder proativamente? Tome alguns minutos e crie vivamente a experiência na sua mente; veja-se respondendo de maneira proativa; lembre o espaço que há entre estímulo e resposta. Comprometa-se consigo mesmo a exercer sua liberdade de escolher.

3. Escolha um problema da sua vida laboral ou pessoal que lhe resulte frustrante. Determine se se trata de um problema de seu controle direto, de controle indireto, ou sem controle nenhum. Identifique o primeiro passo que pode dar em seu círculo de influência para resolvê-lo, e dê esse passo.

Ensaie o teste de proatividade nos trinta dias. Tome consciência da mudança no seu círculo de influência (COVEY, 1999, p. 108-109).

É interessante perceber que nessa narrativa não há nada fora do indivíduo que determine seu modo de ação, que deixe marcas nas suas ações e decisões. O "eu" – a sua decisão de agir de um modo ou de outro, sua vinculação com as forças superiores (leis da natureza, forças universais, etc.) – é que define e transforma "o círculo de influência". O círculo de influência não é visto como tal por marcar ou definir as condutas dos indivíduos, mas porque são os indivíduos que constroem e produzem transformações nesse círculo de influências a partir desse "algo" que eles possuem em si ou que podem adquirir ao se exercitarem corretamente.

Temos então, nos discursos de autoajuda estudados até agora, uma narrativa que ecoa e harmoniza com os modos de vida atuais: formas individualizadas, centradas em "eus" que são responsáveis pelo próprio sucesso ou fracasso. "Eus" autônomos e autogestores que se definem como individualidades para as quais sua experiência de vida é fixada como natureza inata, e nela haveria um elemento que permitiria seu conhecimento e sua transformação. Assim, o importante não é o que acontece que leva o indivíduo a se comportar e escolher modos de existência diferentes, mas o que se supõe que ele traga consigo desde seu nascimento e o que consegue fazer com isso, independentemente das circunstâncias e das condições que o rodeiam.

O livro continua a propor técnicas para desenvolver cada um dos seis hábitos restantes, por meio de exercícios de concentração que procuram fazer com que cada um preste atenção e medite sobre suas ações e reações, além de exercícios de treinamento relacionados a técnicas que levem ao controle das reações imediatas (daí a necessidade de criar hábitos e aprender outras condutas) ou ao domínio de si em situações que fogem ao próprio controle. Assim, o livro descreve: "técnicas de escrita", fazendo listas de pessoas, objetos ou situações; "técnicas de meditação" e exame de profundidade das coisas, pessoas ou situações que em determinados momentos já marcaram as formas de agir da pessoa; e ainda, "técnicas de desenvolvimento" da indiferença em que, admitindo-se que esteja vivendo uma determinada situação, a pessoa assume que ela já de fato aconteceu e age retomando os bons hábitos criados.

Em termos gerais, pode-se afirmar que, nessa perspectiva, é possível visibilizar a permanência, em nossa atualidade, de técnicas e exercícios que se configuraram em diferentes momentos históricos e no interior dos mais diversos grupos humanos, mas que, em nossas sociedades, articulam-se de modos distintos e com propósitos de condução bem diferentes. Nesse sentido, a definição e a limitação de um "eu" como identidade e sua necessidade permanente de transformação e adaptação aparecem como características de um conjunto de práticas de si, acionadas pelos discursos educativos em geral e, em particular, pelos discursos de autoajuda como estudados até agora. No entanto, é necessário salientar de entrada que esses discursos não só acionam formas de condução úteis às estratégias de governamento neoliberal, senão também, como analisa Binkley (2009), constituem-se no ponto de emergência de certas contracondutas cuja entrada em cena estaria contribuindo no que parece ser uma crise de governamento contemporânea. Crise semelhante à acontecida nos séculos XV e XVI (FOUCAULT, 2003b).

Até este momento, as duas características que temos analisado nos discursos de autoajuda deixam ver que é possível reconhecer modos de condução do indivíduo por si mesmo que se orientam fundamentalmente por definir e estabilizar certa forma de individualidade (identitária e identificável) que deve reconhecer em si mesmo o verdadeiro, uma essência a estudar-se, compreender-se, identificar-se. Mas ao tempo – e aí está sua principal particularidade –, a autotransformar-se através de um conjunto de exercícios e técnicas, de modo a atender as demandas do seu tempo e conseguir certa estabilidade, sossego, prazer, satisfação, etc.

Essas duas primeiras características, próprias do *télos* que orienta a utilização de exercícios e técnicas de si, ainda que milenares, hoje continuam a ser usadas para garantir a aprendizagem de hábitos e atitudes, focam-se na consecução da felicidade. Nesse sentido, a força que esses discursos colocam no argumento da felicidade e do sucesso (ao que parece, expressão de sentimentos, sensações e/ou estados de alegria, satisfação, calma, tranquilidade, sossego, harmonia e paz) é o que podemos explorar como terceira característica desse *télos* contemporâneo que acompanha o desenvolvimento e o uso de práticas de si.

Cultive a felicidade

> *Se tivéssemos de fazer a pergunta: "Qual é a principal preocupação da vida humana?", uma das respostas seria: "A felicidade". Como alcançar, como conservar, como recobrar a felicidade é, de fato, para a maioria dos homens em todos os tempos, o motivo secreto de tudo o que fazem e de tudo o que estão dispostos a suportar. [...] somos obrigados a admitir que qualquer gozo persistente pode produzir o tipo de religião que consiste na admiração agradecida do dom de uma existência tão feliz; e precisamos também reconhecer que as maneiras mais complexas de experimentar a religião são novas maneiras de produzir felicidade, maravilhosos caminhos interiores para uma categoria sobrenatural de felicidade quando o primeiro dom da existência natural é infeliz, como tantas vezes acontece.*
> (James [1901], 1991, p. 59)

A felicidade surge com frequência como explicação e justificativa para levar adiante uma série de ações sobre si mesmo e sobre os outros. A experiência da felicidade, ou melhor, a felicidade como finalidade e como justificativa para o desenvolvimento de um conjunto de exercícios sobre nós mesmos e sobre os outros, constitui-se num foco importante de atenção quando se trata de entender aquilo que nos leva a agir para transformar o que, supõe-se, nós somos e, ao mesmo tempo, a aceitar a orientação de outros, sua condução ou governo.

A felicidade aparece-nos como essa experiência humana que nos permite compreender as razões que mobilizaram e mobilizam os seres humanos para realizar e criar, em diferentes momentos de sua história, maneiras distintas de condução. Esse núcleo de experiência humana que é a felicidade desenhou-se, referiu-se e tentou-se desvelar em diferentes momentos da história humana. E como já nos assinalara Kant (2009), seu conceito "é tão indeterminado que, muito embora todo homem deseje alcançá-la, ele jamais pode dizer de maneira determinada e em harmonia consigo mesmo o que ele propriamente deseja e quer" (p. 203).

Ainda sem um conceito definitivo e permanente do que é a felicidade – pois as maneiras como o ser humano a entendeu, assim como as formas em que ele tem agido sobre si e sobre os outros para consegui-la, variam drasticamente entre os grupos humanos, suas camadas sociais e os diferentes momentos – e sem ter muito claras e bem estabelecidas as maneiras de consegui-la, o que parece certo é que a sua busca contínua definiu muitos dos modos de praticar a vida humana no decorrer da sua história.

À procura daquilo que hoje nomeamos como felicidade, os diversos grupos humanos e os indivíduos das mais diferentes tradições desenvolveram distintas ações e reflexões que supuseram o estabelecimento tanto de saberes sobre o que ela é e como ela pode ser conseguida, quanto de princípios e regras de comportamento que orientaram os modos de existência e de comportamento individual, e com eles, as ações que cada indivíduo devia agenciar para garantir a condução da própria conduta para alcançá-la. Pensada a vida humana como experiência de busca da felicidade, ela – a felicidade – pode ser analisada como um núcleo ou foco dessa experiência, no sentido com que Foucault (2009) usou esse termo: um ponto de cruzamento das formas de veridição, as matrizes normativas de comportamento e os modos de existência "virtuais".

É possível, então, apreciar a felicidade como aparece referida em diferentes saberes através dos quais se tentou defini-la, isto é, nas diferentes "formas de veridição" instauradas por ela e a partir dela. A felicidade também pode ser olhada através das matrizes normativas de comportamento desenhadas para que os indivíduos ajam sobre si e sobre os outros, à procura disso que se configura como seu fim e objeto nas variadas esferas da vida individual e coletiva. Nesse sentido, tais matrizes podem ser reconhecidas através do conjunto de exercícios, técnicas e procedimentos utilizados na orientação da conduta para certos fins práticos, destinados à sua consecução. Finalmente, a felicidade também pode ser estudada a partir dos "modos de existência virtuais" definidos para sujeitos possíveis. Seriam modos de existência que se constituem no alvo a ser atingido após o desenvolvimento de um conjunto de exercícios, técnicas e procedimentos operados pelo indivíduo sobre si e/ou sobre os outros e que, portanto, definem formas concretas de relação consigo mesmo e com os outros.

Ao usar a noção de núcleo de experiência proposto por Foucault, é possível pensar que a experiência da felicidade, os modos de produzi-la e de fazê-la plausível teriam uma historicidade suscetível de ser delineada seguindo alguns desses três fios. Assim, ao seguir pelo caminho dos saberes (pelas formas de veridição) que descreveram a felicidade como finalidade da vida individual e coletiva, algo que parece evidente é que ela ocupou, até hoje, "um lugar destacado na tradição intelectual, determinando muitos dos aspectos do pensamento no Ocidente" (MCMAHON, 2006, p. 15). Entretanto, seria preciso salientar que isso que chamamos de felicidade – as diferentes sensações de tranquilidade, equilíbrio, prazer, satisfação, etc. que poderiam defini-la – como finalidade da vida e princípio de ação dos indivíduos não surge só no pensamento das tradições ocidentais. Ela parece ser uma preocupação instalada nos mais diversos grupos humanos, e em muitas e muito variadas tradições de pensamento, assunto que dá força às palavras de William James ([1901] 1991, p. 59), com as quais iniciei esta seção: "a felicidade teria sido, senão a principal, uma das principais preocupações da vida humana".

Uma evidência importante dessa permanência da felicidade como elemento fundamental na racionalidade e no *télos* para os modos de praticar a vida em diversas tradições e grupos sociais, é que alguns livros considerados hoje como de autoajuda, são traduções e atualizações de excertos ou textos antigos completos. Assim, vários títulos podem ser encontrados nas prateleiras da chamada literatura de autoajuda, superação ou desenvolvimento pessoal das livrarias, supermercados e aeroportos, tais como: *A arte da felicidade*, de Howard C. Cutler, em coautoria com Dalai Lama; *O dom supremo*, de Henry Drummond; *Saber envelhecer: seguido de A amizade*, de Cícero; *Sobre a brevidade da vida* e *Aprendendo a viver*, de Sêneca; *O Dhammapada: os ensinamentos de Buda*, *Autobiografia* de Benjamin Franklin; *Meditações*, de Marco Aurélio; *A Bhagavad-Gita*, *Consolações da filosofia* de Boécio; etc. Em cada um dos casos, salienta-se essa proveniência antiga ou de outras tradições "mais espirituais" como uma fonte de verdadeira sabedoria.

Na apresentação de tais textos, em geral, é marcado que as reflexões ali contidas serviram, e muito, para grandes homens sábios que tiveram sucesso na vida, o que significaria que eles foram felizes e por vezes ajudaram outros a ser. Tal sucesso na vida teria chegado por diversos caminhos: (1) ao encontrar paz espiritual no próprio interior pelo controle e domínio dos instintos e paixões – como no solilóquio espiritual e filosófico do imperador Marco Aurélio, que se preocupava antes com a construção de uma "cidade interior" como seu bem superior, do que com o cuidado de seu Império; (2) ao combater os males do mundo com um heroísmo passivo, assumindo as rédeas da própria vida se quer ser verdadeiramente livre – como na reflexão oferecida por Sêneca acerca de como aprender a viver; (3) ao entender que todas as idades proporcionam felicidade, pois todas têm suas virtudes – como em *Saber envelhecer* de Cícero; (4) ao fazer uso da livre vontade ainda em condições de dominação – como apresenta *Consolações*, de Boécio, que é assinalada como uma das reflexões mais profundas sobre a natureza da felicidade; (5) ao acolher a sabedoria, a serenidade e a paciência do *Dhammapada* – um homem cujas reflexões levam a pensar sobre as diferentes faces da vida: o prazer, o mal e a felicidade, etc.

Tais textos mostrariam que, nas mais diversas tradições e tempos, a pergunta sobre como alcançar, como conservar e como recobrar essa sensação, esse sentimento, esse estado que hoje associamos à "felicidade" constituiu um motivo central de tudo aquilo que os humanos estaríamos dispostos a fazer ou suportar (JAMES [1901] 1991). Nas palavras de Og Mandino (1987) – um dos principais escritores de livros considerados como *best-seller* de superação pessoal entre as décadas de 1970 e 1990 –, esses textos antigos constituem leitura obrigatória, pois foram produzidos por

> [...] indivíduos únicos que cumpriram a sua missão de viver uma vida boa e frutífera, ainda que com muitos limites e impedimentos, como as nuvens de testemunhas, testemunhas de uma vida mais feliz e do maior sucesso que cuidam da gente. Eu dei outro nome para essas pessoas especiais.
>
> [...] amigos das altas esferas... Porque é isso que são. Nossos amigos. Nossos mestres, [...]. Eles podem ter abandonado essa terra há um ano ou muitos séculos para ir a um lugar mais elevado, mas seus princípios para alcançar o sucesso e a felicidade ainda seguem com vida e, se nós aprendermos e aplicarmos alguns deles nas nossas próprias vidas, nós poderíamos conseguir quase qualquer meta (OG MANDINO, 1987, p. 82-83).

A historicidade da felicidade também poderia ser traçada, além das formas de veridição, justamente através das pegadas desses "princípios", que podem ser aprendidos e usados para conseguir a modificação e a direção da conduta individual e coletiva. Preceitos de conduta que conformaram marcos normativos para o comportamento humano. Isso se, como adverte James ([1901] 1991), aceitarmos que à procura por qualquer gozo persistente, ao que parece ser a felicidade, nós humanos criamos as mais complexas maneiras de experimentar a nossa espiritualidade.

Nesse caminho de tentar perceber os quadros normativos e os modos de comportamento que, em diferentes momentos, foram promovidos para a consecução da felicidade, podem ser encontrados vários exemplos nos livros de autoajuda. Um desses exemplos é o livro produzido a partir do sermão *The greatest thing in the world*, oferecido em 1874, pelo evangelista escocês Henry Drummond (1851-1897), e publicado em português em 1993 com o título *O dom supremo*, a partir da tradução e adaptação de Paulo Coelho. No livro, o eixo narrativo é a procura por respostas para três perguntas que, segundo o autor, definem muito do que somos e do que fazemos: Qual é a coisa mais importante da nossa existência? Para onde devemos dirigir nossos esforços? Qual o supremo objetivo a ser alcançado? Tais questões teriam no argumento desse livro uma única resposta: o Amor.

> O amor é o cumprimento da Lei.
>
> O Amor é a regra que resume todas as outras regras.
>
> O Amor é o mandamento que justifica todos os outros mandamentos.
>
> O Amor é o segredo da vida.
>
> Paulo terminou aprendendo isto e nos deu, na carta que lemos agora, a melhor e mais importante descrição do *summum bo-num*, o Dom Supremo (DRUMMOND, 1993, p. 24).

Nesse breve discurso de Drummond, a prática do amor aparece descrita como de fácil cumprimento, sempre que todas as nossas ações atenderem a nove princípios fundamentais da existência que, no primeiro século de nossa era, apareceram formulados nas cartas do apóstolo São Paulo, como parte da sua atividade missionária:

> Paciência: "O amor é paciente",
>
> Bondade: "é benigno",
>
> Generosidade: "o amor não arde em ciúmes",
>
> Humildade: "não se ufana nem se ensoberbece",
>
> Delicadeza: "O amor não se conduz inconvenientemente",
>
> Entrega: "não procura seus interesses",
>
> Tolerância: "não se exaspera",
>
> Inocência: "Não se ressente do mal",
>
> Sinceridade: "não se alegra com a injustiça, mas regozija-se com a verdade".
>
> Paciência. Bondade. Generosidade. Humildade. Delicadeza. Entrega. Tolerância. Inocência. Sinceridade. Estas coisas compõem o bem supremo, estão na alma do homem que quer estar presente no mundo e próximo a Deus (DRUMMOND, 1993, p. 30).

Aqui, temos de lembrar que as discussões de Paulo com os judeus – "a quem dirige suas viagens e trata de levar o evangelho de Cristo [que] se realiza em grego e com todas as sutilezas da argumentação grega" (JAEGER, 2004, p. 16) – aconteceram em um momento de grande tensão e fortes diferenças entre as práticas de vida tradicionais dos gregos e as práticas judaicas, ainda que estas últimas já estivessem helenizadas. Entre outras coisas, isso significa que muitas das ações de cristianização desenvolvidas pelos apóstolos (entre eles, Paulo) realizaram-se utilizando a tradução grega da Septuaginta,[9] e não seu original hebreu.

Talvez por isso as formas literárias gregas mais comuns entre as pessoas cultas foram usadas pelos primeiros cristãos para promover um acerto entre os modos individuais e coletivos de viver e praticar a vida, que para aquele momento pareciam muito diferentes entre gregos, cristãos e judeus. Em particular, os padres apostólicos usaram a *epístola* "segundo o modelo dos filósofos gregos" e a narração dos "atos ou *praxeis*" – narrações de "atos e doutrinas de homens sábios ou famosos contadas pelos seus discípulos" (JAEGER, 2004, p. 17) – para a difusão de seus ensinamentos.

Assim, não é de estranhar que um discurso epistolar como esse de Paulo aparecesse naquele momento e se orientasse para tentar diminuir as resistências dos homens ilustres das principais cidades do Mediterrâneo diante da nascente fé cristã. Foi com tais discursos que Paulo se acercou dos governantes e conseguiu as primeiras conversões entre eles. Essa atividade de conversão também era entendida como "um traço característico da filosofia grega na época do helenismo". Lembremos que as diversas escolas tentavam conseguir novos seguidores usando "discursos protrépticos[10] nos quais recomendavam seu conhecimento filosófico ou *dogma* como único caminho para a felicidade" (JAEGER, 2004, p. 21).

Nos séculos seguintes, o desenvolvimento da literatura cristã introduziu outras modalidades de discursos: a "*didaquê*", a "*apocalipses*" e o "*sermão*".[11] Esta última modalidade, o sermão, foi a escolhida por Drummond para atualizar o discurso epistolar de Paulo no século XIX, talvez porque tal modalidade de discurso, para aquele momento e aquele

---

[9] Chama-se assim a versão grega do Antigo Testamento.

[10] São aqueles discursos que têm como fim a captação de alunos. De um modo geral, são entendidos como discursos de propaganda. Uma interessante discussão sobre a maneira como esses discursos são usados em Platão aparece no artigo intitulado *Um exemplo de escritura protréptica: O Eutidemo* (PALPACELLI, 2011).

[11] Uma versão da "*diatribe* e da *dialexis* da filosofia popular grega, que teria intentado levar as doutrinas cínica, estoica e epicúrea ao povo" (JAEGER, 2004, p. 17).

cenário social, encontrasse mais ouvidos que na sua primeira forma epistolar. Tratou-se de uma outra forma narrativa para um outro momento e grupo social, com o propósito de promover e fixar preceitos muitos similares de comportamento.

Eis, pois, os nove preceitos de comportamento que foram elementos-chave da entrada do cristianismo primitivo no cenário da vida social, nos territórios do Mediterrâneo, e contra os quais poucos relutaram em seu momento de reprodução na Europa do século XIX. Para esse outro momento, eles foram formulados como guias práticos para levar adiante a própria vida em paz e felicidade. Nessas novas condições, os preceitos de vida promulgados por Paulo aparecem no meio de um ato ritual religioso, um "sermão" pronunciado por um homem vinculado à *Igreja Livre da Escócia* e participante ativo de movimentos missionários evangelizadores na África, na Austrália e nos Estados Unidos. Tais elementos lhe conferem certa aura de verdade e sabedoria, acreditada e mantida por alguns de seus leitores e tradutores mais recentes.

Há um aspecto a salientar na tradução desse texto para o nosso tempo e para a língua portuguesa, usada nesta análise. Trata-se de uma "pequena observação" que aparece na contracapa do livro, onde o tradutor, Paulo Coelho, assinala que, embora ele seja cristão, teve de realizar algumas "alterações" em determinadas partes do texto, "procurando generalizar aquilo que Drummond colocava apenas sobre uma visão crística", pois, diz ele (Coelho), "o amor, como a coisa mais importante do mundo, está além das crenças de cada um" (COELHO *apud* DRUMMOND, 1993, s/p).

Essa observação nos permite perceber que nesse processo de tradução são atualizados (e, portanto, modificados e ajustados) princípios, exercícios e técnicas propostos e usados em outros momentos e em outras tradições de pensamento, colocando-os como quadros normativos e ferramentas para a condução da própria vida na atualidade e nas (chamadas) sociedades ocidentais.

Nesse sentido, a análise que Freitag (1994) realiza do texto *O alquimista*, de Coelho, permite perceber outra característica importante desse tipo de literatura. Segundo a autora, há no texto "um uso intensivo de várias máximas morais – verdades essenciais – de senso comum, fornecendo ao leitor uma imagem ou um modelo socialmente recomendado e individualmente desejado de homem". Assim como nos livros de Coelho aparecem declarações que se configuram como apotegmas a conferir autoridade para o discurso que o autor propõe, outros livros considerados de autoajuda – superação pessoal, motivação, liderança, desenvolvimento pessoal, etc. – utilizam essa mesma estratégia narrativa: formular princípios orientadores para a própria condução.

O exemplo oferecido por Freitag (1994, p. 9) a partir do livro de Coelho pode demonstrar bem e suficientemente essa característica nessa classe de discursos:

> É justamente a possibilidade de realizar um sonho que torna a vida interessante (p. 34).
>
> Quando você quer alguma coisa, todo o Universo conspira para que você realize seu desejo (p. 48).
>
> [...] e quando todos os dias ficam iguais, é porque as pessoas deixaram de perceber as coisas boas que aparecem em suas vidas sempre que o sol cruza o céu (p. 54).
>
> Se Deus conduz tão bem as ovelhas, também conduzirá o homem (p. 64).
>
> Aprenda a respeitar e seguir os sinais (p. 70).
>
> Existe uma linguagem que está além das palavras (p. 73).
>
> Tudo é uma coisa só (p. 74).
>
> Lembre-se de saber sempre o que quer (p. 88).
>
> Às vezes, é impossível deter o rio da vida (p. 91).
>
> Nunca desista de seus sonhos (p. 97).
>
> Quando alguém tomava uma decisão, na verdade estava mergulhando numa correnteza poderosa (p. 105).
>
> Quanto mais se chega perto do sonho, mais a lenda Pessoal vai se tornando a verdadeira razão de viver (p. 110).
>
> Ninguém sente medo do desconhecido, porque qualquer pessoa é capaz de conquistar tudo que quer e necessita (p. 115).
>
> Quando você deseja algo de todo o seu coração, você está mais próximo da Alma do mundo (p. 118).
>
> O mundo fala muitas linguagens (p. 144).
>
> Quando se ama, as coisas fazem ainda mais sentido (p. 162).
>
> A coragem é o dom mais importante para quem busca a linguagem do mundo (p. 175).
>
> Só quem acha vida, pode encontrar tesouros (p. 183).
>
> Cada momento de busca é um momento de encontro. (p. 200).

Finalmente, além de traçar a historicidade da felicidade seguindo as pegadas das formas de veridição e das matrizes normativas de comportamento, como vimos antes, seria possível desenhar sua historicidade através dos modos de existência "virtuais", propostos para sujeitos possíveis. Modos de ser sujeitos e maneiras concretas de relação consigo mesmos, exercícios e técnicas de subjetivação que estabelecem tais formas de relação e desenham esse campo de estudo que Foucault nomeou de "pragmática de si" (2009, p. 21). Tratar-se-ia de um estudo das diferentes maneiras como o indivíduo se vê na necessidade de constituir-se como sujeito da felicidade e do sucesso, no desenvolvimento de técnicas de relação de si consigo mesmo.

Lembremos, a respeito, que na seção anterior vimos como a espiritualidade, a sua construção compõe-se de todo um conjunto de "buscas, práticas e experiências" vinculadas com exercícios de purificação, asceses, renúncias, conversão do olhar, modificação da existência, entre outra. Ações cujo fim é o conhecimento do sujeito por si mesmo. Enfim, exercícios e técnicas orientados para definir e localizar o que compõe a interioridade, e a partir de tal conhecimento, tentar sua transformação. Ações do sujeito sobre si para ter acesso "à verdade" em que o preço que ele deve pagar por tal verdade é o próprio modo de ser sujeito (FOUCAULT, 2002).

Em outras palavras, nessas maneiras de experimentar e seguir os caminhos interiores, os mais variados exercícios espirituais foram criados e explorados. Tais modos de exercitação encontram-se inscritos em matrizes normativas que tiveram como foco principal uma forma de pensar e conseguir aquilo que se acredita ser a felicidade. Assim, é possível reconhecer tanto naqueles textos antigos, traduzidos e trazidos para o presente como manuais de autoajuda e superação pessoal, quanto nas produções mais atuais, certa tendência a formular enunciações curtas (princípios de ação), a sugerir exercícios de concentração, intelectuais e/ou de treinamento para se conhecer e se modificar. Alguns exemplos podem ilustrar melhor o desenho de modos de comportamento atualizados e promovidos por esses discursos, além de ajudar a salientar algumas outras de suas caraterísticas.

Um primeiro exemplo é o sucesso editorial intitulado *A arte da felicidade*, do psiquiatra norte-americano Howard Cutler cuja autoria aparece como compartilhada pelo Dalai Lama.[12] O livro é apresentado como resultado das conversações entre duas tradições diferentes com o propósito de pensar um tema considerado como fundamental para qualquer indivíduo e grupo social: como levar uma vida mais feliz? Nesse

---

[12] Tenzin Giatso ou Dalai Lama é o chefe espiritual do budismo tibetano, considerado por seus seguidores como a reencarnação do *Bodhisattva Avalokitesvara*. Ele é reconhecido um sucessor da reencarnação dos lamas. Neste texto ainda que o autor Howard Cutler assine o Dalai-Lama como coautor, ele não escreveu nada do conteúdo, mas aceitara que Cutler fizera a publicação. Isso é o que aparece assinalado na mesma introdução do texto (CUTLER; DALAI LAMA, 2008).

ensaio, afirma o autor, as opiniões do Dalai-Lama são apresentadas e acrescidas pelas observações e comentários dele – Howard C. Cutler –, a partir da perspectiva de um psiquiatra ocidental. O psiquiatra destaca que a escolha do formato narrativo usado no livro, além de oferecer uma leitura mais agradável, tenta mostrar "como o Dalai-Lama põe em prática suas ideias na própria vida diária" (2008, p. 7).

Cutler assinala a felicidade como "finalidade da vida" e, portanto, um direito cuja fonte é o próprio indivíduo. Ele assegura que é necessário um "treinamento da mente para a felicidade", ou melhor, um treinamento para "resgatar o nosso estado inato de felicidade". Assim, alguns dos exercícios propostos se encaminham, por um lado, para transformar o sofrimento encarando-o e, por outro lado, para "mudar a perspectiva" com a qual cada um de nós assume os fatos da vida. Trata-se de exercícios de treinamento que devem ser realizados diariamente, seja para lidar com a raiva, o ódio ou a ansiedade, seja para reforçar o amor próprio. Assim,

> [...] à medida que o tempo vai passando, podemos realizar mudanças positivas. Todos os dias, ao acordar, podemos desenvolver uma motivação positiva sincera, pensando, "Vou utilizar este dia de um modo mais positivo. Eu não deveria desperdiçar justamente este dia". E depois, à noite, antes de nos deitarmos, poderíamos verificar o que fizemos, com a pergunta "Será que utilizei este dia como planejava?" Se tudo correu de acordo com o planejado, isso é motivo para júbilo. Se não deu certo, deveríamos lamentar o que fizemos e passar a uma crítica do dia. Assim, através de métodos como esses, é possível aos poucos fortalecer os aspectos positivos da mente (CUTLER; DALAI LAMA, 2008, p. 39).

Esses exercícios encontram-se orientados para o treinamento ou condicionamento da mente, com o propósito de ajudar na incorporação de hábitos considerados positivos. Hábitos que seriam a própria fonte de felicidade. Assim, a felicidade é mais o resultado da ação que o indivíduo realiza sobre si e da transformação que consegue realizar em sua própria condição à procura dela, do que de fatos externos ou situações fora de seu domínio. A felicidade passa a ser esse estado mental conseguido pelo treinamento permanente da mente. Nesse sentido, ela reside no indivíduo e se faz presente quando ele obtém o controle de suas sensações, na forma de padrão de comportamento que pode e deve ser cultivado, isto é, aprendido.

> O treinamento sistemático da mente – o cultivo da felicidade, a genuína transformação interior através da seleção deliberada de estados mentais positivos, seguida da concentração neles,

além do questionamento dos estados mentais negativos – é possível graças à própria estrutura e função do cérebro. Nascemos com cérebros que já vêm equipados geneticamente com certos padrões de comportamentos instintivos (CUTLER; DALAI LAMA, 2008, p. 40).

Percebe-se que nessa descrição dos hábitos, sua modificação e seu ajuste às condições de vida constituem-se no foco dos exercícios de treinamento, de repetição de uma mesma ação que possibilita sua melhora e incorporação como modo de vida. Mudar os hábitos faz com que seja modificada a perspectiva da qual é contemplada a vida, suas situações e aconteceres cotidianos conseguindo, assim, a tranquilidade ou felicidade. Nesse sentido, o autor afirma que se trata da aquisição de hábitos positivos e da assinação de valores positivos às situações diárias. Tal transformação na atitude, que no começo aparece como um exercício, logo depois se torna um hábito e comportamento usuais. Assim, exercitar-se não só produz o hábito, mas a própria exercitação torna-se hábito e aprendizado.

> [...] em decorrência do hábito, ao longo de muitas vidas anteriores, certos aspectos podem brotar, como a raiva ou o apego. E nesse caso, o que eu faço é o seguinte: em primeiro lugar, o aprendizado do valor positivo das práticas; em segundo, o fortalecimento da determinação; e, finalmente, a tentativa de implementar as práticas. No início, a implementação das práticas positivas é muito fraca. Com isso, as influências negativas ainda detêm grande poder. Porém, com o tempo, à medida que vamos gradativamente implantando as práticas positivas, os comportamentos negativos se reduzem automaticamente. Portanto, a prática do *Dharma*[13] é de fato uma constante batalha interior, que substitui o antigo condicionamento ou hábito negativo por um novo condicionamento positivo (CUTLER; DALAI LAMA, 2008, p. 39).

---

[13] "O termo *Dharma* tem muitas conotações, mas nenhum equivalente exato em inglês. É usado com maior frequência para fazer referência aos ensinamentos e à doutrina do Buda, abrangendo a tradição dos textos sagrados, assim como o modo de vida e as realizações espirituais que resultam da aplicação dos ensinamentos. Às vezes, os budistas usam a palavra num sentido mais geral – querendo dizer práticas religiosas ou espirituais em geral, a lei espiritual universal ou a verdadeira natureza dos fenômenos – e usam o termo *Buddhadharma* para se referir de modo mais específico aos princípios e práticas do caminho budista. O termo *Dharma* em sânscrito deriva da raiz etimológica que significa "segurar"; e nesse contexto, a palavra tem um significado mais amplo: o de qualquer comportamento ou entendimento que sirva para "refrear a pessoa" ou para protegê-la, evitando que passe pelo sofrimento e suas causas" (CUTLER; DALAI LAMA, 2008, p. 39-40).

Desse modo, o treinamento sistemático da mente desenha-se como um modo de exercitação gradual, de qualificação da ação, ou melhor, de aperfeiçoamento e instituição de certas atitudes e formas de reação diante das situações que a vida diária propõe. Esse treinamento aparece como foco de práticas próprias de culturas consideradas "não ocidentais", mas que são trazidas para as consideradas "ocidentais", como contendo essa sabedoria milenar de homens exercitantes que conseguiram preparar sua mente e seu corpo para controlar seus sentimentos e sensações. Daí que eles sejam olhados como seres admiráveis e seus exercícios e técnicas como de um alto valor.

> [...] Por meio do treinamento, podemos mudar, podemos nos transformar. Dentro da prática budista, há vários métodos voltados para o esforço de manter a mente calma quando acontece algo de perturbador. Através da prática repetida desses métodos, podemos chegar ao ponto em que alguma perturbação possa ocorrer, mas os efeitos negativos exercidos sobre nossa mente permanecem na superfície, como ondas que podem agitar a superfície do oceano, mas que não têm grande impacto nas profundezas.
>
> [...] Esse ponto foi alcançado através do exercício gradual. Não aconteceu da noite para o dia. Claro que não. O Dalai-Lama vem se dedicando ao treinamento da mente desde os quatro anos de idade (CUTLER; DALAI LAMA, 2008, p. 39-40).

É interessante que percebamos como essa prática de treinamento mental proposta e usada por esse livro desenvolve-se, através de técnicas orientadas para o domínio de si mesmo, para o cumprimento dos deveres e para o desenvolvimento da indiferença. Esta última se configura em certa forma de renúncia ao que seria próprio da vida e do movimento, da experimentação de sensações e prazeres. Tratar-se-ia da programação mental que leve o indivíduo do prazer de sentir para o prazer de não sentir, e este seria o estado no qual se é feliz.

Um último exemplo pode ser útil para complementar o panorama de quadros normativos de comportamento a serem alcançados através de exercícios e preceitos promovidos por meio dos livros de autoajuda. Para tanto, usemos como fonte um livro produzido na década de 1980 e que aparece como fundado na experiência de vida de uma mulher que vive no nosso tempo, na sociedade norte-americana. Ele seria, portanto, um bom exemplo do que chamamos de cultura ocidental.

Refiro-me ao livro *You can heal your life — Você pode curar sua vida —*, de Louise Hay (2007), que hoje é um dos mais famosos nessa linha de supe-ração pessoal e que vendeu mais de 35 milhões de cópias e foi traduzido para 29 idiomas, pelo menos, é isso que afirmam as notas promocionais das livrarias e das páginas web (Renovando atitudes, 2010). Nesse livro, a autora – que se apresenta como "Conselheira metafísica, professora e conferencista" – foca seu argumento na tese de que aquilo que as pessoas pensam de si mesmas pode vir a ser verdade, tanto para elas quanto para os outros, porque somente cada um é responsável pelo que acontece em sua vida, ora para o melhor, ora para o pior. Nesse sentido, a autora assegura que cada coisa que as pessoas pensam cria o seu futuro, e, por isso, cada um produz as suas próprias experiências de vida com o que sente e pensa. Portanto, é na mente e nos pensamentos que cada pessoa pode encontrar as possibilidades de mudança: paz, harmonia e equilíbrio na mente são sinônimos de paz, harmonia e equilíbrio na vida.

A partir dessa tese, Hay aconselha exercícios diários que, levados à prática, ajudariam cada indivíduo a melhorar a autoestima, a convivência e paz interior, conseguindo ser feliz. A autora afirma que uma primeira técnica seria a meditação, usada para localizar as "mensagens negativas" que foram inscritas na nossa "consciência" e que geram baixa autoestima. Logo, usando outras técnicas, tais mensagens negativas devem ser apagadas. Assim recomenda, falando diretamente ao leitor:

> [...] em uma folha grande de papel, escreva todas as coisas que seus pais disseram que estavam erradas em você. Quais foram essas mensagens negativas que você ouviu? Dê-se tempo suficiente para se lembrar de tanto quanto você conseguir. Normalmente, uma hora está bem.
>
> O que diziam para você sobre o dinheiro? E sobre o seu corpo? O que diziam para você sobre o amor e o sexo? O que eles disseram sobre a sua capacidade criativa? Quais foram essas coisas limitativas ou negativas que você escutou quando menino?
>
> Se você puder, considere objetivamente esses pontos, e fale para você: "Então, é de lá o lugar de onde essa crença me vem".
>
> Agora, procure outra folha de papel, para cavar um pouco mais. Que outras mensagens negativas você ouviu quando criança?
>
> De seus parentes
>
> De seus professores
>
> De seus amigos
>
> De figuras de autoridade
>
> De sua igreja
>
> Escreva eles todos, tomando seu tempo. Esteja ciente das sensações corporais que vão tendo.
>
> Nessas duas folhas estão essas ideias que você precisa apagar da sua consciência. Essas são as crenças que fazem você sentir que não serve (Hay, 2007, p. 43).

Depois desse exercício de concentração que usa a técnica de meditação e de escrita à maneira de espelhos – que produzem certa reflexividade para que o indivíduo se veja a si mesmo e, portanto, faça uma construção de si –, a autora aconselha usar a declaração "Eu estou disposto a mudar", e indica que a pessoa repita essas frases muitas vezes seguidas e em vários momentos do dia. Essa é uma técnica que treina a mente para mudar sua maneira de agir e assumir as situações adversas e negativas da vida. Assim, Hay sugere:

> Ao dizer "Eu estou disposto a mudar", bote a sua mão na garganta. No organismo, a garganta é o centro energético onde se produz a mudança. Quando você toca nela, você reconhece que você está em um processo de mudança.
>
> Quando a necessidade de mudar algo na sua vida aparecer, esteja disposto a deixar que a mudança aconteça. Esteja ciente de que aí onde você não quiser mudar, é exatamente onde mais precisa mudar. Repita: "Eu estou disposto a mudar".
>
> A inteligência Universal sempre responde ao que você pensa e diz. Quando você faz essa declaração, as coisas começarão a mudar de forma decisiva (HAY, 2007, p. 59).

Esse processo seria concluído com outras técnicas, por exemplo, aquelas dirigidas à dissolução do ressentimento contra pessoas ou situações adversas e dolorosas. Nesse caso, técnicas de treinamentos orientadas para o desenvolvimento da indiferença aparecem como muito úteis. Como exemplo, a autora diz, novamente instruindo o leitor:

> [...] sente-se calmamente com os olhos fechados, e deixe a mente e o corpo relaxar. Depois, imagine que você está sentado em uma sala escura, de frente para um pequeno palco. Nele, coloque a pessoa contra quem sente mais ressentimento, não importa que pertença ao passado ou presente, que esteja viva ou morta. Quando você a vir claramente, imagine que a essa pessoa acontecem coisas boas que seriam importantes para ela, e veja-a sorrindo e feliz.
>
> Mantenha essa imagem por alguns minutos e depois deixe-a desaparecer.
>
> O exercício é isso, mas eu acrescento mais um passo: quando a pessoa desaparecer do palco, instale-se lá você mesmo. Imagine que coisas boas acontecem a você, veja-se feliz e sorridente. Perceba que a abundância do universo está disponível para todos nós.
>
> O exercício anterior, que para alguns vai ser muito difícil de fazer, dissolve as nuvens escuras do ressentimento que a maioria

de nós carrega. Cada vez que você faz isso, imagine uma pessoa diferente. Pratique o exercício uma vez por dia durante um mês; vai perceber que se sente mais leve (HAY, 2007, p. 90).

Nas duas últimas citações, é necessário salientar uma outra característica das formas de escrita usadas pelos autores de livros de autoajuda, que contribui nesse processo de individualização e que foca toda ação no indivíduo, em suas ações e suas decisões. Trata-se do fato de os autores falarem diretamente para o indivíduo, de procurarem uma conversa que faz o leitor sentir como se o escritor falasse expressamente para ele. Nesse sentido, parece haver certa proximidade e verdade no que o autor diz, portanto, cria-se uma espécie de manto invisível de confidencialidade. Ele sabe para quem fala, é sensível às suas necessidades e às suas dores; por isso, ele é capaz de enunciar para o leitor esse imperativo de transformação comum aos discursos de autoajuda: *você tem que mudar sua vida!*

Pelo desenvolvimento de ações realizadas pelo sujeito sobre si mesmo – ações cujo fim é a definição de um si mesmo para logo depois transformar a própria conduta "programando a mente" – é possível atingir a felicidade. Rastrear esses "modos de existência virtuais" para sujeitos possíveis constituiria, então, a terceira maneira de historicizar a felicidade como núcleo de experiência. Em outros termos, na procura pela felicidade (entendida das mais diversas formas) definiram-se modos de viver e maneiras de praticar a vida, que podem ser reconhecidos na correlação entre essas três dimensões que acabamos de descrever: os campos de saber sobre o sujeito; as modalidades normativas e de normalização dos indivíduos; e as formas de subjetividade com suas respectivas técnicas de subjetivação.

A experiência de si seria produto de um complexo processo histórico no qual se entrecruzam esses discursos que definem a verdade sobre o sujeito, as práticas que regulam o seu comportamento e as técnicas de subjetivação através das quais se constitui a sua interioridade. A experiência de si, historicamente constituída, é definida pelas relações que estabelecemos com nós mesmos. São elas que determinam o indivíduo em suas singularidades, na sua capacidade de se observar, se descrever, se interpretar, se julgar, se narrar, se dominar, etc. Trata-se da produção desse "ser" próprio, das singularidades nas quais o indivíduo se constrói no interior de um conjunto de relações consigo, no interior das problematizações e das práticas a partir das quais se produzem as verdades e os saberes que o definem, mas também as técnicas para sua condução e os fins da mesma.

Neste ponto, é necessário esclarecer que nenhuma das três dimensões opera de modo insolado ou independente, e que escolher alguma delas para realizar o estudo da experiência da felicidade com frequência leva ao encontro das outras duas e, portanto, para sua referência permanente. Ainda que tentadora, essa inciativa de estudar a felicidade como núcleo de experiência para descrever e analisar os fios técnicos que a acompanharam na sua constituição como fim de toda ação que o indivíduo realiza sobre si mesmo e sobre os outros, é um trabalho que foge das pretensões de este livro. Recorro à referência e exemplificação dessa possibilidade para salientar o importante lugar que a felicidade ocupa no pensamento e na orientação das ações que os seres humanos realizamos na vida cotidiana e de algumas das exercitações e técnicas que, na procura por ela, foram e são promovidas através dos discursos que aqui são analisados.

Nesse sentido, a felicidade aparece como esse fim primeiro de toda ação de transformação e melhoramento que os indivíduos devem realizar consigo mesmos, ela configura esse *télos* que nos leva a nos ocuparmos de nós mesmos, a ajustar nossas vidas usando um conjunto de práticas ascéticas para construir modos de existência nos quais as adversidades operam como tensores (a tensão vertical da que fala Sloterdijk) que só servem para que superemos a nós mesmos. Podemos perceber, então, que o imperativo da autotransformação, *você tem que mudar sua vida!*, é um importante elemento nesses discursos da felicidade que promovem a exercitação e que nos incitam a tornarmos outros diferentes do que éramos antes, a nos ocuparmos de nós mesmos.

Em termos bem mais gerais, para se conseguir sucesso e felicidade, é necessário transformar-se, não se pode ser mais o mesmo. Assim, com Sloterdijk (2012) podemos afirmar que esse imperativo atravessa também os discursos de autoajuda aqui analisados. Neles o imperativo de mudança é um imperativo absoluto que "proporciona o lema para a revolução em segunda pessoa do singular" e que "define a vida como uma pendente entre as suas formas mais elevadas e as mais baixas" (p. 43).

Essas formas a que Sloterdijk se refere correspondem às do torso desnudo de Apolo, no poema de Rilke, e para nós elas aparecem desenhadas como exemplos de vida e sabedoria, na vida dos amigos das "altas esferas" de Mandino (1987), nos empresários de sucesso, nos homens e mulheres das mais variadas épocas e tradições que se superaram e tornaram exemplo de vida para outros. Para nós, leitores e seguidores desses discursos, seres humanos do comum, que só podemos aprender com eles. Assim,

> Se bem eu já vivo, alguma coisa me diz, com uma autoridade que não admite réplica: você ainda não vive de verdade. A

numinosa[14] autoridade das *formas* goza do privilégio de me interpelar com esse "você tem que". Tal autoridade incide sobre mim deixando-me uma insuficiência sutil, mais antiga e livre que o pecado. Trata-se de mim *ainda-não* interior. No meu momento de maior consciência, acerta-me em cheio o dardo de um recurso absoluto lançado contra meu *status quo*. Minha transformação seria o único necessário. Se na continuação você, na verdade, muda sua vida, não faz outra coisa a mais que aquilo que você mesmo quer com o melhor de seus desejos, isso quando sente o modo como uma tensão da verticalidade, que para você tem valor, faz saltar as dobradiças da sua vida (SLOTERDIJK, 2012, p. 43).

Esse princípio de transformação da própria vida vincula os discursos de autoajuda a todo esse outro conjunto de discursos contemporâneos que promovem o cuidado do corpo, a exercitação física e mental, a aprendizagem e a educação permanentes, a adaptabilidade, a flexibilidade, a competição. Os exercícios e as técnicas agenciados para conseguir tal transformação definem tanto o sucesso quanto o fracasso dos indivíduos. Talvez seja por isso que os livros, os seminários, as páginas web e outros formatos usados para a promoção de práticas de autoajuda se oferecem salientando que eles contêm o segredo, a guia, a técnica, as pílulas, o conjunto de hábitos ou leis que podem levar qualquer um a conseguir a felicidade ou sucesso, sempre que – e aí, uma chave importante – aconteça uma análise e modificação do "eu". Tais dicas seriam o produto da experiência de vida de uma personagem real ou ficcional que quase sempre se personifica na narrativa da história que se está contando, caso esse seja o formato. Ou então, aparecem como resultado do saber, do conhecimento ou *expertise* do autor, caso as formas de apresentação sejam passos, exercícios, conselhos etc. exibidos diretamente como guias de conduta propostas a partir de saberes que gozam de reconhecimento acadêmico: psicologia, economia, filosofia etc. Dois livros podem exemplificar o uso da experiência de vida (real ou ficcional) como fonte de validade para os exercícios por eles promovidos. O primeiro deles é o *best-seller* levado ao cinema no ano 2009, *Comer, rezar, amar*, de Elizabeth Gilbert (2007); o segundo é o famoso livro *Sucesso: a maior missão*, de Og Mandino (1987).

---

[14] Numinoso(sa). É um adjetivo que vem do latim *numen, -mĭnis*, e *-oso*. Ele refere o *numen* como manifestação de poderes religiosos ou mágicos. Qualifica algo ou alguém influenciado, inspirado pelas qualidades transcendentais da divindade (HOUAISS, 2009). Ver verbete: numinoso (p. 1368).

No primeiro livro é narrada a história de uma mulher, Elizabeth (a autora), que aos 30 anos "tinha tudo o que a sociedade indica para uma pessoa de bem": uma carreira de sucesso, um casamento feliz e uma boa casa. No entanto, ela se sentia infeliz. Os seus problemas começam com a decisão de terminar seu casamento, pois a partir desse momento, uma avalanche incontrolável de situações difíceis se apresenta, levando-a a se afundar na depressão. Na tentativa de sair dessa situação, ela decide fazer uma viagem pelo mundo para viver três facetas importantes da vida, em três lugares reconhecidos por oferecerem um ambiente especial para cada um deles: na Itália comer, na Índia rezar e no Bali amar. O livro oferece o diário dessa viagem e as dicas encontradas no processo de "autoconhecimento", que a própria autora define como "um relato interessante e divertido de uma pessoa em busca da verdadeira felicidade" (GILBERT, 2007, s/p).

Por sua vez, um dos primeiros livros abertamente declarados de superação pessoal e que já referi antes, *Sucesso: a maior missão*, de Og Mandino (1987) convida os leitores a olhar no mundo interior e encontrar nele o caminho para o sucesso. O livro conta a história de Luke Gardiner – um jovem piloto que, preocupado com a morte durante a Segunda Guerra Mundial, começa a leitura de livros de diferentes pensadores para tomar deles dicas de comportamento e mudar sua atitude diante da vida. Assim, consegue criar sua própria empresa e ter sucesso econômico e social. Mandino afirma que "há que orientar a busca para o interior da gente, porque na autorrealização e na própria força e conhecimento é onde estão os alicerces do triunfo real. [...] O único necessário é ansiar a vida e estar disposto a trabalhar e lutar até conseguir isso que se quer, ainda que o único que se tenha seja a força própria" (p. 100).

Neste ponto da análise, podemos passar para outro aspecto que aparece intimamente ligado à felicidade nos livros do gênero: o sucesso em suas dimensões laboral e econômica. Esse aspecto estava presente nos livros que hoje consideramos como clássicos da autoajuda e que foram publicados na segunda metade do século XIX e, como veremos a seguir, ele continuou a ser um tema central em muitos dos textos e programas de formação nessa linha que encontramos hoje.

O "verdadeiro" sentido do sucesso

> *Os sábios da Antiguidade descreveram a forma mais simples de nos ligarmos ao universo e a realizarmos nossos desejos. O lema que os guiava mostra-se deliciosamente simples: aja de acordo com as leis da natureza.*
> (CHOPRA, 2011, p. 13)

> *O verdadeiro sucesso é testemunhar a expressão da divindade dentro de nós.*
> *[...] Quando vivenciarmos cada momento de nossas vidas como a expressão*
> *miraculosa da divindade, conhecermos o verdadeiro sentido do sucesso.*
> (CHOPRA, 2011, p. 121)

O sucesso e o triunfo têm como fim a felicidade. Eles são o quesito ou o caminho para alcançá-la e garanti-la. Na literatura de autoajuda, desde o início do século XX até nossos dias, a palavra sucesso parece ser a chave distintiva das promessas que fazem vendáveis alguns dos mais famosos livros do gênero. No destaque do sucesso como maneira de alcançar a felicidade, ou como a própria felicidade, é preciso salientar alguns elementos que são centrais na articulação das formas atuais de condução da própria conduta, com as práticas liberais e neoliberais de governamento, através das suas formas educativas.

Em particular, neste ponto podemos retomar as três características do *télos* que orientam hoje os discursos de autoajuda e que exploramos nas análises anteriores (produção do "eu", transformação dele e foco na felicidade), tanto para nos aprofundarmos nelas quanto para percebermos o aparecimento de alguns outros elementos importantes nas formas narrativas que elas apresentam. Nesse sentido, são dois os propósitos para a análise desta seção: primeiro, perceber o aparecimento nas narrativas da autoajuda de noções caras aos discursos educativos atuais – interesse, condutas adquiridas, aprendizagem, competência etc. Segundo, identificar nesses discursos algumas das suas estruturas narrativas – seu foco em formas testemunhais, que salientam a experiência como fonte do verdadeiro; a sua aproximação com instituições educacionais que validem o saber exposto e tentem institucionalizá-lo; a atualização da linguagem usada com a correspondente atualização de preceitos e técnicas de condução; a exigência em acreditar em forças superiores e universais que regem a vida; a necessidade de se exercitar em práticas que alinhem essas forças para o próprio sucesso e felicidade etc.

Antes de continuar me aprofundando nessas características em que o sucesso aparece articulando as técnicas de condução própria com formas de governamento liberal e neoliberal, uma precisão parece necessária. O termo *Success* ou sucesso (que em português se refere ao bom resultado, êxito, triunfo, ou à pessoa ou coisa vitoriosa, de grande popularidade) é usado com frequência para traduzir a expressão *éxito*, empregada em espanhol. Ainda que o termo "êxito" exista na língua portuguesa, geralmente ele é usado para se referir a um resultado final, satisfatório, sua consequência ou efeito. Assim, ao que parece, o êxito aponta para um efeito final (bom ou mau), do mesmo modo que o triunfo. Enquanto isso, o sucesso aponta para algo que simplesmente acontece, um fato – isso é o que se depreende da primeira acepção de cada vocábulo, como aparece no dicionário. Mas logo adiante, ambos os vocábulos convergem no sentido do bom, positivo, feliz.

Na língua portuguesa, poderíamos pensar que o êxito remete a "resultados finais", e o sucesso para o "acontecimento" de algo favorável para um indivíduo ou coletivo. É interessante ver que os sinônimos oferecidos para o sucesso são, justamente, acontecimento, caso, ocorrência, etc. Seja como for – ou os "resultados do que aconteceu", ou os "próprios acontecimentos" –, o uso dessas duas palavras, pelo menos no Brasil e neste tipo de discurso, ao que parece, acabou consagrando a sinonímia entre elas e, principalmente, sempre num sentido positivo.

O termo sucesso aparece principalmente nos títulos de livros de orientação profissional e liderança empresarial e financeira, já no início do século XX. Tais livros continuam a ser referência hoje de muitos outros textos e materiais desse gênero – cursos pela internet, vídeos, livros ou seminários onde eles são usados – em que são apresentados exercícios, técnicas e princípios que devem orientar as ações e atitudes nos diferentes cenários da vida social. Isso é evidente em livros como *Sucesso: a maior missão*, publicado em 1968 por Og Mandino (1987) e *Os 7 hábitos das pessoas altamente eficazes*, publicado em 1989 por Stephen R. Covey (1999), entre outros. Tais livros destacam que muitas das reflexões ali apresentadas provêm dos ensinamentos de autores que os precederam e ofereceram, tempos atrás, as chaves para o sucesso.

Mesmo sem serem referidos explicitamente os livros ou os autores do começo do século XX – Russell Conwell, William Danforth, Napoleon Hill, etc. – muitos dos livros das últimas décadas citam os princípios e as técnicas por eles sugeridos e fazem adaptações às condições atuais, aludindo à proveniência de sua sabedoria na experiência de grandes homens. Hoje a ofertam também como um saber avaliado e aprovado por prestigiosas instituições de formação em negócios e mercado, *experts* em criar e desenvolver programas de treinamento individual e coletivo, especialmente em áreas comerciais, financeiras e de administração, tais como a *Harvard Business School, BBS Business School, Internacional Coach Federacion, Fox School of business*, etc.[15]

---

[15] O recente livro *Aprenda a ser feliz*, de Tal Ben-Shahar (2009), por exemplo, é oferecido como contendo o conceito de felicidade segundo Harvard, pois seu autor leciona nos cursos de Psicologia Positiva, uma nova linha que nessa instituição e nesse programa de formação cada vez ganha mais adeptos. Especialmente, é referido um curso de *Psicologia da Liderança* como um dos mais procurados pelos executivos.

Nesse sentido, os discursos da autoajuda caracterizam-se por marcar uma importante ligação com as diferentes instituições sociais – família, empresa, igreja, etc. –, ainda que sua procedência não seja institucional. Segundo analisa e mostra claramente Eva Illouz (2010), longe de motivar uma atitude anti-institucional pela sua intensiva centralidade no "eu", tais discursos representam "um modo formidavelmente poderoso e moderno por excelência de institucionalizar" esse "eu" (p. 21). Para o momento de emergência dos discursos do sucesso, um "eu" bem conduzido aparece como um elemento importante para o sustento e a permanência de instituições sociais, bem como para o desenvolvimento da racionalidade liberal em que elas estão inseridas. Contudo, será essa centralidade do eu que, no decorrer do século XX, vemos operando na desagregação da vida dessas mesmas instituições, na emergência e articulação do que conhecemos como racionalidade neoliberal.

O aparecimento do termo sucesso nos discursos empresariais, educativos, pessoais, de final do século XIX e início do século XX, não deve nos surpreender. Lembremo-nos da observação feita pelo próprio Foucault (2007b) quando referia que "mercado" e "utilidade" foram os pontos de ancoragem do poder governamental liberal. Para ele, dois elementos destacaram-se nas práticas de governamento a partir da configuração das sociedades europeias e norte-americanas desse momento: "intercâmbio pelo lado do mercado, utilidade pelo lado do poder público" (p. 64). No meio dessa forma de racionalidade, a noção geral de "interesse" emergiu nas duas esferas e constituiu-se em um importante preceito de autolimitação da razão governamental.

O interesse desenha-se como um princípio de intercâmbio e critério de utilidade que orientou os modos de praticar a vida, tentando equilibrar e harmonizar os desejos individuais e as necessidades coletivas. Assim, a noção de interesse formula-se como uma noção plural que põe em jogo a utilidade social e o ganho econômico, ou o sucesso social e o êxito econômico. Mais adiante, esse será o jogo que estabelece a eficiência das práticas de governamento, tanto as que os indivíduos realizam sobre si quanto as que realizam sobre os outros. Em tal conformação da racionalidade governamental liberal, o que se procurava governar eram os interesses particulares e os interesses gerais, através da condução que os indivíduos façam de suas "ações, suas palavras, suas riquezas, seus recursos, suas propriedades, seus direitos", etc. (FOUCAULT, 2007b, p. 66-67).

É nesse tempo que também vemos surgir e desenvolver-se a noção de interesse nos discursos educacionais. Através dessa noção, podemos perceber a articulação do pensamento educativo com os discursos naturalistas, liberais e disciplinares próprios de uma razão governamental liberal em pleno arranjo. A definição e a interpretação dessa noção apontaram para "reconhecer e desenvolver o interesse natural das crianças". Assim, ela se tornou um tema-chave das reflexões pedagógicas.

> O interesse como objeto de análise nas discussões educativas e como elemento-chave nas práticas pedagógicas foi assinalado e reconhecido na primeira década do século XIX pelo filósofo alemão Johann Friedrich Herbart. Segundo Hernández (1946), ainda que a noção que expressa o termo "interesse" pareça estar presente nas discussões pedagógicas prévias aos desenvolvimentos de Herbart: nas "afeições" de Quintilianus, na figura da "experiência" de Vives e Comenius; na "intuição" de Rousseau; nas "disposições" de Huarte de San Juan e na "intuição e experiência" de Locke, a noção, como ela é entendida no século XIX, só se tornou elemento central nas análises pedagógicas de Herbart (Marin-Díaz, 2009, p. 157).

Em termos gerais, poderíamos pensar que, no seio da matriz de pensamento organizada no que nomeamos de "Modernidade Liberal", o "interesse" tornou-se a noção que permite considerar as práticas educativas como práticas de governamento. Ao que parece, essa razão de governo, nesse momento e para essas sociedades, centrou sua atenção no sucesso econômico e pessoal, mediado pelos interesses em ambas as esferas, como garantia da felicidade e como medida do bom governo. É compreensível, então, no final do século XIX, o aparecimento de reflexões como aquelas propostas por empresários e por autores como Russell Conwell, William Danforth, Napoleon Hill. Também é compreensível que eles continuassem a ser usados como referência de um saber fundado no sucesso econômico: eles promovem o saber que adquiriram como experiência de sua própria condução e no qual a finalidade é o equilíbrio entre os empreendimentos individuais e os coletivos.

No saber escrito e difundido por esses autores, destacam-se como elementos importantes as diferenças pessoais derivadas das decisões e das transformações que o indivíduo esteja disposto a realizar sobre si mesmo como possibilidades e limites do próprio sucesso. Com isso, o segredo de equilíbrio entre os interesses individuais e os interesses coletivos de sucesso e bem-estar social e econômico exige a modificação e ajuste de atitudes e comportamentos pessoais. A "consciência" da necessidade de mudança aparece fortemente marcada pela capacidade de reconhecer aquilo que se possui por nascença como individualidade dotada de uma natureza e potencialidades próprias, além daquilo adquirido pela experiência de vida e pelos processos de formação pelos quais cada indivíduo passa. Revisemos, pois, como aparecem esses elementos nesses autores.

De Russell Conwell (1843-1925), os livros mais citados são *Acres of Diamonds*, (Acres de diamantes, 1922)[16] e *Every Man His Own University* (Cada homem é a sua própria universidade, 1917). Advogado e jornalista, ele apresenta nos seus textos a narração de duas viagens: uma revisita ao sul, pelos campos de batalha da Guerra Civil, e outra ao redor do mundo, em 1870. Atuando como professor e pastor da Congregação Batista de Lexington (Massachusetts), Conwell participou da construção de um templo onde a formação dos jovens e dos adultos fundava-se na tese de que o principal para a vida era o desenvolvimento da mente, do corpo e do espírito. Seguindo essa filosofia, em 1887 iniciou uma escola para pessoas que trabalhavam, que logo foi chamada de *Colégio Templo*. Junto a ele, cinco anos depois, organizou-se o Hospital Samaritano, que mais tarde serviu de hospital de ensino para a muito afamada *Temple University Hospital* (Escola de Medicina da Universidade de Temple).

Por sua vez, William Danforth (1870-1955), o fundador da Nestlé Purina, é outro autor muito citado por causa de seu livro *I Dare You!* (Desafio você!, 1941). Nele Danforth assinala que o desenvolvimento pessoal responde ao equilíbrio de quatro componentes-chave na vida, e que eles são visíveis através de uma estrutura de xadrez atravessada por dois eixos que articulam os planos da vida humana: no plano que vai da esquerda para a direita, encontra-se num extremo o âmbito "físico", e no outro, o "social". No plano que vai do ponto superior para o inferior, encontram-se acima o elemento "mental", e na parte inferior, o "religioso". Os quadros resultantes do cruzamento desses planos constituem módulos que precisariam ser trabalhados e manter-se equilibrados, para que o indivíduo possa levar uma vida saudável e alcançar o sucesso.

Finalmente, o terceiro autor de livros sobre sucesso é Napoleon Hill (1883-1970). Seus livros[17] constituem um desses primeiros registros onde a narração da experiência de vida do autor e de outros é tomada como exemplo de liderança. Eis o elemento-chave nas narrativas de autoajuda

---

[16] Que antes de ser livro, ele difundira por meio impresso e pela rádio, através de um programa gravado nesse mesmo ano. Uma tradução recente de seu texto aparece em Conwell (1996).

[17] O primeiro deles foi *Laws of Success* (As leis do triunfo, [1928] 1997), que chegou ao mercado em 1928. Outros são: *The Magic Ladder To Success* (Os degraus da fortuna, [1930] 1973); *Think and Grow Rich* (Pense e Enriqueça, [1937] 2011a); *Success Through a Positive Mental Attitude* (Sucesso através da atitude mental positiva, [1960] 1991); *The Master-Key to Riches* (A chave mestra das riquezas, [1965] 2011b); *Succeed and Grow Rich Through Persuasion* (Sucesso e riqueza pela persuasão, [1970] 2004); *You Can Work Your Own Miracles* (Você pode fazer os seus milagres, 1971); e *Napoleon Hill's Keys to Success: The 17 Principles of Personal Achievement* (As regras de ouro de Napoleon Hill, 1994).

que vamos encontrar desde esse momento até hoje: a verdade da ordem testemunhal, da qual procede a autoridade do autor para falar e ensinar aos outros as maneiras de agir e se comportar, sempre que o sucesso seja a finalidade. Isso é perceptível quando se escuta os registros audiovisuais que apresentam o próprio Hill falando sobre a sua experiência de vida e os achados de sua pesquisa.[18]

A verdade sobre si validada como verdade testemunhal é um elemento característico dos livros de Hill e de outros autores de livro de autoajuda. Trata-se de uma forma de verdade descritiva, que é formulada pelo testemunho de alguém que já viveu e que oferece isso como prova de verdade e utilidade dos princípios e das técnicas por ele sugeridas. Essa relação entre verdade e sujeito, como sabemos, desde os primeiros séculos de nossa era tornou-se uma forma de instauração de regimes de veridição. Uma forma de relação que identificamos frequentemente nesses discursos de autoajuda, e que oferece os créditos para que pessoas das mais variadas formações e com as mais variadas experiências de vida ofereçam livros com testemunhos sobre o que aconteceu com eles e sobre como se saíram diante de situações difíceis.

Na narração da vida de Hill, por exemplo, destaca-se que ele nasceu no seio de uma família muito pobre, tendo de ingressar no mundo do trabalho ainda menino. Ele teria criado um jornal onde atuava como entrevistador e, fazendo isso, conheceu o industrial Andrew Carnegie, o homem mais rico do mundo na época (1908). Carnegie o motivou e financiou para iniciar uma pesquisa que consistia em identificar as características que poderiam ser desenvolvidas nas pessoas comuns para se tornarem pessoas de triunfo. O resultado da pesquisa deveria oferecer as ferramentas necessárias para apresentar um curso no qual os interessados "aprenderiam" e "desenvolveriam" tais características, transformando os seus costumes para conseguirem o sucesso.

Além dos cursos surgidos dessa experiência liderada por Hill, a maior parte de seus livros apresenta o resultado dos 20 anos de entrevistas que ele realizou com pessoas que triunfaram e cujas vidas profissionais e pessoais foram bem-sucedidas. Thomas Edison, Henry Ford, Graham Bell, Elmer Gates, Woodrow Wilson, Theodore Roosevelt, John D. Rockefeller, etc. são referidos entre os personagens que participaram das mais de 15.000 entrevistas realizadas por Hill. A vida desses empresários de sucesso, tanto quanto a do próprio autor, é usada como verdade testemunhal de sucesso: uma verdade vinda da experiência.

---

[18] Cf. documentário no qual o autor narra sua vida. Disponível em: <http://www.youtube.com/watch?v=qMNRFpfYdZY>.

As famosas *Laws of Success* ([1928] 1997) de Hill, propostas no seu primeiro livro e organizadas dentro do método que nomeou de *Master Mind* (Mente mestre), aparecem descritas numa linguagem própria da época que, nos cursos e livros de hoje, são atualizadas e dispostas numa linguagem que ecoa em nossos ouvidos contemporâneos. Assim, nos textos de Hill, as leis aparecem como "virtudes essenciais" e são enumeradas como: (1) associação a outras pessoas com o mesmo perfil de pensamento; (2) objetivo principal definido; (3) confiança em si próprio; (4) hábito de economia (expressão do sucesso); (5) iniciativa e liderança (assumir o controle da própria vida); (6) imaginação; (7) entusiasmo; (8) autocontrole; (9) fazer mais do que a obrigação; (10) personalidade atraente; (11) pensar com exatidão; (12) concentração (uso de técnicas de concentração); (13) cooperação; (14) fracasso (aprender com ele); (15) tolerância; (16) fazer aos outros aquilo que quer que seja feito a si mesmo.

Na página da internet da empresa, que hoje oferece seminários usando as leis formuladas por esse autor e que utiliza o nome do seu método, *Master Mind*, é possível encontrar uma enunciação atualizada para essas leis. Elas aparecem como "atitudes fundamentais" que fazem parte de um "programa de aperfeiçoamento pessoal e profissional", a partir da construção de uma "mente grupal" integrada por indivíduos "treinados" para vencer impedimentos na vida diária. Tais leis são oferecidas, então, como ferramentas que ajudam na transformação de atitudes e habilidades para que se assumam os desafios da vida, sempre que as pessoas estejam dispostas a se esforçar na própria transformação e "aprender" esses novos comportamentos. As leis são as seguintes:

> Autoconfiança: acreditar em si mesmo, gerando segurança para vencer a timidez, o medo e superar desafios.
>
> Flexibilidade: tornar-se mais flexível perante as mudanças e conflitos, superando com tranquilidade os desafios cotidianos.
>
> Controle de preocupações: reduzir as tensões e o estresse diários, solucionando problemas pessoais e de trabalho com naturalidade, obtendo desta forma melhor qualidade de vida.
>
> Visão estratégica: visualizar cenários futuros, estabelecendo metas sustentáveis e possíveis a médio e longo prazos.
>
> Inteligência interpessoal: estabelecer avanço nas habilidades de relacionamento, melhorando a capacidade de motivar pessoas, de unir equipes e de estabelecer harmonia nos ambientes familiar, social e profissional.
>
> Comunicação eficaz: aprimorar a capacidade de se expressar de forma clara e objetiva, contribuindo para as artes de negociação,

venda de ideias, conquista da liderança e habilidade de influenciar pessoas.

Memória: conseguir maior agilidade mental, fortalecendo a concentração em situações práticas do dia a dia.

Entusiasmo: aumentar a motivação para desempenhar as atividades diárias, ampliando a capacidade de sustentar metas.

Liderança: desenvolver a habilidade de influenciar pessoas para trabalharem entusiasticamente, visando atingir os objetivos identificados como sendo para o bem comum.

Venda de ideias: expressar o ponto de vista com os outros, aumentando a persuasão em sua comunicação.

Disciplina: transformar comprometimento em resultados, através de um método predeterminado.

Habilidade de negociação: desenvolver ferramentas de negociação nos aspectos diários do participante (MASTER MIND, 2006, s/p).

No uso dessa outra linguagem, percebemos uma atualização dos vínculos entre as leis enunciadas e as formas de condução que ali são promovidas. Por exemplo: de "associação com outras pessoas com o mesmo perfil de pensamento", passa-se a falar em "avanço nas habilidades de relacionamento, melhorando a capacidade de motivar pessoas, de unir equipes e de estabelecer harmonia nos ambientes familiar, social e profissional". Assim, o importante não é tanto associar-se a pessoas com mesmo perfil para atingir "objetivos bem definidos", mas sim adaptar-se, adquirir habilidades de relacionamento, realizar ações de motivação e harmonização de ambientes para definir "metas sustentáveis e possíveis a médio e longo prazos". Ou seja, trata-se principalmente de amoldar-se às condições, pessoas e grupos, e, tendo uma "visão estratégica", enfrentar os desafios cotidianos de trabalhar com outros e de superar dificuldades.

Nessa mesma linha, da "imaginação" para solucionar problemas passa-se a falar em "flexibilidade" para se adaptar às mudanças e aos conflitos, assunto que pode servir para superar com "tranquilidade os desafios cotidianos". Ou do "entusiasmo", "autocontrole", "personalidade atraente" passa-se a falar em "inteligência interpessoal", que permita usar outras formas de relacionamento, através das quais os outros sejam motivados, e as equipes trabalhem harmonicamente. Também se fala hoje em "comunicação eficaz" para melhorar a própria capacidade de expressão, de tal maneira que a clareza e a objetividade da comunicação contribuam nas negociações, na venda de "ideias" e na consecução da liderança, entendida como a habilidade de "influenciar" os outros e conduzi-los.

Nessa atualização da linguagem utilizada na apresentação da metodologia *Master Mind*, percebe-se a força das atitudes e das ações do indivíduo. É nele, no indivíduo, que estão as possiblidades e as oportunidades do sucesso. Do seu modo de agir e de suas decisões dependem as relações com os outros e a solução dos problemas que ocorrem. Essa centralidade no indivíduo é percebida também na atualização da apresentação de exercícios, ao modo de guia e conselhos práticos para elaborar uma "nova perspectiva de si mesmo". Ali dois componentes parecem articular a metodologia proposta: uma forte convicção numa força ou poder universal que rege a nossa vida e a necessidade de uma programação mental baseada em exercícios.

Primeiro componente: a convicção da existência de um poder infinito presente no âmago do próprio ser. Nesse elemento, podemos reconhecer um preceito importante, que já encontramos em muitas das citações trazidas nas seções anteriores: a necessidade de assumir como certa a existência de algo como um poder infinito, uma forma, uma energia, um deus, uma tendência sobrenatural, uma inteligência universal que se encontra presente no ser mesmo, e que seria o próprio princípio da vida. Segundo essa narrativa, para entrar em harmonia com o universo, com deus, com a força natural, é preciso que aceitemos sua existência.

É necessário acreditar num princípio incompressível para o indivíduo humano, mas que age sobre ele e sobre as suas possibilidades de sucesso. Esse algo, que atravessa o indivíduo e é sua força e condição de possibilidade para conseguir a felicidade, recebe os mais variados nomes. Assim, por exemplo, no livro *Os signos da alma*, de Rosemary Altea (2005) esse "algo" corresponderia às "forças elementares" que configuram e orientam as almas humanas; em *O segredo*, de Rhonda Byrne (2007) e *A lei universal da atração*, de Esther e Jerry Hicks (2007), ele seria a "lei da atração". No mais famoso livro de Deepak Chopra (2011), *As sete leis espirituais do sucesso*, ele seria a "potencialidade pura" ou "consciência pura". Em outros discursos de autoajuda, esse elemento aparece como a "força do pensamento", o "poder interior", a "sabedoria universal", a "força interior" ou "universal", a "energia vital", "deus", as "leis básicas do universo", a "força motor da vida", etc. Vejamos um pouco mais de perto as descrições que acompanham a apresentação desse elemento em alguns dos livros, a forma como ele se articula com o segundo componente, a programação mental, a partir de uma série de exercícios.

No livro de Byrne (2007), por exemplo, ela afirma que a "lei de atração" é esse segredo maior que sempre esteve presente em forma fragmentada nas tradições orais, na literatura, nas religiões e nas distintas filosofias de todos os tempos. A revelação de tal segredo seria a chave que pode transformar a vida de todo aquele que a experimenta, pois é a partir do seu uso, em todos os aspectos da vida – dinheiro, saúde, relações e interações com o mundo –, que se consegue o sucesso e a felicidade. Trata-se, então, de entender um poder oculto que existe no interior de cada pessoa e que explica toda a sabedoria dos grandes mestres atuais, homens e mulheres que conseguiram saúde, fortuna e felicidade usando o segredo a seu favor. O livro apresenta histórias (testemunhos) sobre as revelações de sanação, geração de riqueza, superação de obstáculos, para mostrar ser possível o que alguma vez foi pensado como impossível.

Por sua vez, no livro *A lei universal da atração* (HICKS; HICKS, 2007) os autores afirmam que cada um de nós, ainda que ignore as leis básicas do universo, sempre atrai aquilo que conforma a nossa experiência vital: as coisas e as pessoas que formam parte da nossa experiência vital são convidadas por nós mesmos. Por esse motivo, propõem exercícios e práticas para usarmos a nosso próprio favor: meditação, intenção fragmentada e oficina criativa para atrair a prosperidade. Nesse livro, a lei da atração é explicada em termos práticos e simples, para "ensinar" cada indivíduo a tomar o controle criativo da própria experiência física e deixar que o Ser interior se manifeste como verdadeiro Eu: um ser destinado à plenitude e à felicidade infinitas.

Outro exemplo nessa linha de textos e que se propõe na mesma lógica, é o clássico livro de Deepak Chopra, *As sete leis espirituais do sucesso*, cujas citações foram usadas em algumas epígrafes anteriores. Esse livro tem outra procedência em termos de saber e tradição cultural, pois o autor é um médico indiano, especialista em endocrinologia, que vive nos Estados Unidos e que concentrou seus esforços em desenvolver programas de desenvolvimento pessoal fundados na medicina védica.[19] Além disso, ele é um sucesso editorial, e através de sua empresa, *The Chopra Center For Well Being*, oferece cursos e programas que se difundem por diferentes meios de comunicação, em distintas línguas e usando os mais diversos suportes materiais: livros, CDs, DVDs, televisão, seminários, etc.

A proposta do autor centra-se na tese de que, se as pessoas compreenderem a sua "verdadeira natureza" e souberem "viver em harmonia com as leis naturais", uma sensação de bem-estar e de entusiasmo pela

---

[19] Medicina védica ou *ayurveda* é a maneira como é chamado o conhecimento médico produzido na Índia há muitos séculos. "A palavra refere-se, no sânscrito, à ciência da vida (*ayur* - vida; *veda* - ciência). As práticas desenvolvidas nessa medicina são usadas na maior parte do mundo como formas alternativas à medicina ocidental. Elas são incorporadas em tratamentos médicos, psicológicos e fisiológicos que se anunciam como promotores do equilíbrio e da manutenção da vida, e isso como tratamento preventivo para doenças graves" (MINISTÉRIO DA SAÚDE, 2008, p. 61).

68   Coleção Estudos Foucaultianos

vida e pela abundância material "surgirão facilmente" (CHOPRA, 2011, p. 20). As leis são descritas uma a uma por capítulos, e na parte final de cada um deles constam preceitos e algumas ações a serem seguidos para se entrar em harmonia com as forças naturais. Assim, por exemplo, a primeira lei ou "da potencialidade pura" afirma que a fonte de toda criação é a *consciência pura* ou *pura potencialidade*.

> Nosso corpo físico – tudo que existe no mundo material –, provém do mesmo lugar: de um campo de percepção silenciosa e imóvel, a partir do qual tudo é possível. Não há separação entre esse campo energético e nossa essência espiritual, nosso Eu. E quando sabemos que nossa natureza essencial consta de pura potencialidade, nós nos alinhamos com o poder que manifesta tudo no universo (CHOPRA, 2011, p. 21-22).

O cumprimento dessa lei requer, segundo as orientações de Chopra, a prática diária do silêncio, da meditação e do não julgamento, para percebermos que "nosso verdadeiro "Eu" é de pura potencialidade", e assim, nos alinharmos "com o poder que tudo manifesta no Universo" e obtermos o que desejamos (p. 23-33). Neste ponto, voltamos a encontrar essas características do *télos* que orienta os discursos de autoajuda – uma centralidade do "eu", a necessidade de "alinhar" o que somos e fazemos com essas forças naturais (modificação do eu), e o desenho da felicidade como finalidade de qualquer ação realizada para modificar a própria conduta.

> Portanto, o sucesso na vida depende de sabermos quem realmente somos. Quando nosso ponto de referência interno é nosso espírito, nosso *verdadeiro* Ser, experimentamos todo o poder dele. [...]
>
> O poder do Eu é poder autêntico porque se apoia nas leis da natureza e vem do autêntico conhecimento [...]
>
> Quando estamos em harmonia com a natureza, criamos uma ligação entre nossos desejos e o poder de levá-las à materialização (CHOPRA, 2011, p. 23-25).

Mente mestre e muitos outros métodos e sistemas de exercitação promovidos pela autoajuda aparecem, então, organizando técnicas que permitem estabelecer uma ligação com certa força ou inteligência universal, fonte infinita de ação e sabedoria. Graças a ela, os desejos, os interesses e as metas podem ser conseguidos, não tanto pela fé e pela convicção da sua potência, mas pela ação que cada indivíduo realiza sobre si mesmo.

Um dos quesitos essenciais para se conseguir essa convicção e crença nas forças superiores seria eliminar o medo, a dúvida e o pensamento negativo, pertencentes, segundo os autores, a uma cultura milenar limitadora, que impede ver no indivíduo toda a força necessária para conseguir sucesso. A sugestão, então, é criar um novo conceito a respeito de si mesmo, de deus, da vida, dos outros, etc. "Acreditar" é o lema. Acreditar que deus, o mundo, o universo querem o crescimento pessoal e a expansão permanente de cada um e que cada pessoa é parte desse universo, desse mundo, desse deus. Em outras palavras, trata-se simplesmente de "acreditar" e, assim, romper os que são considerados tabus ou preconceitos psicológicos, morais e religiosos.

Quando conseguidos esses estados de credibilidade e praticados os exercícios propostos corretamente, os indivíduos já terão aprendido e desenvolvido as qualidades e as atitudes fundamentais para o sucesso e a felicidade: humildade, desprendimento, integridade, determinação, otimismo, entusiasmo, criatividade, serenidade, etc. Embora se afirme que todos nós somos "eus" individuais, bem diferenciados e que os triunfos conseguidos dependem de cada um, para todos os indivíduos são propostos os mesmos métodos, as mesmas técnicas, as mesmas qualidades e até as mesmas metas: felicidade e sucesso.

Segundo componente: a necessidade de uma programação mental baseada em exercícios. Nesses livros, como já vimos, podemos encontrar também o foco nas técnicas de exercitação. Assim, por exemplo, Chopra (2011) salienta que, para o cumprimento das outras leis – da doação, do *carma* ou causa e efeito, do mínimo esforço, da intenção e do desejo, do distanciamento e do *darma* ou do propósito de vida –, também é necessário realizar ações sobre si mesmo a partir da técnica de meditação profunda sobre os sentimentos e as sensações que levam cada um a tomar decisões. Tal meditação serve, segundo o autor, para que cada um descubra seu "verdadeiro eu", depois expresse seus talentos especiais e, finalmente, use esses talentos "para servir a Humanidade".

> Para vivenciar a *lei da doação*:
>
> - Dê um presente a cada pessoa que encontrar, seja um cumprimento, uma flor ou uma prece. Isso dará início ao processo de circulação da alegria e da afluência em sua vida e na dos outros.
>
> - Receba com gratidão todas as dádivas que a vida lhe oferecer. Esteja aberto a receber, quer se trate de um presente material, um cumprimento ou uma prece de outrem.
>
> - Em silêncio, deseje a cada pessoa encontrada felicidade, alegria e risos. Por meio dos atos de dar e receber carinho, afeição apreço e amor você manterá a riqueza circulando em sua vida.
>
> [...] Para vivenciar a *lei do carma*:

- Seja testemunha das escolhas que faz a cada momento. A melhor forma de se preparar para qualquer momento do futuro é estar plenamente consciente do presente.
- Sempre que fizer uma escolha, pergunte a si mesmo duas coisas: "Quais são as consequências dessa escolha?" E "será que a que estou fazendo vai trazer felicidade para mim e para os que me cercam?"
- Peça orientação a seu coração, se deixando guiar por sua mensagem de conforto ou desconforto. Se a sensação for confortável, prossiga com a escolha. Se for desconfortável, descarte a opção (CHOPRA, 2011, p. 46-61).

Tanto em Chopra quanto nos outros livros, seminários e cursos, incluídos aqueles baseados na metodologia de *Master Mind*, encontramos a proposta de tomar decisões só depois de um exercício de reflexão ou meditação para que, ao realizar ações sobre si e sobre os outros, cada indivíduo esteja consciente do que praticou. Além disso, a prática da meditação e da reflexão deve não só levá-lo a assumir atitudes que se tornem hábitos permanentes, mas também constituir um hábito. Aqui novamente vemos aparecer a ideia de que o exercício, antes de produzir o hábito, deve se tornar o próprio hábito. Assim, a vida passa a ser uma exercitação permanente.

As modificações da conduta, então, só podem ser aprendidas através da realização de exercícios de revisão permanente das atitudes e de verificação das próprias representações mentais. Isso significa tanto a "tomada de consciência" da própria atuação em diferentes situações, quanto a orientação dessas atuações para "harmonizar" com a "energia superior". Trata-se de desenvolver um conjunto de ações que favoreçam a expansão e o crescimento constantes, que seria o "destino de todas as coisas" e o modo de praticar vida o tempo todo (MASTER MIND, 2006, s/p).

Resumindo, um primeiro elemento é a convicção que cada um imprime na sua própria mente, na sua consciência para a consecução do que todos anseiam; o segundo elemento é o emprego de técnicas como a meditação, a verificação de representações e a análise em profundidade para pensar e agir de certas formas, e não de outras. Esses dois elementos são assinalados como fundamentais para que as pessoas se tornem "extraordinariamente" poderosas e, assim, possam "emitir uma mensagem" ao universo para que os objetivos pessoais se realizem.

A prática dedicada dos exercícios aparece como determinante na realização de "milagres" na vida pessoal, familiar, social e profissional (HILL, [1928] 1997), enquanto o sucesso no mundo financeiro, econômico, social, pessoal depende fundamentalmente da exercitação constante (concentração, treinamentos ou exercícios intelectuais), da conformação de um si mesmo exercitante e focado em si, na procura por conjurar os perigos do mundo, agindo sobre si e se responsabilizando pela própria vida. Um ser exercitante, como assinalara Sloterdijk (2012), que por momentos retorna ao sujeito místico, por momentos ao da fé, por momentos ao do conhecimento etc.

Trata-se da produção desses seres exercitantes e exercitados que, independentemente das condições exteriores, das necessidades econômicas e das dificuldades sociais, podem vencer todos os obstáculos e conquistar todos os seus objetivos. Assim, mais que condições externas ou assuntos econômicos e situacionais do meio, a consecução do sucesso depende das disposições internas, da consciência de si e da aceitação de forças que existem para além de nós mesmos, e que governam nosso futuro. Há uma responsabilização do eu que funciona desmanchando a responsabilidade do Estado e do mercado na situação desigual das pessoas. O fracasso nada tem a ver com a acumulação e a exploração econômica, mas com a impossibilidade de cada um se controlar e conseguir se encaminhar na direção correta para atingir o sucesso. Cada indivíduo é responsável por dominar a sua condição interior para se adentrar nos domínios da sua mente superior. Só assim poderá atingir resultados considerados como superiores e extraordinários.

Em outras palavras, o *télos* do sucesso contemporâneo, ao que parece, funda-se na ideia de que as pessoas devem vencer dois grandes inimigos: a si mesmos e às dificuldades interpostas no seu caminho para conseguir as coisas que hoje aparecem vinculadas a isso que aceitamos como fontes da felicidade – reconhecimento social, estabilidade econômica, êxito laboral e famílias conformadas tradicionalmente. *Master Mind* e os outros exercícios e técnicas aparecem, então, formulados como "métodos vivenciais" que se orientam para a transformação dos "conhecimentos" em "atitudes" e "habilidades" necessárias para que no dia a dia, as pessoas e as empresas (econômicas, familiares e pessoais) possam oferecer resultados, maximizando o desempenho e tornando-se líderes eficazes que, no profissional e no laboral, incrementam "valor a sua vida" (MASTER MIND, 2006, s/p).

Nessa atualização, e trazendo para o contemporâneo esses discursos sobre o sucesso escritos no começo do século XX, é possível perceber a introdução de discursos de crescimento pessoal e profissional (sucesso) como horizonte de todas as práticas de transformação que os indivíduos deveriam realizar consigo mesmos e com os outros. Tal centralidade no indivíduo que se conduz (governa) a si mesmo, perceptível nos livros desse gênero, expressa certa articulação entre todo um conjunto de técnicas de condução que o sujeito realiza de ou sobre si mesmo (éticas) e as técnicas de condução que os sujeitos realizam uns com outros ou sobre outros (política). Essas duas modalidades do governamento encontram na "individualização" um dos modos fundamentais para praticar a vida nas chamadas sociedades ocidentais.

Esse último aspecto é particularmente importante para compreender a forma contemporânea de governamento, pois finalmente coloca no indivíduo a exclusiva responsabilidade pela sua situação emocional, econômica, afetiva. Tal forma desenha-se então como um elemento importante da estratégia de governamento atual – culpar e responsabilizar a cada um pelo seu próprio destino. E esse não é um assunto menor: trata-se de uma questão inédita na história da humanidade, pois nunca antes o indivíduo esteve tão responsabilizado e culpado por si mesmo, por sua atualidade e por seu destino.

Antes de finalizar a análise e a descrição dos elementos que configuram o *télos* e articulam algumas das práticas de autoajuda atuais, é preciso reconhecer que nessa linha que promove a autoajuda para conseguir o sucesso e a felicidade encontram-se autores muitos reconhecidos no âmbito educacional. Esses autores, cujos livros alcançam tais volumes de vendas que são considerados como sucessos editoriais ou *best-sellers*, nos oferecem textos cujo foco é a formação de crianças e/ou a orientação a pais e professores para criar e formar filhos e estudantes bem-sucedidos e felizes.

Tais livros, dirigidos a indivíduos que ocupam a posição de pais e professores, assim como aqueles ofertados a um público mais geral, destacam-se como materiais atuais que podem ser usados na "formação" e na orientação da conduta das crianças, dos pais e dos professores, pois, ao que parece, neles é possível encontrar dicas úteis, exercícios simples e ações concretas para dirigir a vida "corretamente". Eles fundam-se não tanto num saber pedagógico formal, mas num saber da experiência pessoal e profissional dos autores que produzem os livros e que se apresentam como profissionais da educação, como especialistas das ciências médicas, das áreas *psi* ou simplesmente como pessoas experientes, dispostas a compartilhar os aprendizados que realizaram no caminho da sua vida.

Irei me ocupar desse assunto mais adiante para apresentar algumas características narrativas da autoajuda que se articulam com características dos discursos pedagógicos e que parecem expressar esse privilégio que as práticas de condução (de si e dos outros) alcançaram no decorrer dos séculos XIX e XX. E isso, articulado com a centralidade que os processos de individualização / identificação tiveram nesse mesmo período. Trata-se de uma ligação que se encontra no miolo mesmo da racionalidade de governamento liberal, no seu momento de configuração nas chamadas sociedades Ocidentais. É em meio a práticas de condução individualizantes mobilizadas por essas narrativas pedagógicas e de autoajuda que vemos aparecerem noções como aprendizagem, educação permanente, interesse, competência, etc. assim como vemos serem promovidos exercícios similares aos que destaquei nos livros já analisados. Isso tudo é o que podemos ler como parte de um processo que significou a produção de indivíduos centrados e responsáveis de si mesmos, formas de capital humano sobre as quais e a partir das quais operam as práticas de governamento contemporâneo.

Mas neste momento é preciso um esclarecimento: ainda que a autoajuda seja um assunto recente e esteja vinculado com a produção de um capital humano e, nesse sentido, com uma forma particular de governamento dos sujeitos contemporâneos, está inscrita num conjunto de técnicas milenárias e forma parte do que Sloterdijk (2012) chamou de antropotécnicas, isto é, técnicas específicas de produção do humano. Daí que seja necessário um percorrido pela história para reconhecer que a autoajuda é um quadro de práticas cuja tessitura é feita com fios técnicos antigos.

A autoajuda como antropotécnica: proveniência e transformações

> *De fato, temos de contrapor à lenda do retorno da religião, depois do "fracasso" da ilustração, uma visão mais aguda dos fatos espirituais. [...] o retorno à religião é tão pouco provável como o retorno da própria religião, pela simples razão de que não há "religião" nenhuma nem "religiões", senão unicamente sistemas, mal-entendidos de práticas espirituais, levem-se elas a efeito em realizações coletivas – tradicionalmente, a Igreja, a Ordem, a Umma, a Sangha – ou pessoais, num intercâmbio com o "próprio Deus", aquele com o qual os cidadãos da modernidade têm um seguro privado.*
> (SLOTERDIJK, 2012, p. 15-16)

Com essas palavras, Peter Sloterdijk traça a desafiante empresa que se dispõe a cumprir no seu último livro, intitulado *Você tem que mudar sua vida!*. Nessa tarefa, o filósofo alemão, na esteira desenhada pela genealogia da moral nietzschiana, propõe-se mostrar que, ao centrar nosso olhar moderno na diferenciação entre "religião verdadeira" e "superstição" – assunto que hoje aparece como central, quando referida uma nova virada religiosa e um ressurgimento espiritual –, estendemos um manto que escurece não só um dos assuntos mais relevantes da história da Humanidade, senão talvez o mais fundamental deles: a existência de sistemas de exercitação "mais ou menos capazes de se difundir, mais ou menos merecedores de tal difusão" que conformaram um *"continuum* nunca interrompido" (p. 16), com acentuações e ênfases diferentes, de técnicas de produção daquilo que consideramos humano.

Assim, antes de centrar nosso olhar no que parece ser uma nova e crescente forma de religiosidade ou tentar traçar uma história que nos assinale a origem das religiões e explique a sua retomada atual, nas mais diversas maneiras coletivas e pessoais de deuses e rituais, Sloterdijk (2012) propõe-nos um olhar panorâmico sobre os diferentes modos de praticar a vida produzidos pelos homens, "indiferentemente das circunstâncias étnicas, econômicas e políticas em que viviam" (p. 16). Tal olhar levar-nos-ia a perceber como esses modos foram desenvolvidos, sob certas condições materiais, em meio a sistemas simbólicos e formas rituais produzidas por esses "seres exercitantes" do astro ascético que é a Terra.

A produção da "humanidade" – através de um conjunto de *antropotécnicas*, como o já mencionado filósofo alemão as nomeia – vai além tanto da compreensão marxista de que "o homem produz ao homem pelo trabalho e seus resultados concretos", quanto da compreensão interacionista ou comunicacional dos analistas da linguagem, que o situam como "sujeito produzido pela linguagem". Se o homem produz ao homem, diz ele, é porque faz isso "vivendo a sua vida em diversas formas de exercício" (p. 17). Desse modo, a "autoprodução" do homem é a produção de uma vida que se exercita, uma vida que realiza operações sobre si mesma para obter ou melhorar a qualificação daquele que age sobre si, e isso se faz à execução da mesma operação. Trata-se da exercitação da vida, de comportamentos que se configuram e acrescentam a si mesmos. Nesse sentido, diz-nos Sloterdijk que o homem do trabalho, o homem religioso e o homem da comunicação entram no entendimento mais geral dos homens exercitantes: "Já é tempo de desmascarar ao homem como ser vivo surgido pela repetição. Assim como o século XIX esteve, no cognitivo, sob o signo da produção e o século XX sob o da reflexividade, o futuro deveria ser pensado sob o signo do exercício" (SLOTERDIJK, 2012, p. 17).

Nessa linha de análise iniciada por Nietzsche e desenvolvida por Sloterdijk – em que a vida humana é percebida como a experiência de uma vida baseada em exercícios, ou melhor, como uma vida ascética, pertencente e inscrita em certa *"ascetologia* geral[20]" (p. 19) –, é possível pensar que as ações realizadas por nós, sujeitos humanos, sobre nós mesmos, as quais apontam para determinados fins, têm uma continuidade histórica que tece fios técnicos até as primeiras formas de humanização. Ao mesmo tempo, têm uma singularidade marcada tanto pelas diferentes maneiras que elas assumiram no decorrer da história quanto pelos modos como elas articularam-se às formas de praticar a vida nos diferentes momentos e grupos sociais, no que poderíamos perceber como diferentes formas de espiritualidade.

---

[20] Essa ascetologia geral, referida pelo filósofo alemão, corresponderia a certa possibilidade de pensar uma teoria geral que explique a existência humana como sendo fundada no exercício. É um caminho teórico iniciado por Nietzsche nas suas reflexões dietológicas da década de 1880, em particular as que aparecem em *Ecce homo* (SLOTERDIJK, 2012), mas também caminho percorrido por Foucault nos seus últimos cursos a propósito do problema do governo de si e dos outros.

Em outras palavras e como observamos até aqui, as práticas contemporâneas de autoajuda não são tão recentes como se poderia pensar nem tão antigas para se afirmar que se trata dos mesmos exercícios e das mesmas técnicas praticados pelas antigas escolas filosóficas na Grécia e, posteriormente, nos primórdios do Império Romano. Elas têm sua emergência no decorrer do século XIX como parte do que Sloterdijk (2012) nomeia desespiritulização das práticas ascéticas ou, em termos de James ([1901] 1991), um processo de ampla difusão da cura mental e terapia espiritual. No entanto, é evidente a sua relação com a Antiguidade: trata-se de um problema tipicamente genealógico cuja análise requer, por uma parte, uma revisão histórica de longa duração, e, por outra, ferramentas conceituais para orientar essa empreitada.

Para esta rápida porém necessária revisão de longa duração, me apoiarei em historiadores como Foster e Polinger, Eliade, Kittel, Bengtson, Graves, Brandão, Monroe, entre outros. Como ferramentas utilizarei a distinção entre técnica e *télos* como elementos que configuram uma prática e que dão a ela sua historicidade. No último caso, embora essa distinção entre técnica e *télos* não seja muito clara em Foucault, neste livro ela é fundamental para perceber que os fios técnicos das práticas de si atuais podem ser procurados na Antiguidade grega e no pastorado hebreu; as finalidades (*télos*) para os quais essas técnicas foram usadas mudaram de um grupo para outro e de um momento histórico para outro. Assim, as práticas de si – que técnicas e *télos* configuraram no decorrer do tempo – têm uma historicidade marcada pela relação imanente desses dois elementos, que na sua vinculação e atuação se transformam mutuamente, impossibilitando que tais práticas continuem a ser as mesmas, ainda que mantenham com essa Antiguidade um *phylum* técnico que tentarei descrever neste capítulo.

Para começar, é preciso assinalar que a pergunta quanto à proveniência de algumas das técnicas que hoje têm como foco o governo do indivíduo por si mesmo orienta-nos para reconhecer na Antiguidade grega e hebraica alguns dos fios técnicos a partir dos quais se organizaram as atuais práticas de governo – em particular, aquelas voltadas para a condução dos indivíduos por eles mesmos de maneira contínua e permanente. Essa análise ocupa-se em procurar alguns dos exercícios e técnicas que, articuladas às matrizes filosóficas, políticas e morais desses momentos da história e desses arranjos sociais, possibilitaram a emergência de formas de governamento que se tornaram centrais na organização das chamadas sociedades Ocidentais. Técnicas e exercícios que se teriam articulado de diferentes modos e com intensidades também diferentes e teriam produzido práticas de condução (de uns indivíduos pelos outros e dos indivíduos por si mesmos) a partir das quais agimos até hoje.

Duas são então as matrizes práticas nas quais podemos encontrar a proveniência de um conjunto de exercícios e técnicas que, em diferentes momentos na história de Ocidente, se cruzaram e produziram as atuais formas de governamento (FOUCAULT, 2006b, 1990a). A primeira matriz prática é o pastorado oriental, formação que se desenhou entre os séculos XVIII e X a.C., no Oriente Próximo pré-cristão: Assíria, Babilônia, Egito, Mesopotâmia, Síria e Canaã seriam os seus lugares geográficos de proveniência. Nessa matriz de pensamento, emerge a noção de "governo dos homens" (não necessariamente a expressão): um governo que se exerce de maneira direta sobre os sujeitos humanos, como indivíduos e como coletividades. A segunda matriz prática é a política grega, aquela dos séculos VIII e V a.C., na qual emerge a noção de "governo da cidade", uma forma de governo indireta dos homens, pois eles são conduzidos enquanto fazem parte da cidade, do coletivo que os identifica ou não, como cidadãos.

Trata-se de dois jogos, duas formas de exercício de governo diferentes, duas práticas de governamento, com seus próprios fins (*télos*) e suas próprias técnicas (*teckné*). Cada jogo ofereceu insumos técnicos diferentes para as formas de governamento modernas e contemporâneas porque também cada jogo teve, na sua emergência e no seu desenvolvimento, focos distintos de exercício do poder: por uma parte, o pastorado com seu "Jogo do pastor e o rebanho"; por outra parte, a política com seu "jogo da cidade e do cidadão". O pastorado aponta para o *omnes et singulatim*, para todas e cada uma das ovelhas, é um poder individualizante que não perde de vista o coletivo. Já a política (no sentido grego) é uma forma de poder que aponta para a cidade e o cidadão, sobretudo para a cidade, um poder centralizador que procura o governo dos indivíduos por eles mesmos como cidadãos, como parte da cidade. Tratou-se de uma articulação entre

> [...] o *jogo do pastor e do rebanho* e o *jogo da cidade e dos cidadãos* é uma articulação equilibrada, mas demoníaca e diabólica. Ela se dá entre processos de individualização – que operam em cada indivíduo que se disciplina e se normaliza – e processos de totalização – que operam na população como objeto a ser mais bem conhecido e mantido vivo e de onde se extrai a norma. Se digo que a articulação é demoníaca é porque os elementos que estão em jogo – o indivíduo e a população da qual o indivíduo faz parte – se relacionam de modo turbulento, irrequieto e sempre tensionado. Se digo que a articulação é diabólica é porque ela, ao mesmo tempo em que une, joga como que desunindo; trata-se de uma articulação que se mantém no permanente conflito entre o juntar e o separar (VEIGA-NETO, 2011, p. 26).

Nesses dois jogos, no cruzamento entre eles nos primeiros séculos de nossa era, na maneira como os exercícios e as técnicas vindas dessas formas de pensar a condução dos homens (como grupos e como indivíduos) e da organização social produzida por eles desenham-se exercícios, técnicas e modos de governamento que se tornaram centrais na definição das formas de condução no decorrer da história de Ocidente. Na identificação e descrição de algumas das práticas vinculadas ao pastorado hebraico (governo dos homens) e das práticas centrais do exercício da política grega (de seus *télos* e *teckné*), nas quatro seções seguintes, e servindo dos trabalhos de Foucault (1990b, 2006b), Jaeger (1995, 2004), Nietzsche (1998) e Sloterdijk (2012), traçarei alguns dos fios que mostram a proveniência daquelas formas de governamento (as centradas no governo dos sujeitos por eles mesmos e as que focaram a direção de uns por outros na forma de rebanho) que nos primeiros séculos de nossa era se organizaram e que, em diferentes momentos da história do Ocidente, articularam-se de maneiras também diferentes com outros dispositivos e racionalidades, possibilitando a emergência das formas atuais de governo.

Este capítulo se fez necessário na medida em que as elaborações disponíveis sobre a proveniência do poder pastoral não têm sido suficientemente esclarecidas. Nem o próprio Foucault aprofundou este assunto, nem seguidores seus como Senellart (2006) que ainda que realize uma espécie de arqueologia das "artes de governar", parte do mundo medieval e deixa fora as proveniências gregas e hebraicas dessas artes. Aquilo que apresento a seguir é, pois, uma exploração do problema do governo na tentativa de compreender melhor isso que Foucault assinalou (só desenhou) com a metáfora do jogo do pastor e do jogo da cidade. Utilizarei, principalmente, um autor que Foucault parece não conhecer, mas que resulta de grande utilidade, pois, na década de 1930, Jaeger (1995, 2004), utilizando uma perspectiva nietzschiana, explorou o assunto da *Paideia grega e cristã* como um problema-chave da cultura ocidental, assunto que, sem dúvida, é o próprio problema do governo de si e dos outros.

Poder pastoral hebraico: a condução das almas

O estudo dessa antiga forma de poder que Foucault (2006b, 1990b) caracterizou como "pastoral" remete ao estudo de práticas de condução e direção que emergiram no horizonte do pensamento oriental Mediterrâneo, principalmente na sua forma pastoral hebraica.[21] Por ter essa

---

[21] No decorrer da análise, nesta parte, refiro-me ao poder pastoral hebreu ou às práticas pastorais hebraicas para destacar a procedência de um conjunto de técnicas de condução que apareceram

proveniência – porque não só algumas de suas técnicas foram apropriadas pelo cristianismo primitivo e medieval, mas também porque parte das explicações, dos propósitos e das práticas cotidianas nas quais emergiram serviram, e muito, para construir as metáforas que possibilitaram a instalação e o domínio, por séculos, do Cristianismo e da Igreja Católica no Ocidente –, quase sempre o poder pastoral é analisado só a partir de práticas religiosas cristãs e do cristianismo institucional.

Contudo, seria necessário retornar às análises de Foucault para perceber que, além das formas religiosas e cristãs, esse poder pastoral se apresenta em práticas laicas; em particular, em práticas de governamento de si e dos outros, que agem em formas institucionais (além da Igreja cristã) ou não e em diferentes momentos. Em outras palavras, podemos dizer que certas técnicas vinculadas às formas de vida pastorais hebraicas foram retomadas, usadas e modificadas em práticas laicas, com o objetivo de conduzir a conduta própria e a conduta dos outros. A partir do primeiro século de nossa era, elas se articularam em outros *télos* e fizeram parte de outras práticas de governamento desenhadas pelas sociedades Ocidentais, transformando-se a si mesmas e produzindo essas formas individualizadas de ser e estar no mundo.

A forma de poder pastoral, as técnicas desenvolvidas no seu exercício, parece que procedem da forma de vida tradicional antiga dos grupos humanos do Oriente Mediterrâneo. A concentração e o aumento no número de indivíduos nos primeiros povoados fizeram com que os laços familiares com o patriarca e a organização tribal (principal forma de vida social nesse território, em particular, em comunidades dedicadas ao pastoreio) desaparecessem lentamente e se instalasse uma nova forma associativa, uma organização em que a cooperação pacífica era mediada pela figura de um líder (um rei ou monarca) que fazia parte de um poderoso corpo sacerdotal. Esse líder e os sacerdotes ocuparam lugares importantes nas organizações sociais, pois eles encarregavam-se de regular a relação dos povos com os deuses. Monarca e sacerdotes eram representantes dos deuses na terra e, através deles, era possível conjurar os perigos oferecidos pelas enchentes dos rios e os ataques de grupos nômades que se mobilizavam pela região e que com frequência assaltavam as pequenas cidades.

no território sírio-palestino, dez ou mais séculos antes de nossa era cristã (a.C.). Hebreus foi o nome que receberam os israelitas depois da divisão de seu povo, no século X a.C. Logo depois, no ano 539 a.C., com o fim do chamado "Cativeiro de Babilônia" e o retorno dos israelitas à região da Palestina, eles passaram a ser nomeados e a nomear-se a si mesmos como judeus – um termo que inicialmente só fora usado para assinalar os filhos de Judá e logo os nascidos na Judeia (FOSTER; POLINGER, 2011).

Os povos do Norte e do Ocidente – que, ao que parece, procediam da Mesopotâmia de uma antiga cidade chamada Ur, cuja existência data de 2100 anos a.C. – dispersaram-se pelo território todo, centraram sua atividade no pastoreio e criaram assentamentos temporais perto de lugares onde podiam escavar poços para obter água doce. Nessa região montanhosa do Canaã, onde fica o que conhecemos hoje como Síria e Palestina, os grupos mantiveram organizações tribais nas quais predominavam as relações familiares reguladas pela figura do "patriarca". Geralmente, era um homem maior, que por sua linhagem familiar tinha o respeito dos outros pastores e suas famílias com quem possuía, quase sempre, laços de consanguinidade.

O patriarca orientava e decidia sobre os conflitos entre os membros da tribo, assim como sobre os tempos e a direção para a qual a tribo devia se deslocar à procura de bom alimento para os animais e com o fim de evitar as secas intensas que assolavam a região. Nessa organização, a figura do pastor é central e, talvez, seja esse "patriarca" a primeira forma do pastor de homens. O pastor encarregava-se das tarefas de condução, de alimentação e de cuidado do rebanho, assim como o patriarca encarregava-se de dirigir, conduzir e cuidar da tribo, dos outros pastores e, através deles, de seus animais.

Mais adiante, no judaísmo, esse patriarca será a forma precedente do sacerdote. Na tribo dos levitas, o lugar do patriarca era herdado por linhagem paterna. Os sacerdotes, portanto, eram considerados descendentes de Aaron. É interessante observar que, no decorrer da história, o termo patriarca aparece com algumas derivações por extensão de sentido que sempre ligam tal expressão à figura do pastor-chefe. Assim, por exemplo, chama-se de patriarca o chefe da Igreja grega, bem como o prelado superior de uma grande diocese e, em algumas comunidades religiosas, patriarca serve para designar o fundador ou os fundadores de dita congregação (KITTEL, 2003).

Os israelitas, logo chamados hebreus, procederiam, então, dessas tribos de pastores que se movimentaram pelo Oriente próximo.[22] Nesse sentido, é importante assinalar que, antes de considerar a si mesmos como "povo hebreu", os grupos de pastores que povoaram a região de Canaã agiram como grupos pequenos, separados e dispersos. A nomeação de "povo hebreu"[23] é um relato tardio, fortalecido na história construída

---

[22] Sobre o tema há muita literatura. Alguns estudos que sugiro são: Eliade (1999), Frankfort (1976), Kittel (2003), Küng (1993), Diez (2006), Scholem (1998), entre outros.

[23] Ou cultura hebraica, entendida como a tradição cultural do grupo étnico e religioso, que assinala sua procedência nas tribos de Israel ou hebreus do Antigo Oriente.

pelos judeus sobre certo povo de velha tradição, sempre removido de seu lugar e sempre à procura de sua terra prometida.

Assim como as tribos de pastores deslocavam-se, os deuses a quem adoravam também se deslocavam com elas: cada tribo levava consigo seu deus ou seu pequeno grupo de deuses, e poucas vezes entravam em confronto com outros grupos por esse motivo ou pela possessão das terras. Tais confrontos eram frequentes nos grupos sedentários que formaram as cidades, pois eram atacados permanentemente por bandos nômades (os bárbaros) vindos da região da Ásia Menor, segundo aparece nas narrativas da história dessa região, assim como nos cânticos antigos e nos relatos bíblicos que se derivaram deles.

Ao que parece, era comum aos antigos povos sumérios adorar vários deuses. Presume-se ainda que cada tribo e povoado tivesse seu próprio deus e estabelecesse com ele uma importante relação de adoração em troca de cuidado. Quando as tribos se estabeleciam muito próximas umas das outras ou dominavam-se entre elas, acabavam por adotar práticas comuns, o que significava aceitar e negociar a presença e a importância relativa de muitos deuses para tentar manter a paz e a coesão. Essa forma pluralista do pensamento religioso ajustou-se e encontrou seu equilíbrio na figura do panteão. O panteão tornou-se o lugar onde os deuses se relacionavam entre si, mantendo diferenças de classe, domínio e importância, a partir de uma divisão tripartite que também encontramos nos povos helênicos.

No entanto, as culturas antigas e politeístas encontraram a sua exceção nos israelitas ou hebreus. Eles, ao que parece, não assumiram a existência do panteão, entre outras razões,[24] porque eles permaneceram como grupos seminômades de pastores por muitos mais séculos do que os grupos que se estabeleceram na região sul do rio Eufrates. Ao se deslocar de um lugar para outro com seu próprio e único deus, os hebreus não precisaram negociar seu deus com outros povos, especialmente com aqueles povos sedentários que construíram e fixaram grandes cidades na região da Mesopotâmia sul e ocidental.

Nessas tribos, bem como nos povoados que eles formaram na região de Canaã, a relação deus-patriarca-homens – nas suas partes (deus-homens e patriarca-homens) e no seu complexo – foi entendida como uma relação pastoral. Assim, a principal e mais tradicional das práticas econômicas desses grupos foi usada naturalmente como esquema para pensar

---

[24] Razões que só um amplo conhecimento da história das religiões poderia oferecer e, por isso mesmo, um assunto que foge às condições e às possibilidades deste livro, mas que não deixa de ser interessante, especialmente quando foi essa exceção a que alcançou maior difusão no Ocidente e da qual, como mostrou Foucault e estou tentando argumentar, parece que provém uma das principais técnicas de governamento: a condução de homens, a direção de almas.

e organizar a própria vida social dos povoados. O pastorado de animais – que implicava a importante tarefa de cuidar de rebanhos assumindo os riscos de deslocar-se com eles através de extensos terrenos – era uma tarefa da qual se encarregavam os donos do rebanho e/ou seus filhos homens,[25] e serviu de modelo para as formas de organização social: o líder, o monarca, o governante devia agir como um bom pastor de ovelhas.

Kittel (2003) assinala que, no Oriente próximo, pastor tornou-se uma designação comum tanto para os governantes quanto para os deuses. Tal designação significava combinar vários atributos e tarefas dos pastores com as ações de deuses e governantes. Em diferentes registros, alguns deuses e governantes aparecem descritos como pastores de homens (FOUCAULT, 2006b).

No caso da relação deus-homens, cânticos antigos apresentam deus como aquele que procura o benefício do rebanho de homens que repousam; no caso da relação governante-homens, há imagens antigas que mostram rituais de coroação em que a entrega do cajado (a principal insígnia pastoral) parece ser a forma como o rei ou monarca era declarado "pastor de homens". Desse modo, o pastorado constitui-se numa figura que representou a "relação fundamental entre Deus e os homens" (p. 152). Nela, o rei ou o patriarca participava como parte da estrutura pastoral.

Além disso, em diferentes momentos na narrativa bíblica, especialmente no Antigo Testamento, encontramos a identificação de deus como pastor do povo:

> Deus é chamado claramente de Pastor de Israel, esse que vai à frente do seu rebanho (Sal. 68:7), guia-o (Sal. 23:3), conduze-o onde há alimento e água (Sal. 23:2), protege-o (Sal. 23:4), e carrega suas crias (Is. 40:11). A metáfora, incrustada na piedade vivente dos crentes, salienta o fato de que o povo está amparado em Deus (KITTEL, 2003, p. 879).

Também encontramos a imagem do pastor transferida aos governantes políticos e militares, mas não na forma de um título, senão como destaque de alguns de seus atributos ou tarefas.

> Os pastores mostraram-se infiéis, por isso Deus mesmo vai assumir a tarefa e designar melhores pastores (Jer. 3:15; 23:4). Estabelecerá um só pastor que vai reunir seu povo (Ez. 34:23-24; 37:22, 24). O termo assume, então, um significado messiânico que em Zacarias prova um desenvolvimento singular. Depois do exílio, os maus pastores provocam o juízo, mas um pastor sofre

---

[25] Em Lc, 15:6 e em Jn, 10:22 é destacada a forma que essa prática tinha.

a morte seguindo a vontade de Deus, e ao fazê-lo, introduz o tempo da salvação (KITTEL, 2003, p. 879).

Em particular, os relatos do Antigo Testamento sobre Abraão, Isaac e Jacó permitem identificar a importância e a relevância que a figura do pastor e a prática do pastorado tiveram na organização social e cultural hebraica. Alguns bons pastores são constituídos como grandes "patriarcas", os representantes do "povo hebreu". Desse modo, as atividades pastorais vincularam-se ao relato religioso na figura do patriarca, que se encarregava de estabelecer pactos não só com outras tribos, mas também com deus: a relação pastor-rebanho foi usada para evidenciar o vínculo religioso de Deus com os homens. Como as relações de Deus com seu povo foram consideradas pastorais, o termo "pastor" foi utilizado, na literatura bíblica, quase que exclusivamente para designar o lugar de deus como o "grande pastor de homens".

Entretanto, ainda que o monarca realizasse algumas tarefas de pastor (sob o desígnio de Deus), que algumas vezes ele se referisse ao povo como "seu rebanho" – tal como costumava fazer o Rei David –, ou que os "reis maus" fossem chamados de "maus pastores" – por deixarem dispersar o rebanho e não o levarem para a terra prometida –, o lugar do "pastor de homens" foi ocupado quase que exclusivamente por Deus: "Na sua forma plena e positiva, portanto, a relação pastoral é essencialmente a relação de Deus com os homens. É um poder do tipo religioso que tem seu princípio, seu fundamento e sua perfeição no poder que Deus exerce sobre seu povo" (FOUCAULT, 2006b, p. 153).

Nos relatos do Novo Testamento, a figura do pastor é descrita em forma menos negativa do que nos do Antigo Testamento. Nos Evangelhos de João e Lucas, por exemplo, o pastor é assinalado como aquele que sabe de suas ovelhas, aquele que procura as perdidas e que, se for necessário, é capaz de arriscar a própria vida para salvá-las. O pastor desenha-se como a figura de Deus mesmo, mas agora presente em Jesus Cristo. Segundo refere Kittel (2003), no Novo Testamento, somente na parábola da ovelha perdida (Lc. 15:4ss e Mt. 18:12ss) acontece a comparação de Deus com o pastor. Logo depois, o que se percebe é que a familiaridade de Jesus com os pastores e o interesse que demonstrava pelo destino deles serviu para que ele descrevesse sua tarefa como aquela que realiza um "bom pastor".

A partir dessas referências, construíram-se os enunciados cristológicos da Igreja antiga, nos quais se destaca que Cristo-Jesus é um "pastor de almas": aquele que provê o necessário ao seu povo e vela por ele (1 P. 2:25). Ele é "o grande pastor", ele é melhor do que todos aqueles que o precederam, incluindo até mesmo Moisés. Ele é o "pastor principal": para quem todos os outros devem prestar contas.

Outra parte desse jogo de identificação de Deus com o pastor (ainda que seja na figura de Jesus), talvez a mais importante, refere-se ao uso que se fizera do termo "rebanho" para designar o povo ou a comunidade de pastores: não só grupos de homens considerados como pastores, mas – e ainda mais radical – homens considerando-se a si mesmos ovelhas de um rebanho de homens. Israel é o rebanho de Deus, ele é constituído por suas ovelhas, é de sua possessão, por isso desfruta de seus prados.[26]

No Novo testamento, os "discípulos" são o rebanho, "o povo de Deus" que conhece o "bom pastor", acredita nele, escuta-o e segue-o (Jn. 10). No rebanho há membros (individualidades) predestinados (escolhidos) que acreditam, mas também há alguns que podem, depois de escutar a palavra guia do seu pastor, obedecer e fazer parte do rebanho (Jn. 10:24-26).

> O rebanho é a comunidade que Jesus congrega no meio de Israel e à qual ele associa aqueles que, entre os gentis, são filhos de Deus (v. 16). Depois de sua morte e sua ressurreição, as ovelhas desgarradas (1 P. 2:25) que não pertencem ao rebanho (Jn. 10:16), mas que são filhas de Deus dispersas (11:52), são congregadas no rebanho escatológico. A morte expiatória de Cristo é a mediação para ser membro na comunidade de salvação (KITTEL, 2003, p. 882).

Seguindo a análise de Foucault (2006b), o uso da figura de pastor para caracterizar a relação fundamental de Deus com seu povo fez emergir alguns dos traços específicos de uma forma de poder que, em termos gerais, podemos designar como pastoral, mas que tem traços particulares tanto na sua forma hebraica inicial quanto na sua forma cristã posterior, os quais precisam ser reconhecidos. Tais diferenças são fundamentais para compreender que, no cruzamento entre a técnica de condução, desenvolvida no pastorado hebraico e os exercícios e as técnicas de si, organizadas no interior da política grega, emergiu essa forma de pastorado que caracterizamos como cristã, em cujo interior a condução de almas e a confissão se tornaram modos de governamento fundamentais.

Um *primeiro traço* é que essa forma de poder é exercida sobre um rebanho em movimento, "sobre uma multiplicidade em movimento" (FOUCAULT, 2006b, p. 154) que precisa de um Deus que se poste à frente e assinale o caminho a seguir: o pastor sabe onde está a melhor grama, quais os melhores caminhos para chegar a ela, e onde ficam os lugares para ter o repouso maior.

---

[26] Segundo Kittel (2003), as principais referências, nesse sentido, são encontradas nas passagens bíblicas de Sal; 95:7; 100:3; Miq. 7:14; Os. 4:16; Jer. 13:17; 23: 1-2; Sir. 18:13.

O *segundo traço* é que esse poder se define na sua totalidade pela benevolência. Ele é um poder de cuidados, pois sua única razão é a salvação do rebanho, sua subsistência: o pastor cuida do rebanho, cuida de cada ovelha, evita seu sofrimento, dá alimento, cuida das feridas e procura as ovelhas extraviadas.

O *terceiro traço*, derivado do anterior, é que esse poder se constitui como dever, como uma missão de manutenção e cuidado do rebanho. Longe de manifestar-se como ostentação de poderio e superioridade, o poder pastoral se manifesta como responsabilidade e esforço. É um poder de zelo e dedicação constantes e indefinidos: o pastor vela pelo rebanho todo e por cada ovelha. Ele vigia todas e cada uma das ovelhas para afastar os perigos e as ameaças. Tudo o que faz o pastor é em benefício do outro, do rebanho.

Finalmente, o *quarto traço* é que essa forma de poder é um poder individualizante. Ele se exerce sobre uma multiplicidade; porém, para cuidar dela em seu movimento, para garantir seu cuidado e sua salvação, para servir como é devido, ele deve prestar atenção, ocupar-se e saber de cada indivíduo. Ele é *Omnes et singulatim*: o pastor faz tudo pelo rebanho e por cada ovelha que faz parte desse rebanho.

Em função dos três primeiros traços específicos do poder pastoral, podemos perceber que o quarto traço – *omnes et singulatim* – é o que define o pastorado hebreu a partir de um paradoxo fundamental e que tem duas formas de expressão: a primeira refere-se ao foco de atenção, e a segunda ao problema da salvação. Sobre a primeira, o fato de ter de atender tanto ao rebanho quanto a cada ovelha exige do pastor olhar, velar e vigiar, simultaneamente, a multiplicidade do rebanho – as ovelhas como um todo – e a individualidade das ovelhas – cada uma na sua particularidade (elemento-chave na forma que o pastorado vai assumir tanto na sua forma cristã quanto na sua forma laica moderna). Mas o que olhar primeiro? O que privilegiar: a totalidade ou a particularidade?

Sobre a segunda expressão desse paradoxo fundamental do poder pastoral – o fato de o pastor ter de se sacrificar pela totalidade do rebanho e de ser necessário sacrificar (abandonar, descuidar) a totalidade do rebanho por cada ovelha –, a pergunta que surge é: de que forma o pastor pode cuidar do rebanho todo e, ao mesmo tempo, descuidá-lo para salvar uma ovelha em perigo ou extraviada? Esse é o centro "do paradoxo moral e religioso do pastor [...]: sacrifício de um por todos, sacrifício de todos por um, tema que vai estar presente de forma inevitável na problemática cristã do pastorado" (FOUCAULT, 2006b, p. 158).

De forma geral, é nessa pastoral hebraica, nessa forma de pastoral pré-cristã, que emerge a figura de "governo dos homens": um governo que teria nos propósitos e nas técnicas pastorais hebraicas alguns de seus fios de proveniência.[27] Acerca dos propósitos (do *télos*) que acompanharam a organização do poder pastoral, a caracterização feita nos parágrafos anteriores permite-nos destacar, pelo menos, dois elementos que acompanharam a estruturação de suas técnicas e que articularam seus fins: (1) o monoteísmo, isto é, a identificação de um único deus – os hebreus foram um dos primeiros povos a cultuar um único deus (Javé), por essa razão são considerados monoteístas, e seu deus o principal e o máximo pastor do rebanho – como forma centralizada do poder; e (2) o salvacionismo, que significa a crença na salvação vinda das mãos de Deus-pastor – importante elemento do *télos* pastoral. Seguindo essa forma monoteísta e salvacionista, a técnica de condução das almas foi assim definida: um único deus Pastor para um propósito salvacionista.

Na pastoral hebraica, o centro da atenção é a atividade do pastor: aquilo que ele faz determina a subsistência de todas e cada uma das ovelhas. A atividade principal do pastor é conduzir as ovelhas, uma ação de "direção" que aponta para a salvação delas e que precisa de ações de cuidado e proteção ao risco, inclusive, da vida do pastor e das outras ovelhas.

No pastorado de homens, a figura do pastor é ocupada por Deus, mas representada pelo patriarca. O patriarca assume algumas funções de pastor em nome de Deus, e sua atividade como "pastor de homens" é a direção e a condução deles para sua salvação. Eis a emergência da noção de "governo dos homens",[28] uma tarefa de condução em que a técnica principal vai ser a direção da alma, e a finalidade essencial, a sua salvação. Vejamos mais detidamente a organização dessa técnica.

Voltemos ao Antigo Testamento. Principalmente nos livros de Êxodo e Hebreus, o pacto realizado entre os homens e seu Deus, no Sinai, exigia dos primeiros alguns deveres ligados ao culto de Deus em troca de sua proteção. Esse culto demandava dos homens que se considerassem parte do rebanho do Deus e que, como as ovelhas, obedecessem e aceitassem a direção do pastor para obter a salvação. Cumprir as leis de Deus, as leis que ele revelava ao patriarca, significou que os pastores aprenderam a se comportar como parte de um rebanho de homens: eles tiveram de se considerar a si mesmos como ovelhas e,

---

[27] Lembremos, nesse sentido que Foucault (2006a, 2006b, 2007b) nos ensinou em suas aulas de 1978 e 1979, que o poder pastoral foi um dos pontos de apoio para o desenvolvimento das técnicas de governamento modernas, essas que vemos se desenvolverem, por exemplo, no aparato diplomático militar e nas práticas de polícia.

[28] Trabalhamos aqui com a noção de governo sugerida por Foucault (2006b): governar é conduzir a conduta própria e/ou dos outros.

ao mesmo tempo, aceitar a direção e a condução do patriarca, representante de Deus na terra para serem salvos.

Segundo as análises do teólogo e Diretor da *Christian Perspective International*, Wayne House (1998), essa compreensão teve como marco uma série de acordos políticos na região do Oriente Antigo, em que a figura da vassalagem operou como uma estratégia importante de organização social nas cidades. Daí ele afirmar que "a aliança mosaica parece ter seguido o padrão do suserano-vassalo próprio dos dias de Moisés, retratando o Senhor como o grande suserano, ou rei, e Israel como seu vassalo. Yavé era o Senhor e Mestre de seu povo em uma teocracia genuína" (p. 196). Assim, as figuras suserano-vassalo e pastor-rebanho teriam sua correspondência já nas primeiras formas de organização social dos povos israelitas.

O poder e o prestígio dos clãs representados pelos patriarcas, os laços entre tais clãs, não eram muito fortes. E a figura do pastor de homens, o vínculo religioso que ela supôs, serviram para suportar as continuas lutas pelas conquistas de Canaã (a Terra Prometida). Nesse cenário, o patriarca ocupava o lugar de chefe militar, que logo depois operou também como juiz, concentrando na mesma figura o poderio militar, o legal e o religioso, pois o patriarca era um enviado de Deus (Jeová) para comandar os hebreus.

Os chefes militares ou juízes – Sansão, Otoniel, Gideão, Samuel, entre outros – deveriam se encarregar de alcançar e manter a união das doze tribos de Israel, pois só assim seria possível o domínio da região Palestina toda. Contudo, a união das tribos era muito difícil, pois os juízes tinham um poder temporário, e mesmo com a unidade de língua, de costumes e, principalmente, de religião, era grande a divisão política. A aliança entre a figura do pastor (cujo vínculo religioso já se usava na figura do pastor de homens) e a figura do governante (conseguido através da centralização do poder nas mãos de um monarca, Rei, o qual teria sido escolhido por Deus para governar) possibilitou a consolidação da técnica de direção das almas como a principal forma de exercer a condução do rebanho de homens.

Essa técnica de direção, que vemos desenhar-se na pastoral hebraica, opera desde o exterior do indivíduo ou do coletivo que é conduzido; sua ênfase volta-se para aquele encarregado de dirigir e conduzir o povo para sua salvação. Quem dirige, quem conduz é o agente ativo da relação, aquele que com sua ação – seu zelar, seu vigiar, seu cuidar, etc. – deve responder pelo cuidado e pela salvação dos outros.

Nessa antiga técnica de direção, vemos aparecer ações de vigilância, de controle, de cuidado e de conhecimento do outro que serão tão caras às técnicas disciplinares dos dispositivos de governo modernos e contemporâneos: na direção das almas do pastorado hebreu, na prática do patriarca, o encarregado da condução é também o encarregado de governar. Aquele que é conduzido, por sua parte, é um agente passivo que só precisa obedecer e seguir o diretor, o monarca, o governante para ser salvo. Entretanto, justamente naquele que é conduzido se opera a transformação mais fundamental. É ele que deve mudar seu sentir e seu agir, deve sentir-se e comportar-se como parte de um rebanho. Ele é que deve tornar-se uma ovelha e fazer parte do rebanho de homens; é ele, essa alma, que não só deve se dispor para ser conduzido por outro, mas também deve desejar e lutar para conseguir essa condução.

Em suma, a figura pastor-rebanho foi usada e desenvolvida amplamente entre os hebreus e, através dela, estabeleceu-se de forma complexa uma relação "Deus-homens-governante-território-governados", que será característica dessa forma de poder pastoral hebraica e que faz dela uma forma de poder bem diferente da política grega. Assim: (1) a existência da figura do rebanho é definitiva para fundar a relação que os homens irão estabelecer com Deus e com o território, mas (2) essa existência do rebanho só é possível porque existe o pastor. Sem pastor, não há rebanho; sem rebanho não há pastor, há uma codependência que medeia a relação com o território e com Deus. (3) Nessa relação com Deus e com o território, determinada pelo par pastor-rebanho, o que está em jogo é a salvação mesma (cuidado e proteção) do rebanho, e é por isso que a meta do pastorado centra-se na benevolência constante e individualizante do pastor. (4) Tal benevolência faz com que o poder pastoral hebraico se manifeste como dever, devotamento, como uma forma de vigília do conjunto de indivíduos e de cada um deles (Foucault, 1990a).

Desse modo, uma vez surgidas e postas em prática noções como "governo dos homens", "pastorado de homens", "rebanho de homens" na organização social (política e religiosa) hebreia, a "direção de almas" perfilou-se como uma importante técnica de condução dos outros, fundada em ações de vigilância, controle e cuidado das almas todas e de cada uma delas. Como técnica de governamento, essa direção focaliza seu agir na figura do pastor, na ação da direção e na salvação como fim (cuidado e proteção).

No entanto, nos primeiros séculos de nossa era, a "direção de almas" vai se encontrar com um conjunto de outras técnicas e exercícios de condução, agora centradas na ação do indivíduo sobre si mesmo, e com uma finalidade diferente, que é a glória da *polis*. A partir dessas outras técnicas, vemos emergir, nos primeiros séculos de nossa era e no encontro dessas duas formas de poder, o esquema prático da dupla confissão-direção de consciência, central nas formas de condução que operaram na Idade Média e que deram corpo aos dispositivos de governo modernos e contemporâneos.

Poder político, *polis* e práticas de si

A política grega é a segunda matriz prática na qual podemos localizar a proveniência de um conjunto de técnicas de condução modernas (FOUCAULT, 2006b): governar-se a si mesmo desenha-se como uma forma indireta de governo da cidade. Os cidadãos, para serem considerados como tais, devem se governar e, com seu agir, responsabilizar-se pela glória da cidade. Já no reconhecimento da *polis* como ponto de atenção do poder político, desenha-se uma diferença fundamental do poder pastoral. A *polis* não é o rebanho, não é cada um dos indivíduos nem sua somatória, nem os indivíduos de maneira particular, nem na sua forma coletiva. A *polis* é sobretudo um princípio organizativo da vida social que se tornou o alvo da condução que certos indivíduos (nem sempre foram todos) deviam fazer de si mesmos.

Em outras palavras, essa *polis* como meta do governo é o foco do poder político desenvolvido pelos gregos. Ele, diferentemente do poder pastoral hebraico que se constituiu no Oriente próximo, não centrou sua atenção na condução de um conjunto de seres vivos em movimento (rebanho), mas na permanência e no sucesso da cidade pela ação mesma dos cidadãos. Cidadãos que, conduzindo-se a partir de princípios de vida configurados na tradição e na linhagem de seus antepassados, podiam tomar a seu cargo o governo da cidade. Assim, a política grega apontava para a condução dessa estrutura organizada, desse território, dessa estrutura fixa que era a *polis*, a partir da atenção que os cidadãos davam aos próprios modos de existência.

Nesse sentido, convém lembrar que, embora a prática do pastoreio e a criação de animais também fosse uma atividade cotidiana nos povos helênicos primitivos e que fosse importante na economia das pequenas aldeias e uma das atividades centrais da vida camponesa, ela não constituiu entre os helênicos uma prática – um esquema prático – que servisse para cimentar as formas de condução próprias e dos outros, tal como acontecera na sociedade hebraica. Na matriz de pensamento helênica, a cidade que operou como esquema prático para pensar e conduzir a vida. Vejamos mais de perto alguns elementos históricos que levaram à constituição da *polis* como princípio organizativo e como tal princípio transformou os próprios fins da condução.

A cidade como esquema prático: emergência da Arete aristocrática

Werner Jaeger (1995), no seu já clássico estudo intitulado *Paidéia e os ideais da cultura grega* – em que estuda a "ação" recíproca entre o "processo histórico pelo qual se chegou à formação do homem grego e o processo espiritual através do qual os gregos lograram elaborar um ideal de humanidade" (p. VII) –, assinala que, no conjunto da literatura produzida pelos grupos helênicos, encontram-se elementos de conteúdo moral e prático que evidenciam a forma como a cidade se tornou a expressão mesma dos preceitos supremos de moralidade para a vida.

De acordo com o filólogo alemão, foi na conformação e no desenvolvimento dos povos que se localizaram na ilha de Creta e na Península Balcânica – ao que parece, depois do século XII a.C., como resultado da migração dos *Pelasgos* – que emergiu essa estrutura prática de vida social representada pela *polis*, tornando-se o eixo organizacional da vida coletiva, em cujo âmago aconteceu a transformação de um preceito formativo fundamental: da *Arete guerreira* ou *heroica* para a *Arete cidadã* e a *camponesa*.

A emergência da *polis* em sua forma clássica teve as suas condições de possibilidade na conformação de duas das principais maneiras de praticar a vida entre os grupos helênicos e cretenses: a camponesa e a aristocrática. A *primeira* delas foi desenvolvida desde o início da conformação da vida coletiva; a *segunda* foi desenhada na transformação das formas monárquicas para formas burocráticas que emergiram com a Aristocracia. Estas últimas, por momentos, privilegiaram-se e serviram para manter a concentração e as riquezas nos primitivos assentamentos humanos. Assim, tudo parece indicar que:

> A sociedade aristocrática e a vida do campo não estão, é certo, totalmente desligadas da *polis*. As formas de vida feudal e camponesa aparecem na história mais primitiva da *polis* e persistem ainda nos seus estágios finais. Mas a direção espiritual pertence à vida das cidades. Ainda quando se baseia total ou parcialmente nos princípios aristocráticos ou camponeses, a *polis* representa um princípio novo, uma forma mais firme e mais acabada de vida social, de significado muito maior que nenhuma outra para os Gregos. [...] só na *polis* se pode encontrar aquilo que abrange todas as esferas da vida espiritual e humana e determina de modo decisivo a sua estrutura (JAEGER, 1995, p. 106-107).

As duas formas de vida – aristocrática e camponesa – estiveram vinculadas à existência de duas práticas comuns aos assentamentos helênicos na Península Balcânica e aos cretenses na maior ilha do Mediterrâneo Ocidental. O primeiro desses elementos refere-se ao estabelecimento de estruturas monárquicas lideradas por reis ou príncipes, de linhagens guerreiras; o segundo, à construção de fortalezas (palácios) ao redor das quais se levantavam pequenos povoados que mantinham relações comercias e feudais com os camponeses da região mais próxima, e que seriam as primeiras formas de cidades.

Essas formas de vida privilegiaram-se, apagaram-se, misturaram-se e fortaleceram-se em curtos períodos de tempo durante os séculos seguintes. Com o paulatino ir e vir dos grupos nômades e as permanentes lutas entre linhagens guerreiras consolidaram-se as primeiras tribos com seus correspondentes dialetos e deuses.[29] Dessas tribos emergiu o que chamamos de povos helênicos arcaicos e o que conhecemos hoje como "linguagem grega", essa que proviria de três dialetos: "jônico, arcádio-eólio (frequentemente abreviado em "aqueu") e, mais tarde, o dórico-grego do Nordeste" (BENGTSON, 1986, p. 14).

A existência de palácios minoicos – como Knossos, Malia e Phaistos que emergiram entre os séculos XIX e XVI a.C. – é assinalada pelos estudiosos[30] como a expressão de formas centralizadas e hierárquicas de poder: um sistema social provavelmente teocrático, no qual haveria uma figura de rei, o chefe supremo em cada palácio que, além do poder civil e econômico, teria poder religioso. Essa seria a razão pela qual seus palácios teriam sido erigidos em planícies férteis da ilha, mas conectados por estradas e caminhos aos portos comerciais com os quais mantinham vivo o comércio dos produtos agrícolas e artesanais. Isso leva a supor que a agricultura e com ela, a vida camponesa, foram fundamentais para o sustento das primitivas cidades.

Nos dois séculos seguintes, as monarquias guerreiras ganharam preponderância. Com elas, houve um aumento nas rotas fluviais e no número de estradas. Isso serviu para manter o controle da região e aumentar as riquezas dos palácios. O crescimento das rotas favoreceu a comunicação entre aldeias interiores e portos comerciais, assim como as relações comerciais com palácios e cidades como Egito, Síria, Biblos (Fenícia Gebal ou Gubla) e Ugarit (atual *Ras Shamra*).

É importante salientar esse último fato: além do intercâmbio comercial de produtos, aconteceram aproximações e contatos entre as formas de pensar e praticar a vida nas duas regiões. Isso resultou numa série de relações que permearam as formas de agir e pensar nas duas partes, relações essas por vezes esquecidas e apagadas no intento de marcar as diferenças e a supremacia racional e cultural do Ocidente sobre o Oriente.[31] Nesse sentido, um exemplo interessante de troca de conhecimentos

---

[29] O fato de "que para as migrações precisam-se chefes experimentados trouxe consigo o fortalecimento do poder dos príncipes; nos tempos das primeiras grandes movimentações, apenas essa figura esteve presente" (BENGTSON, 1986, p. 12).

[30] Ver Bengtson (1986), Graves (2008), entre outros.

[31] Nesse sentido, não se pode deixar de revisar o importante texto de Edward Said (1996) sobre a invenção do Oriente nos relatos do Ocidente.

e aprendizados parece ser o fato de que, em meados do século XV a.C. (1450), o palácio de Knossos, que dominava Creta, tinha uma estrutura monárquica centralizada, muito similar às já existentes na região de Egipto, que naquele momento era um dos seus mais importantes sócios comerciais.

Na segunda metade do século XV a.C., aqueus procedentes do continente chegaram, estabeleceram-se e tomaram o controle desse palácio principal (Knossos), ao mesmo tempo que tentaram a posse dos outros palácios da ilha. Eles adotaram algumas das práticas monárquicas de governo utilizadas até aquele momento pelos minoicos e trouxeram e usaram muitas de suas práticas de vida guerreira, com as quais promoveram ações de invasão e conquista que lhes permitiram apropriar-se do território cretense e peninsular em quase toda a sua extensão. Além disso, os invasores trouxeram consigo sua própria língua (o grego) e suas principais deidades, as mesmas que conformaram depois o Panteão grego: "Zeus, Hera, Poseidon, Artêmis, Hermes, Demeter e Ateneia" (KINDER; HILGEMANN, 2006, p. 47).

Na narrativa histórica tradicional, os eventos anteriormente mencionados teriam marcado o começo do que conhecemos como "Período micênico". Depois da segunda metade do século XV a.C., esse poderio micênico (Aqueu) – junto com suas formas de organização, comércio e práticas sociais – expandiu-se para a Ásia Menor, onde foram fundadas as colônias de Mileto (lugar de importante desenvolvimento das tribos jônicas), Rodes, Lícia, Panfília, Cilícia e Chipre. Mas em 1150 a.C., diante das permanentes ameaças sobre a região continental por parte de tribos guerreiras vindas do norte do continente europeu, tornou-se necessária a fundação de outras fortalezas na península. Nesse momento, construíram-se as históricas cidades de Gía e Atenas (Acrópoles).

Neste ponto e a partir desse primeiro olhar panorâmico sobre as formas de vida que acompanharam o surgimento dos primeiros assentamentos helênicos e micênicos, há dois elementos para destacar: o primeiro é sobre a conformação das chamadas cidades micênicas, e a partir dele, o segundo, acerca da emergência, nesse momento, da *Arete aristocrática*, um princípio de vida fundamental na configuração dos modos de existência e nas técnicas de condução que irão emergir entre os grupos dessa região.

Em primeiro lugar, convém salientar que os primitivos centros urbanos micênicos, tanto na ilha de Creta quanto na península Helênica, não foram cidades no sentido que se emprega esse termo hoje, tampouco no sentido que reconhecemos no momento da *polis* grega clássica. Eles constituíram sobretudo assentamentos (povoados e aldeias) que se organizavam ao redor das fortalezas e dos palácios "regidos" por um rei.

Foram essas cidades arcaicas, como forma de organização social, as que ofereceram um esquema prático de vida, que continuou a se aperfeiçoar como princípio de vida nos séculos seguintes.

Camponeses e artesãos faziam parte do palácio numa estrutura feudal e escravista com certo grau de independência, o que permitia que as estruturas aldeãs fossem respeitadas. O *wanax* (rei) reinava com o *hequétai* (uma corte que, por sua vez, era a *gerusia* ou conselho de velhos) que o substituía nas aldeias. Juntamente com os *basileis* e os *conselhos de gerontes*, o *hequétai* se encarregava de organizar e administrar o trabalho no campo e as atividades artesanais realizadas pelos aldeãos. Nessas primeiras estruturas, os chefes militares com atribuições religiosas (*wanax* e *lawagetas*) eram os proprietários de terras sagradas (*temenos*), das quais podiam usufruir em seu próprio benefício, enquanto os anciãos das aldeias (*basileis*) operavam como vigias e administradores tanto da terra da comunidade (*kekemena*) quanto dos pequenos proprietários (*telestai*), donos de um pedaço de terra (*ktimena*), e dos encarregados de trabalhar a terra alheia e fazer o artesanato (*damos*) (KINDER; HILGEMANN, 2006).

Em toda essa estrutura, a relação entre os homens e os deuses esteve mediada, fundamentalmente, a partir da relação que esses homens tinham com o território, pela sua possessão, mas também pelo seu uso e exploração. Essa forma particular dos helênicos de organizar e mediar a sua relação com os deuses expressa um ponto importante de emergência de uma outra característica do poder político que o diferencia do poder pastoral hebraico,[32] a saber: o território como intercessor da relação dos deuses com os homens e na qual a figura dos *wanax* e dos *lawagetas* foi central. Assim, a cidade como esquema prático de organização da vida social e a relação homens-deuses mediada pela relação com o território (FOUCAULT, 1990a, 2006b) são duas características do poder político que podemos perceber desde o momento de surgimento das cidades arcaicas.

Em segundo lugar, é preciso salientar que no decorrer dos dois ou três séculos de domínio aqueu, aconteceu não só a consolidação de uma classe dominante formada por uma estirpe guerreira, os *aristoi* (aristocracia),[33] mas também a emergência de um princípio de vida e formação,

---

[32] Lembremos que na pastoral hebraica, tal relação estava fundamentalmente definida pela pertença ao rebanho e pela obediência ao pastor (FOUCAULT, 1990a, 2006b).

[33] *Aristoi, Arete* e as palavras desse grupo aparecem em Homero "vinculadas à aristocracia, embora tenham mudado o seu sentido paralelamente ao desenvolvimento geral da cultura. Contudo, essa limitação da *arete* à aristocracia, natural na época homérica, não podia continuar a se manter: tenha-se em conta que a nova cunhagem dos velhos ideais partiu de origem bem diversa. [...] A palavra *aristeia,* empregada mais tarde para os combates singulares dos grandes heróis épicos,

uma *Arete heroica*. Essa classe aristocrática (*aristoi*) formou-se no interior dos palácios regidos por reis. Ela foi conformada por famílias (γένοι, *génoi*) que atribuíram para si uma posição privilegiada e que instauraram como seu o direito de nomear os novos governantes dos palácios, usando narrativas que ligavam suas linhagens guerreiras aos heróis e Deuses.

Delinear essa linhagem significou, nesse momento, mostrar que a família toda – sobretudo o governante – possuía atributos de nobreza e força próprios dos guerreiros e que eles foram adquiridos por sangue, através de ascendentes gloriosos e divinos. Usando essa estratégia e num processo que tardou vários séculos, a força e a bravura dessa classe dominante ficaram gravadas como princípios de vida nos relatos orais, que logo foram recolhidos e difundidos pelas narrativas épicas de Homero. Em palavras de Bengtson (1986), nem as mais fortes comoções produzidas pelas migrações egeias conseguiram apagar os laços históricos que uniram a vida grega à formação micênica; "essa continuidade vive nas epopeias homéricas, que projetam uma imagem daquela antiguidade heroica, que se manteve ainda na tradição poética, quando não havia mais vida em nenhum lugar da terra" (p. 28).

Em outros termos, tais narrativas expressam esse *pathos da distância* que legou aos gregos preceitos de vida para uma elite. Um princípio a partir do qual se organizaram exercícios e técnicas que permitiam conseguir esses preceitos e viver uma vida de honra e glória. Marcar essa diferença significou marcar "modos de existência" particulares, "modos de condução" da própria vida que eram privilégio dos melhores, dos homens bons, desses nobres que mereciam ficar na memória do povo e que eram dignos de ficar à frente do palácio e da cidade. Nobreza, poderio e superioridade na ação caracterizavam os bons. Nas famosas palavras de Nietzsche (1998),

> Foram os "bons" mesmos, isto é, os nobres, poderosos, superiores em posição e pensamento, que sentiram e estabeleceram a si e a seus atos como bons, ou seja, de primeira ordem, em oposição a tudo que era baixo, de pensamento baixo, vulgar e plebeu. Desse *pathos da distância* é que eles tomaram para si o direito de criar valores, cunhar nomes para os valores: que lhes importava a utilidade!
>
> [...] O *pathos* da nobreza e da distância, como já disse, o duradouro, dominante sentimento global de uma elevada estirpe senhorial, em sua relação com uma estirpe baixa, com um "sob" – eis a origem da oposição "bom" e "ruim".

corresponde plenamente àquela concepção. O esforço e a vida inteira desses heróis são uma luta incessante pela supremacia entre seus pares, uma corrida para alcançar o primeiro prêmio" (JAEGER, 1995, p. 28- 29).

[...] O direito senhorial de dar nomes vai tão longe, que nos permitiríamos conceber a própria origem da linguagem como expressão de poder dos senhores: eles dizem "isto é isto", marcam cada coisa e acontecimento com um som, como que se apropriando assim das coisas (Nietzsche, 1998, p. 19).

Conceitos como "nobre" e "aristocrático" apareceram como conceitos-chave no desenvolvimento de noções valorativas como "bom" e "ruim" entre os povos primitivos, sendo que a primeira delas estava vinculada àquilo que é "aristocrático", ou seja, "espiritualmente nobre", "bem-nascido" e "privilegiado", e a segunda, como correlato da primeira, ao "plebeu", o "comum" e o "baixo". Assim, no meio desse *pathos da distância* emergiu um princípio de estirpe e classe, uma *Arete heroica*, um atributo próprio da nobreza que, ancorada na prática guerreira dos gregos antigos, vinculava-se às destrezas e às forças incomuns "como base indiscutível de qualquer posição dominante. Senhorio e *Arete* estavam inseparavelmente unidos" (Jaeger, 1995, p. 26).

Desde esse momento, portanto, as destrezas dos nobres tornaram-se princípios de vida, bens universais e normas de conduta para os comportamentos dos homens; eles configuraram o *télos* para as atuações dos nobres governantes, mas também para as daqueles que, sem serem governantes, tinham a possibilidade de viver de tal modo que a sua existência fosse expressão da forma mais elevada de existência. Nesse novo *télos*, temos a emergência de um princípio de vida que se funda na ação e na capacidade do corpo guerreiro, um corpo que concentra os ideais de excelência e superioridade humanos e que, mais do que uma qualidade espiritual, é uma capacidade a ser cultivada e expressada na maneira como a própria vida é conduzida.

Um princípio como esse faz da vida uma permanente afirmação do "si mesmo" como "bom", "ativo", "capaz" e "superior". Um "si mesmo" que é sobretudo ação, que age e cresce nesse fazer-se expressão de superioridade. Assim,

[...] as quase benévolas nuances que a aristocracia grega, por exemplo, põe em todas as palavras com que distingue de si mesma o povo baixo; como nelas continuamente se mescla, açucarando-as, uma espécie de lamento, consideração, indulgência, a ponto de quase todas as palavras que aludem ao homem comum terem enfim permanecido como expressões para "infeliz", "lamentável" (cf. δειλός, δείλαιος, πονηρός, μοχΦηρός [temeroso, infeliz, sofredor, mísero], as duas últimas caracterizando-o verdadeiramente como escravo do trabalho e besta de carga) (Nietzsche, 1998, p. 29-30).

Essa relação que Nietzsche assinala entre nobreza e felicidade, entre ação e felicidade é definitiva para entender que as valorações emergidas nesse momento são a expressão de um diferencial criado por uma estirpe de homens que tomavam e praticavam atributos ligados às estirpes guerreiras. Dessa forma, ser "nobre", "bem-nascido" e "feliz" era ser "ativo". Na ação estava a felicidade, ela era a própria felicidade, e pertencer à *aristoi* significava não "separar a felicidade da ação", pois "ser ativo é parte necessária da felicidade" (Nietzsche, 1998, p. 30). Em tal compreensão, a imagem do herói é a própria imagem da atividade, pois é na ação que se expressa certa superioridade humana. Seja na guerra, seja na cidade, "o valente é sempre o homem de posição. A luta e a vitória são para ele a distinção mais alta e o conteúdo próprio da vida" (Jaeger, 1995, p. 40).

Quando a *Arete* emergiu no seio da linguagem tradicional e arcaica como sinônimo de força e valor heroico – um valor "na" e "para a" ação – e um conjunto de palavras ligadas a esse termo teve nas narrativas épicas um significado guerreiro, é claro que ela configurou, no âmago das sociedades helênicas, um princípio que orientava para uma forma de comportamento ético geral. Assim, a *Arete* refere-se, no seu sentido mais amplo, ao "homem nobre que, na vida privada como na guerra, rege-se por normas certas de *conduta, alheias ao comum dos* homens" (p. 28). Foi esse "código da nobreza", então, a expressão de uma maneira particular de compreender a própria existência, um horizonte de sentido e um fim que orientou as formas como se praticou a vida nas sociedades gregas arcaicas, como também nas antigas.

Torna-se necessário destacar que em Homero é possível caracterizar a forma que tomou essa *Arete* na vida familiar e no interior da Antiga cidade – descrita mais claramente na *Odisseia*, mas que procede da admiração pela sua forma "sobre-humana" narrada na Ilíada. A nobreza descrita na *Odisseia* revela que esses "guerreiros", fora dos combates, também agiam como representantes da *Aristoi*. Na forma de conduzir sua vida, assim como em suas viagens, eles se comportavam como senhores de valor e audácia para enfrentar os perigos da vida. Assim, do herói da guerra ao senhor nobre, aquele que morava em palácios e fortalezas, não há tanta distância assim. Nas imagens da *Odisseia*, revela-se uma vida de cidade-cidadão que, na ausência do rei, regia-se através de uma assembleia de nobres, os quais, por essa condição de nobreza, eram dignos de ocupar-se dos assuntos da cidade.

Essa nobreza da cidade expressa, em seu agir, a primazia de sua condição e de seus privilégios. Ela, que pratica bons costumes e apresenta os mais elevados modos de existência, possui também traços muito humanos. Segundo assinala Jaeger,

Todos têm algo de humano e amável; nos seus discursos e experiências domina o que a retórica posterior apelidou de *ethos*. O intercâmbio entre os homens tem qualquer coisa de altamente civilizado. [...] A autêntica formação interior nestas cenas destaca-se numa correção de forma que se revela em outras ocasiões e apresenta numa sociedade em que as maneiras e a conduta distintas eram tidas no mais alto apreço. [...] nobres ou plebeus todos os membros desta sociedade conservam o distintivo comum do decoro em todas as situações. [...] homens que representam a elevação da sua cultura e costumes (JAEGER, 1995, p. 43).

Assim, o filólogo alemão afirma que, ao salientar essas qualidades da nobreza, Homero parece ter tido uma intenção formativa. Essas qualidades aparecem, então, como tendo um "valor em si", como uma forma de *milieu*, que assinala uma "parte essencial da superioridade dos heróis".

A sua forma de viver é inseparável da sua conduta e das suas maneiras e outorga-lhes uma dignidade especial. Que se manifesta através das suas grandes façanhas e de sua atitude irrepreensível ante a felicidade e miséria alheias. O seu destino privilegiado está em harmonia com a ordem divina do mundo e os deuses lhes dispensam a sua proteção. Irradia continuamente da nobreza da sua vida um valor puramente humano (JAEGER, 1995, p. 44).

Foi a partir dessa primeira *Arete heroica* que nos séculos posteriores, ao que parece, organizou-se uma forma de vida ética para a cidade. Por um lado, na conformação das cidades, os preceitos que guiaram a conduta de seus habitantes guardaram, na sua forma, muito das noções usadas nas narrativas guerreiras. Por exemplo, a "virilidade" do Homem da cidade apareceu como um reflexo da "coragem" guerreira. Por outro lado, o fato de os preceitos de comportamento na cidade provirem dessa *Arete heroica* significou que eles tomaram a forma da "ação", "da felicidade" e do "modo de vida" como os eixos condutores da relação consigo mesmos, com os outros e com a cidade. Mais que obrigação e obediência (figuras do pastorado hebraico), neste *télos* grego, os termos "ação" e "coragem" são expressões da própria nobreza e da vida que merece ser vivida.

Finalmente e segundo também a análise da *Odisseia* que Jaeger (1995) nos oferece, em particular de uma das cenas que vinculam ações de formação dessa classe nobre – como aquelas realizadas por Mentes sobre Telêmaco[34] –, é possível perceber que conselho constante, direção

---

[34] "Mentor segue com olhar vigilante todos os passos do seu protegido, e auxilia-o a cada passo com seus conselhos e advertências. Instrui-o quanto às formas de uma conduta social apropriada, sempre que ele se sente intimamente inseguro em situações novas e difíceis. Ensina-o como

espiritual e exemplo aparecem aqui como técnicas que possibilitam a condução de si nas práticas gregas. Assim, as três características nas quais se baseara a posse da nobreza – vida sedentária, posse de bens e tradição – seriam os objetos sobre os quais se fundariam as práticas formativas de uma geração para outra. Por sua vez, os jovens nobres assumiam a sua linhagem e os "imperativos dos costumes de nobreza" ao aderir a esse "adestramento". Isso significava para eles aceitar os conselhos, assumir a direção espiritual e seguir o exemplo oferecido pela conduta dos grandes heróis para alcançar as qualidades fundamentais próprias de sua classe.

Nessa compreensão, o ideal da condução da aristocracia herdou as destrezas guerreiras e as vinculou a "virtudes espirituais e sociais" possíveis de serem formadas através da direção espiritual, do conselho e do exemplo. Apareceram, então, traços cortesãos ancorados no meio social, mas centrados nas qualidades humanas e espirituais que determinam a condução que uma classe superior de homens faz de si. O

> [...] herói é agora o homem a quem nunca falta o conselho inteligente e que para cada ocasião acha a palavra adequada. A sua honra é a destreza e o engenho da sua inteligência que, na luta pela vida e na volta ao lar, sai sempre triunfante em face dos inimigos mais poderosos e dos perigos que o espreitam (JAEGER, 1995, p. 45).

Encontramo-nos diante da emergência de uma das formas de condução relativas ao estilo de vida, ao *ethos*, uma forma de ação corajosa própria do nascente cidadão, mas que lembra (e segue o exemplo) a vida corajosa do guerreiro. Nesse sentido, surge um ponto importante na compreensão da estrutura espiritual e ética que se configurou nas primitivas cidades gregas; refiro-me ao desenho de um ideal formativo da nobreza fundado no exemplo. Trata-se da repetição intencionada (na ação mesma) de uma atitude que se evoca a partir do exemplo de heróis e sagas, essas atitudes valorosas e heroicas que são contadas pelas epopeias e citadas nos conselhos e na direção espiritual pelos mentores, aios e conselheiros. Assim, a estrutura das epopeias homéricas, sua forma poética, cumpriria uma função evocativa e, portanto, formativa no momento de sua produção e nos séculos seguintes.[35]

---

deve dirigir-se aos eminentes e velhos senhores Nestor e Menelau, e como deve formular-lhes o seu pedido para estar seguro do êxito" (JAEGER, 1995, p. 53-54).

[35] "[...] os valores mais elevados ganham, em geral, por meio da expressão artística, significado permanente e força emocional capazes de mover homens. A arte tem o poder ilimitado de conversão espiritual. É o que os Gregos chamaram de *psicagogia*. Só ela possui, ao mesmo tempo, a validade universal e a plenitude imediata e viva, que são as condições mais importantes da

Em geral, o aparecimento de tais preceitos esteve acompanhado do desenho de ações e técnicas formativas que vincularam conselhos e direção espiritual ao seguimento do exemplo nos indivíduos em uma classe privilegiada, pois nem todos podiam aceder a essas técnicas de formação e condução. Temos aqui uma importante diferença entre a direção espiritual grega (somente para certa classe privilegiada) e a direção das almas na pastoral hebraica (para o rebanho todo). Contudo, o que observamos é que ambas as técnicas se cruzaram e se articularam sem problema na emergência do pastorado cristão com o apagamento dos *télos* dos quais procediam, e na emergência desse outro *télos* que acompanhou o surgimento do que chamamos de cristianismo primitivo, e com ele, uma outra forma de "poder pastoral", o "pastorado cristão" (FOUCAULT, 1990a, 2006b).

A cidade antiga: individuação e consolidação da primeira Arete cidadã

Voltando um pouco mais na narrativa, é possível observar outros elementos presentes na maneira como a *polis* chegou a constituir esse esquema prático que fundou uma *Arete aristocrática* e *cidadã* como *télos* para o desenvolvimento de um conjunto de técnicas destinadas à própria condução. É preciso salientar, ainda que rapidamente, outros dois elementos que aparecem como prévios à constituição do que chamamos de Grécia Clássica, na história feita sobre ela.

O *primeiro elemento* corresponde ao apagamento das formas de vida micênicas como resultado da chamada "Grande migração" e o início – com a chegada dos dóricos, por volta do século XII a.C. – do que se conhece como "Idade das Trevas" ou "época da transição" dos helênicos.

O *segundo elemento* refere-se à emergência de uma forma de vida grega antiga, ao final do século IX a.C., que comumente os historiadores identificam como o período de surgimento de novas formas de registro escrito – mas agora usando um alfabeto propriamente grego – e, com elas, o nascimento das epopeias homéricas. Estas últimas teriam desenhado a ponte entre os preceitos de vida arcaicos e os antigos, possibilitando a organização de princípios formativos (uma forma de *Arete*) que seriam fundamentais na formação aristocrática da cidade, na própria conformação da *polis* e, portanto, na constituição da *Paideia grega* (JAEGER, 1995).

O período "das trevas" parece ter terminado ao final do século IX a.C., com a formação de novas cidades gregas que retomaram para si algumas de suas práticas de vida antigas erigindo, a partir delas, novas

---

ação educativa. Pela união dessas duas modalidades de ação espiritual, ela supera ao mesmo tempo a vida real e a reflexão filosófica" (JAEGER, 1995, p. 49).

formas de organização interna. Os registros históricos mostram que esse momento se caracterizou pelo agrupamento de várias aldeias e pela formação de cidades, no território do Peloponeso. Nesse processo de urbanização construíram-se as cidades de Esparta e Atenas, as quais mantiveram três formas de laços sociais: as tribos (*ethnos*), os lares clãs (*genos*) e as fraternidades (*fratrias*) (Bengtson, 1986). Contudo, na sua primeira fase de constituição, privilegiaram-se as monarquias como forma de governo. Nelas o Rei mantinha a autoridade religiosa, a militar e a política.

Com relação a esse ponto, a organização de Esparta marcou uma diferença importante, pois muito cedo a autoridade do rei foi substituída pela autoridade aristocrática, semelhante àquela que se formara nos grupos helênicos arcaicos. Segundo Jaeger (1995), é justamente entre a experiência militar do Estado de Esparta e a experiência jurídica dos Estados jônicos – em particular de Mileto – que se consolidou a *polis* como uma estrutura central da vida. Ela se elevaria sobre os velhos preceitos de condução da própria vida herdados da antiga *Arete heroica*.

As novas cidades gregas – aproximadamente 700 *polis*, localizadas à beira do mar Egeu e nas suas ilhas – mantiveram uma estrutura feudal. Nas regiões perto das cidades fundaram-se colônias que supriram a cidade com metais e alimentos, pois a concentração de uma população maior aumentava a demanda permanentemente. Assim, entre cidades e colônias teceu-se um forte intercâmbio; as primeiras enviavam produtos finalizados em troca de insumos e alimentos abastecidos pelas segundas. Tais cidades adquiriram força econômica e começaram movimentos de independência política com relação às metrópoles (principalmente Atenas e Esparta), o que significou a criação de exércitos e novas técnicas militares centradas na infantaria. Data também desse momento o aparecimento dos jogos olímpicos (ou jogos *pan-helênicos*), instituição que, junto às práticas militares, centrou o olhar na exercitação do corpo, na ação e na força desse corpo como expressão de uma vida que atende os mais altos valores de cuidado e valentia, e expressa os preceitos de um modo de vida superior.

Monarquia foi, então, a primeira forma de governo que as novas cidades assumiram, mas logo depois ela foi substituída por sistemas aristocráticos, graças aos quais a *polis* continuou sendo a forma institucional predominante e – como já podemos perceber – a estrutura organizativa fundamental que se manteria para além das formas de governo (monárquica ou aristocrática). A *polis* como forma de organização social regulou a relação que os moradores de uma mesma região tinham entre si, a que eles teceram com o território e seus deuses, assim como a que os cidadãos mantinham com seus chefes políticos.

Essa estrutura tornou-se uma forma cuja existência não dependia do chefe político; ela preexistia e sobrevivia a ele. Essa característica da cidade, que é um de seus atributos mais importantes, também define uma diferença importante entre a forma de poder que vemos operar a partir dela – o poder político – e as formas de condução produzidas pela pastoral hebraica, na qual a figura do pastor determina a existência do rebanho. Sem pastor não há rebanho, mas sem chefe político há cidade.

As novas cidades operaram uma transformação importante nos princípios de vida herdados da *Arete aristocrática*, princípios que vimos se configurar na Grécia arcaica e que foram descritos nas epopeias homéricas, além de ser usados nas nascentes cidades como instrumentos formativos de uma linhagem superior. Refiro-me aqui de um ajuste dos preceitos que guiavam os homens da cidade, mas que, ao ligar sua proveniência a uma linhagem guerreira, traçaram a aparição de uma outra estirpe de "homens perfeitos" – os homens da cidade. Homens nobres na ação e no espírito, cuja grandeza expressava-se tanto ao *"proferir palavras"* quanto ao *"realizar ações"* (JAEGER, 1995, p. 30). Nobres cujas vidas deviam ficar gravadas na memória da cidade, pelo reconhecimento e pelo prestígio social que seus contemporâneos lhes concediam: eles eram uma raça de homens cujas vidas tinham valor pela honra e consideração prestadas pelos seus semelhantes.

A negação da honra era a maior tragédia para essas estirpes da *polis*. Na glória é que se cimentava a ordem social inteira, por isso a estima e a honra da classe governante eram a expressão da honra e glória da cidade. Pela virtuosidade dos que habitam a cidade é que ela é gloriosa; então, não se tratava aqui de uma forma "egoísta" de individualidades nem um simples assunto moral de "eus" que vão atrás do reconhecimento individual ou da tranquilidade econômica própria. Nos gregos "não existia, efetivamente, nenhum conceito como a nossa consciência pessoal" (JAEGER, 1995, p. 31). Quando eles cimentavam a forma de vida na cidade sobre os alicerces da honra, traçavam uma "aspiração ao ideal", um ideal "suprapessoal" que orientava os seus modos de existência para os princípios de valor e dignidade. Essa outra forma de *Arete* é de homens mortais, ou melhor, "ela é o próprio Homem mortal; mas perpetua-se, mesmo depois da morte, na sua fama, isto é, na imagem de sua *Arete*, tal como o acompanhou e dirigiu na vida" (p. 32).

O tradicional sentido da *Arete*, sua identificação com a destreza guerreira, passaria desde então a se vincular à ordem social da cidade e, assim, fundaram uma série de preceitos de "honra" e ação "na" e para a "cidade". Nas formas gregas de vida que ficaram registradas como sendo desse tempo, aparece uma forma de "si mesmo" que não é o "eu" físico nem o "eu" psicológico moderno, que aparece nos discursos educativos contemporâneos. Vejamos melhor. Esse "si mesmo", referido sob as formas de amor próprio, desejo de honra e virtude no homem grego arcaico e antigo – e que são difíceis de traduzir para nosso linguajar moderno –, responde ao entendimento de certa possibilidade de alcançar no agir o mais alto ideal de homem, essa capacidade de forjar o espírito humano com as próprias ações e conseguir, assim, a *Arete*.

Essa seria, portanto, a máxima expressão da virtude à qual todo ser nobre deve aspirar e da qual o "si mesmo" é sua melhor manifestação. Esse nível elevado de espírito é a manifestação da própria beleza, e "Aspirar à "beleza" (que para os gregos significa ao mesmo tempo nobreza e escolha) é fazê-la sua, é não perder nenhuma ocasião de conquistar o prêmio da mais alta *Arete*" (Jaeger, 1995, p. 35). Assim, a preferência por viver brevemente mas impregnado pelo maior apreço e no maior dos gozos por viver uma existência nobre, seria o suporte de uma *Arete* da glória e do heroísmo guerreiro que foi código de vida para os primitivos, mas também para os cidadãos.

Nesse sentido, é importante salientar que nessa forma grega, o que vemos são modos de "individuação", "singularidades", maneiras de "estar sendo na ação", na tensão que é viver uma vida cheia de preceitos superiores, numa "tensão vertical"[36] – para usar a categoria de Sloterdijk (2012) – que significa viver e ser a melhor expressão da *Arete*. Em vez de "unidade psicológica" ou "consciência pessoal" ao estilo da "individualização" em "eus" moderna e contemporânea, com relação aos gregos estaríamos falando de "devires" e "*aiedades*", de modos de compreensão vinculados aos modos de existência nas suas singularidades: "para a individuação não existem indivíduos, só realidades pré-individuais, transindividuais ou interindividuais, e é ali onde reside a singularidade, não no indivíduo, que seria a interrupção do devir" (Rodríguez, 2009, p. 17). Isso significa que os gregos não se pensaram nem agiram sobre si como unidades fechadas, mas como devires do ser, como seres de ação.

---

[36] Sloterdijk realiza uma expedição para "o universo pouco estudado das tensões *verticais* do homem." Assinala que "todas as 'culturas', 'subculturas' ou todos os 'cenários' estão construídos sobre diferenças-guia com cuja ajuda o campo e as possibilidades para o comportamento humano vê-se subdivido em classes polarizadas". Assim, "as 'culturas' *ascéticas* [no sentido primitivo da palavra] conhecem a diferença diretriz ou diferença-guia do perfeito *versus* o imperfeito; as 'culturas' *religiosas*, a do sagrado *versus* o profano; as aristocracias, a do nobre *versus* subordinado; as atléticas, a de excelência *versus* mediania; as econômicas, a de abundância *versus* carestia; as cognitivas, a do saber *versus* ignorância; as sapienciais, a de iluminação *versus* cegueira. Aquilo que essas diretrizes têm sempre em comum é a tomada de partido pelo primeiro dos valores indicados, que no campo correspondente funciona como um *atrator*, enquanto o outro polo da alternativa opera como um valor de repulsão ou uma magnitude de esquiva" (2012, p. 29).

Nessa forma de "individuação", a prevalência é dos "modos de existência", de um "princípio de individuação", como foi nomeado por Simondon (2009). A partir de tal princípio, em vez de indivíduos fechados em unidades terminadas, há seres individuados, formas do ser individuando-se que se ampliam nas suas singularidades.

> O indivíduo, por suas condições energéticas de existência, não está somente no interior de seus próprios limites; também se constitui no limite de si mesmo e existe no limite de si mesmo, sai de uma singularidade. A relação, para o indivíduo, possui valor de ser; não pode se distinguir o intrínseco do extrínseco. Aquilo que é essencial e verdadeiramente o indivíduo é a relação ativa, a troca entre o intrínseco e o extrínseco; [...] há extrínseco e intrínseco, mas o que verdadeiramente é o indivíduo é essa relação, não o intrínseco que só é um dos aspectos concomitantes: o intrínseco, a interioridade do indivíduo não existiria sem a permanente operação relacional que é individuação permanente (SIMONDON, 2009, p. 83).

Assim, o "si mesmo" referido pelos primeiros gregos aparece como relação constituinte. Ele individua-se e é individuado antes de qualquer diferenciação possível entre o intrínseco e o extrínseco, e isso é muito diferente dessa maneira de pensar o "indivíduo", esse "eu" moderno e contemporâneo. Este último nos aparece como resultado de certa individuação consumada, ou supostamente consumada, um eu que possui interioridade e com relação ao qual haveria uma exterioridade, uma "individualidade".

A distinção descrita no parágrafo anterior é uma chave importante para que percebamos que as técnicas de si desenvolvidas pelos gregos antigos na direção espiritual – exemplo, conselho, meditação – são muito parecidas às promovidas nos primeiros séculos da nossa era, nas práticas de confissão e na direção das almas, ou às usadas na modernidade e na contemporaneidade, nas práticas de cura mental, terapia espiritual e autoajuda. Contudo, o fato de tais técnicas se encontrarem ancoradas em *télos* diferentes acaba por vinculá-las a processos e práticas também diferentes.

Se, para os gregos antigos, a finalidade de qualquer exercício sobre si é a vida mesma, os modos de existência, os *devires* e as singularidades, para os modernos (e os contemporâneos), a finalidade é a construção e transformação do "eu" (seu fechamento e terminação como identidade, como eu psicológico e físico) para atingir uma felicidade e um sucesso, geralmente postergados. Seria preciso assinalar que é na emergência dessas primeiras formas de exercitação entre os gregos antigos que se iniciaria um longo processo de individualização fundado no uso de exercício e técnicas para orientar a conduta. Processo que foi peça-chave na construção das formas de governamento modernas e contemporâneas.

Arete e cidade: conformação da Paideia

Antes de passar para a constituição de práticas de si desenvolvidas como parte da condução da vida na *polis* clássica e na helénica, é preciso traçar algumas linhas que nos permitam perceber como esse *télos* aristocrático e o esquema prático que foi a cidade antiga dos gregos transformaram-se a partir de outro *télos* que se configurou nas formas de vida camponesa e possibilitou o uso de técnicas como o exemplo, o conselho e a direção espiritual entre um setor amplo da população. Isso tudo acompanhado pela emergência de um personagem ocupado da condução da vida de outros, através de discursos míticos e fábulas que expressavam e difundiam os preceitos e ensinamentos necessários à condução da vida do Homem comum.

A emergência de certa preocupação com a formação do outro, pela possibilidade de ensinar a *Arete*, é percebida como produto da releitura dos preceitos que devem orientar a vida do homem antigo, realizada e difundida por Hesíodo. Nesse sentido, dois pontos são relevantes: o primeiro – que já aparece, tacitamente, nas descrições anteriores – refere-se à importância que a vida camponesa teve na conformação da cidade. Melhor dizendo, à emergência de uma *Arete camponesa* que se desenhou no mesmo momento em que emergia essa outra *Arete* do homem nobre da cidade antiga, e graças à qual tivemos, nos séculos seguintes, condições para a transformação dos preceitos que orientavam a vida "na" e "da" *polis*. No segundo ponto, caberia destacar alguns dos elementos que vinculam esses preceitos de vida na cidade clássica à constituição daquilo que conhecemos como a *Paideia grega*, e que acompanharam tanto a organização de um conjunto de técnicas formativas quanto a emergência de algumas das tradições e escolas filosóficas nas quais temos reconhecido, a partir de Foucault, um conjunto de exercícios e técnicas de si.

Hesíodo (um poeta nascido na região de Beócia), inspirado nas epopeias de Homero, cumpriu uma importante função na definição e organização de preceitos que orientaram a vida da/na cidade antiga. Na sua *Teogonia*, nos *Erga* e n'*O trabalho e os dias*,[37] o poeta descreve as formas de vida campestre que se desenvolveram de maneira paralela à forma de vida da aristocracia da cidade, no final do século VIII a.C. Nessa forma de praticar a vida, Hesíodo assinala a existência de um conjunto

---

[37] Esse seria um nome recente para o texto, segundo assinala Jaeger (1995) em seu estudo.

de princípios condutores vinculado ao trabalho da terra e ao pastoreio de animais. A vida do homem comum impregnava-se do heroísmo, não porque se empenhasse em "lutas em campo aberto", como o fizeram "os cavalheiros nobres e os seus adversários", mas porque travava um outro tipo de luta, a "luta silenciosa e tenaz dos trabalhadores com a terra dura e com os elementos". Essa forma de luta cotidiana teria o seu heroísmo e exigiria uma disciplina tal que se transformaria no elemento central e "de valor eterno para formação do Homem" (JAEGER, 1995, p. 85).

Nessa outra cara da *Arete* que movimentava a cidade, percebe-se a importância do trabalho com a terra e com os animais, bem como dos personagens que o faziam[38], pois além "de os camponeses terem uma independência espiritual e jurídica considerável", não há vestígios indicativos de que seu trabalho acontecesse sob a forma da "escravatura, e nada indica, mesmo remotamente, que aqueles camponeses e pastores que viviam do trabalho das suas mãos descendessem de uma raça subjugada na época das grandes migrações, como acontecia em Lacônia" (p. 85). E mais: com relação aos que trabalhavam no campo, os registros que datam desse tempo indicam que

> [...] todos os dias reuniam-se no mercado e na $\lambda \acute{\epsilon} \sigma \chi \eta$ para discutirem os seus assuntos públicos e privados. Criticavam livremente a conduta dos seus concidadãos e até dos altos senhores, e "o que o povo diz" ($\varphi \acute{\eta} \mu \eta$) tinha importância decisiva para o prestígio e a prosperidade do Homem comum (JAEGER, 1995, p. 86-87).

De acordo com Jaeger, as épicas de Homero, popularizadas entre os camponeses por poetas e narradores viajantes, foram usadas para o desenho de um caminho espiritual que levou o Homem comum – que praticava uma vida dura do campo – a um outro nível, aquele do pensamento épico, da vida nobre e da liberdade feliz. Assim, Hesíodo teceu, através da reconstrução dos mitos e das epopeias, os fios de uma sabedoria vinda da vida heroica dos guerreiros com os fios da vida prática e do trabalho no campo. Seus poemas apresentam preceitos morais e regras sociais inscritas no horizonte de uma vida heroica, mas sob a forma de conhecimentos e conselhos práticos para orientar a própria existência. As fórmulas breves e declarações curtas eram usadas para ajudar a conservar os preceitos na memória e para que elas estivessem à mão na hora necessária.

---

[38] "A cultura feudal arcaica não é sinônimo de atraso espiritual, nem é avaliada através dos moldes citadinos. "Camponês" não quer dizer "inculto". As próprias cidades dos tempos antigos, principalmente na metrópole grega, são acima de tudo rurais e continuam a sê-lo mais tarde, na sua maioria" (JAEGER, 1995, p. 88).

[...] A sua forma e conteúdo e a sua estrutura revelam imediatamente a sua herança popular. Opõem-se totalmente à cultura da nobreza. A educação e a prudência na vida do povo não conhecem nada semelhante à formação da personalidade total do homem, à harmonia do corpo e do espírito, à destreza igual no uso das armas e das palavras, nas canções e nos atos, tal como exigia o ideal cavalheiresco. Em contrapartida, impõe-se uma ética vigorosa e constante, que se conserva imutável através dos séculos, na vida material dos camponeses e no trabalho diário da sua profissão. Este código é mais real e mais próximo da Terra, embora lhe falte uma grande meta ideal (JAEGER, 1995, p. 90-91).

Conforme analisados por Jaeger, os poemas de Hesíodo parecem ser uma superfície de emergência desse outro *télos* que se organizou na nova cidade, mas também — como é de nosso interesse — das técnicas de condução que dele derivaram. No uso formativo que tiveram os escritos do poeta, os ideais heroicos aproximam-se da vida do campo e fazem do duro trabalho diário não só uma necessidade (pois ele garante a própria existência), mas também um meio para provar que são merecidas as maiores bênçãos vindas dos Deuses, pois cada um é produtor dos próprios bens e não "cobiça injustamente os bens alheios" (JAEGER, 1995, p. 93). Por seu trabalho, o homem pode esperar a compensação dos deuses e dos outros cidadãos: eis a emergência do direito e a justiça!

Contudo, para a aristocracia, por muito tempo "o "direito" foi um *vetitum* [algo proibido], um abuso, uma inovação, apareceu com violência, *como* violência, à qual somente com vergonha de si mesmo alguém se submetia" (NIETZSCHE, 1998, p. 103). Ainda assim, "direito" e "justiça" logo aparecem como fundamento de toda a vida social; eles constituíram-se no elemento criador da estrutura íntima da nova vida na cidade. Justiça e direito são fins e leis permanentes que regem a ordem do mundo — tanto a social quanto a natural. Eles são tanto ideais e fins da própria conduta quanto resultados do trabalho e do governo dos deuses.

Nesses poemas de Hesíodo, revela-se uma crença religiosa que deixa no centro do mundo o "direito", e na mão dos deuses, a sua providência e repartição justa. E será esse o momento em que, justamente, emerge o indivíduo para quem é lícito "fazer promessas" e cumprir promessas, um homem endividado para quem já não mais está permitido esquecer (NIETZSCHE, 1998). Nessa *Arete camponesa*, semearam-se as primeiras forças reativas, aquelas que não deixam o homem esquecer as promessas de justiça e equilíbrio como compensação da sua dura "vida de trabalho". A partir de tais forças, constroem-se também as maneiras posteriores da justiça e do direito, que fundaram as cidades gregas e que também vemos emergir no pensamento cristão desde as suas primeiras formas.

Esse ideal de direito, que parece proceder das formas narrativas mais antigas dos "jônios", apresenta-se, no poeta, como atualização da velha tradição, mas centra a sua força na condução divina que, ao garantir o direito de bem-estar, de reconhecimento e de virtude pelo trabalho feito, funda as possibilidades para a reorganização social da cidade, e isso terá uma importância decisiva na configuração da *polis* clássica e sua democracia.

> A identificação da vontade divina de Zeus com a ideia do direito e a criação de uma nova personagem divina, Dike, tão intimamente ligada a Zeus, o deus supremo, são a imediata consequência da força religiosa e da seriedade moral com que a classe camponesa nascente e os habitantes da cidade sentiram a exigência da proteção do direito (JAEGER, 1995, p. 98-99).

Na fusão de uma vida de afazeres guiada por um ideal de direito ao cuidado dos Deuses, desenha-se o fim espiritual que rege a vida camponesa e que aponta para transformar a ordem social, atendendo os princípios de justiça e direito. O trabalho – que aparece assinalado como a única e real forma, ainda que difícil, de conseguir a *Arete* – vincula a destreza individual àquilo que essa destreza produz e os benefícios que podem gerar em termos de bem-estar, sucesso e consideração dos outros.

Assim, na maneira de praticar a vida na cidade clássica, percebe-se uma diferença importante entre os preceitos que regem os modos de vida camponeses e aqueles que orientam os modos de existência aristocrática – entre a "ética camponesa" e a "ética nobre". "Ao lado do adestramento dos nobres, tal como se espelha na epopeia homérica", emerge "uma educação popular, uma doutrina da *Arete* do homem simples. A justiça e o trabalho são os pilares em que ela se assenta" (JAEGER, 1995, p. 100).

O que faz diferentes essas duas formas da *Arete* – os horizontes éticos que elas expressam – é aquilo que faz diferentes memória e esquecimento, atividade e reatividade. Ambas mantêm uma relação diferente com a ação e o tempo de sentir felicidade, jovialidade, esperança e orgulho (NIETZSCHE, 1998). Se na ética aristocrática o esquecimento é uma força, a manifestação de sentimentos de alegria e felicidade "na" e "pela" ação, na ética camponesa a ausência dessa força de esquecimento (memória) é um "não-mais-poder-livrar-se da impressão uma vez recebida" (p. 48). É aceitar que aquilo que acontece é um passo, um momento necessário que não se pode esquecer (pois nele repousa a promessa) para que, logo depois, possam ser vividos esses sentimentos e sentidas essas sensações de satisfação e felicidade.

A justiça desenha-se, então, como a mediadora dessa espera, porque há justiça nos deuses, e nos homens é que se pode esperar o momento da retribuição, do reconhecimento e da felicidade. Essa justiça desenhou-se como o mais "antigo e ingênuo cânon moral", ela tornou-se esse princípio no qual é possível inscrever todos os modos da boa vontade, da equidade e até de objetividade: "Nesse primeiro estágio, justiça é a boa vontade, entre homens de poder aproximadamente iguais, de acomodar-se entre si, de "entender-se" mediante compromisso – e com relação aos de menor poder, de forçá-los a um compromisso entre si" (NIETZSCHE, 1998, p. 60).

Em geral, foi na releitura desse antigo e ativo modo de vida guerreiro em função da vida prática do camponês e do artesão, que direito e justiça tornaram-se os assuntos centrais para a vida coletiva e para o sustento da cidade. Tratou-se da emergência de

> [...] uma verdadeira *memória da vontade,* de modo que entre o primitivo "quero", "farei", e a verdadeira descarga da vontade, seu *ato,* todo um mundo de novas e estranhas coisas, circunstâncias, mesmo atos de vontade, pode ser resolutamente interposto, sem que assim se rompa esta longa cadeia do querer. Mas quanta coisa isto não pressupõe! Para poder dispor de tal modo do futuro, o quanto não precisou o homem aprender a distinguir o acontecimento casual do necessário, a pensar de maneira causal, a ver e antecipar a coisa distante como sendo presente, a estabelecer com segurança o fim e os meios para o fim, a calcular, contar, confiar – para isso, quanto não precisou antes tornar-se ele próprio *confiável, constante, necessário,* também para si, na sua própria representação, para poder enfim, como faz quem promete, responder por si *como porvir!* (NIETZSCHE, 1998, p. 48).

No surgimento dessa nova *Arete camponesa,* temos a emergência de valores – como a responsabilidade – que trazem "consigo, como condição e preparação, a tarefa mais imediata de tornar o homem até certo ponto necessário, uniforme, igual entre iguais, constante e, portanto, confiável." (NIETZSCHE, 1998, p. 48). Um trabalho que Nietzsche (2004, p. 17-19, p. 21-23, p. 26) chamou de "moralidade do costume" e que implicou, a partir desse momento, um agir sobre si mesmo, um exercício de si sobre si: "com a ajuda da moralidade do costume e da camisa de força social", o homem tornou-se realmente confiável para a vida social, para a vida da cidade, não só porque começou a confiar nas promessas, na justiça e no direito, mas também porque começou a prometer e a exigir o cumprimento dessa promessa.

Cabe, nesse sentido, salientar dois aspectos acerca das técnicas de condução.

Primeiro, temos na figura dos poetas e dos rapsodos homéricos a emergência da figura do guia ou condutor da vida, que se esforça por orientar os outros através dos preceitos e ensinamentos que deixam seus poemas e cânticos. Isso amparado, principalmente, nos conhecimentos práticos e nas epopeias homéricas, pois, como no caso de Hesíodo, eles não tinham uma linhagem aristocrática e também não agiam desse modo, em cumprimento de alguma função social já estabelecida. Assim, com esses personagens que tomam para si a tarefa de falar publicamente aos outros homens da cidade, aparece na tradição grega essa figura do guia que, nos séculos posteriores, vai ser muito importante na condução das condutas dos outros e, com ela, na vida da própria *polis*.

E nesse sentido não podemos deixar de perceber uma similaridade entre a ação desses personagens gregos e aquela do profeta hebreu e do patriarca. Contudo, sabemos já que seu agir se direcionou para fins diferentes: técnicas similares agindo a partir de *télos* diferentes, um assunto que vai permitir sua articulação no momento de conformação da *Paideia cristã*, nos primeiros séculos de nossa era. Temos também, nesse ponto, o surgimento da ideia de "domínio e o governo do espírito, que põe o seu selo no mundo grego. É o "espírito" no sentido original, o autêntico *spiritus*, o sopro dos deuses" que é descrito por Hesíodo "como verdadeira experiência religiosa e que por inspiração pessoal recebe das musas" (JAEGER, 1995, p. 105).

Segundo aspecto: os poemas de Hesíodo, em particular os *Erga*, apresentam uma forma de discursos didáticos que retoma e põe em funcionamento as técnicas de condução do exemplo e o conselho. Nesses poemas, aparecem modelos míticos e narrativos que usam figuras de animais, semelhantes às que encontramos nas fábulas, com o propósito de produzir um efeito formativo, e também similar àquele dos discursos épicos utilizados na formação dos nobres. Parece que o objetivo dessas narrativas, ajustadas à vida prática do campo, foi fazer com que as pessoas acreditassem nelas como forma de verdade geral e as assumissem como advertências ou conselhos para a vida prática. Então, elas operavam como estratégias de direção e difusão dos conselhos e exemplos de comportamento, cimentadas em ideais de direito e justiça. A vida do trabalho duro e monótono tornou-se espelho do mais alto ideal, e por isso, sua recompensa era o reconhecimento dos deuses e a consideração oferecida pelos outros homens.

Esses dois elementos — a emergência de um guia ou condutor da vida que procura orientar os outros através de preceitos e ensinamentos, e a estrutura de discursos que usam narrativas míticas e fabuladas para ensinar com exemplos e dar conselhos – surgem como produto dessa releitura dos preceitos que devem orientar a vida do Homem Antigo, e que foi realizada e difundida por Hesíodo. Eles aparecem no meio da vida prática dos homens comuns e são o lugar onde podemos perceber uma preocupação importante pela formação do outro, pela possibilidade de ensinar e viver a *Arete*.

Para entendermos um pouco mais essa última afirmação, lembremos que na emergência da primeira forma de *Arete*, mais que preceitos formativos, havia exemplos de direção para a própria conduta, vindos da forma de "ação" de Homens superiores. Viver esses preceitos de honra, perceptíveis somente olhando para a vida de outro nobre guerreiro, mostrava a pertença a uma linhagem Superior de Homens, quase sempre descendentes diretos dos Deuses. Uma *Arete* reservada só para uma estirpe.

Na transformação das formas de vida e no privilégio de estruturas sociais e organizacionais como a cidade, essa *Arete* do Homem guerreiro mudou e possibilitou a emergência de pelo menos outras duas formas de *Arete* próprias da vida na cidade: uma nobre e outra camponesa. Tal transformação deixa ver a preocupação com as formas organizacionais assumidas nas cidades, assim como o lugar importante no sustento dessa organização que tinham os que trabalharam com as mãos e no campo – artesãos e camponeses – e os que a dirigiam e protegiam – os nobres e os aristocratas.

Poderíamos afirmar, usando as análises de Jaeger, que o aparecimento dessa preocupação formativa teve como pano de fundo o interesse e a necessidade do sustento e manutenção da própria vida e organização social que foi a cidade, e que contribuiu para ela com dois elementos centrais na sua forma de funcionamento: justiça e direito. A emergência dessa inquietude pela formação dos outros, tanto na aristocracia quanto nos camponeses e artesãos, é manifestada na utilização e na importância que alcançaram os poemas épicos de Homero e os didáticos de Hesíodo, bem como no aparecimento daqueles personagens ocupados em difundir os preceitos para a vida através dos poemas, no que poderíamos reconhecer como expressão do advento da *Paideia grega*.

No âmago dos preceitos que adiante vão orientar a condução da vida própria e a dos outros, haveria uma forma de ética que é ensinável e possível de ser seguida. Uma ética centrada em princípios de honra, prestígio e ação que se expressava nos modos particulares de vida. Para que o Homem chegue ao seu objetivo, já não é mais preciso que acuda à luta no campo; agora, a luta é por um modo de vida ético que ajuste as suas aspirações próprias à ordem divina que governa o mundo e a cidade. "Assim que isto entra na convicção íntima do homem, torna-se possível que um outro o ajude a encontrar o caminho, por meio dos seus ensinamentos" (JAEGER, 1995, p. 101).

Embora o conteúdo dos poemas de Homero tenha servido à configuração do mundo espiritual camponês, e os preceitos que orientavam a vida da nobreza tenham inspirado a definição dos preceitos do mundo do trabalho, o que encontramos em Hesíodo é o surgimento de um *ethos* particular ancorado nas raízes da vida camponesa e para essa vida e, por isso mesmo, eles não definiram em sua totalidade a maneira de praticar a vida da cidade, ainda que contribuíssem com dois de seus principais fundamentos: direito e justiça. Esses valores que se estabeleceram para conduzir a vida do homem de campo – importantes na configuração da vida espiritual e das relações sociais do que conhecemos como *polis* clássicas – abraçaram-se a outras necessidades e formas de vida que se organizaram fora do campo, na vida no interior das cidades e devido às relações com outras cidades, ao sustento da própria estrutura organizacional e, portanto, à construção de toda uma forma de existência "política" (da *polis*), militar e jurídica.

Práticas de si na polis *clássica: Esparta*

Tanto no seu modo camponês de Homem comum, quanto na sua forma aristocrática de Homem nobre, a *Arete* (o conjunto de princípios de vida que ela significou para os antigos) reorganizou-se juntamente com as técnicas desenvolvidas para a própria condução e para a condução dos outros na cidade. Isso aconteceu entre os séculos V e IV a.C., em meio às permanentes guerras entre as cidades-estados gregas e delas contra os Impérios constituídos na Ásia Menor e no Oriente próximo.

Esse período encontra-se vinculado a nomes como Sócrates, (469-399 a.C.), Platão (428/27-348/47 a.C.) e Aristóteles (384-322 a.C.) e às datas de aparecimento do que conhecemos como escolas filosóficas: epicurismo – fundada por Epicuro de Samos (341-271/70 a.C.) – e estoicismo – fundada por Zenão de Cício (334-262 a.C.). Além disso, vinculou-se à emergência de duas direções filosóficas – ceticismo e ecletismo – sustentadas pelas diversas escolas, bem como à emergência do que nomeamos de doutrina cínica que, parece, configurou-se numa das escolas socráticas, no Ginásio Cinosarges, com Antístenes de Atenas (445-365 a.C.).

Embora esses nomes acarretem para nossa mente uma série de imagens e pequenos quadros por vezes desligados, por vezes opacos e confusos do que foi a vida prática no momento de conformação da *polis*, é importante reconhecer que a constituição dessa *polis* como esquema para vida social teve aquela longa proveniência marcada pelos acontecimentos e modos de pensamento constituídos historicamente, e que esbocei nas páginas anteriores. Segundo ensina Jaeger (1995), a forma *"polis"* ancora sua existência na emergência de um conjunto de preceitos para orientar a própria vida, os quais se apresentaram no desenvolvimento de diferentes esquemas sociais que redefiniram o conjunto de técnicas para a condução de si mesmo e dos outros, na emergência da *Paideia grega*.

Lembremos dois fatos que podem estar vinculados à nova transformação que sofreu a *Arete* entre os séculos V e IV a.C., essa que acompanhou o aparecimento e a diversificação de técnicas para a condução da vida individual e coletiva nas novas cidades gregas, e que se expressou na conformação do Homem "político", o Homem da "cidade". O primeiro fato, analisado nesta seção, corresponde à constituição de Esparta como uma das principais cidades-estados do Peloponeso. O outro fato, posterior ao primeiro, refere-se à constituição de Atenas como uma cidade-estado forte.

Primeiro fato: a cidade de Esparta, no século V a.C., exercia hegemonias política e militar sobre cidades como Corinto, Elis, Tegea e algumas outras da península do Peloponeso, exceto Argos e Achaea. Com essas cidades, ela formou a Liga do Peloponeso, uma forma de confederação governada por meio de um conselho constituído por representantes de todas as cidades, organizado em dois níveis: uma assembleia dos espartanos e um congresso dos aliados. Tal conselho tinha como eixo central as necessidades e demandas de Esparta. No momento em que o Império Persa tentou conquistar a região, no que conhecemos como Guerras Médicas, essa *Liga do Peloponeso* ampliou seu número de aliados no continente e nas ilhas próximas, e com outras importantes cidades – entre elas Atenas – formou a *Liga de Delos*.

Essa nova frente grega, que lutou e derrotou o Império Persa,[39] atuou juntando exércitos – das cidades maiores que os possuíam – e contribuições econômicas (*phoros*) – das cidades menores que não tinham exércitos. Ao final das guerras, Esparta e Atenas eram as cidades maiores com os exércitos mais fortes, e nenhuma delas estava disposta a se

---

[39] É interessante observar que essas guerras tiveram como protagonistas, por parte de Pérsia, justamente os dois reis que seriam exemplo do modo de poder pastoral hebraico organizado no Oriente próximo, Dario I e Xerjes (filho dele), que tinham o controle de forças egípcias, fenícias, jônias e cipriotas (KINDER; HILGEMANN, 2006). Tratou-se, portanto, de um confronto entre duas formas de poder bem diferentes, e que logo depois iriam se fundir para dar passagem às maneiras de governo instaladas nas sociedades romanas dos primeiros séculos de nossa era e aquelas desenvolvidas na modernidade.

submeter permanentemente à outra. Foi nesse momento que Esparta retirou-se da Liga, junto com suas cidades aliadas (Argos, Corinto e Elis, entre outras da região) e constituiu novamente a Confederação do Peloponeso. Enquanto isso, os outros membros da Liga Delos mantiveram sua aliança com Atenas, que se estabeleceu como eixo da nova "Confederação Ateniense" (BENGTSON, 1986).

A configuração particular de Esparta como cidade e como eixo do Peloponeso é um dos exemplos mais citados para assinalar uma forma de organização social centrada no modelo de acampamento militar. Um modelo que, para além dos tempos da guerra, estabeleceu-se como modo de vida na cidade. Tal forma de praticar a vida coletiva é apontada como uma das primeiras expressões de um Estado militar, que tomava para si a tarefa de formar os seus cidadãos de um modo rigoroso e autoritário.

O que sabemos sobre a organização de Esparta como Estado de adestramento militar nos chega através dos escritos de Aristóteles, em particular de sua *Política*,[40] e de Platão, no seu tratado *As leis*.[41] Nessas referências, o militarismo espartano é mostrado como uma espécie de continuação da tradição guerreira dórica, prosseguida e afirmada pelos Lacônios (espartanos). Graças a ela, mantiveram-se inscritos em certa forma de *Arete aristocrática*, cujos preceitos de vida eram marcados pela honra e glória da cidade, isto é, pelo privilégio da vida coletiva sobre a vida individual (JAEGER, 1995).

A divisão tripartite de classes expressava uma estrutura militar hierárquica com três níveis claramente diferenciados: em primeiro lugar, a tradicional classe dominante aristocrática (espartanos ou esparciatas de linhagem guerreira), seguida pela classe média ou popular de trabalhadores livres, camponeses, artesãos e comerciantes – os *periecos* ou *periocos* – e, finalmente, a classe formada pelos servos *ilotas* ou *hilotas*, que seria uma massa submetida que vivia quase sem direitos, a serviço das outras duas. É possível perceber melhor a proveniência dessa estrutura hierárquica, chamada por vezes de Oligárquica, na seguinte descrição:

> [...] reis heráclidas, sem poder político na época histórica e que só no campo de batalha retomavam a importância original, eram um remanescente dos antigos reis dos exércitos do tempo das invasões dóricas e proviriam talvez do fato de se proclamarem reis, conjuntamente, os dois chefes de duas hordas. A assembleia do povo espartano não é outra coisa senão a antiga comunidade guerreira.

[40] Cf. Aristóteles ([384-322 a.C.] 2005).

[41] Cf. Platão ([427?-347? a.C.] 1999).

> Limita-se a votar SIM ou NÃO em face de uma proposta definida do conselho de anciãos. Este tem direito a dissolver a assembleia e poder retirar da votação as propostas com resultado desfavorável. O eforato é a autoridade mais poderosa do Estado e reduz ao mínimo o poder político da realeza. A sua organização representa um poder moderado no conflito de forças entre os senhores e o povo. Concede ao povo um mínimo de direitos e conserva o caráter autoritário da vida pública tradicional (JAEGER, 1995, p. 111-112).

A organização guerreira, o predomínio da vida pública sobre a vida privada, a vinculação dos jovens (homens e mulheres) na estrutura estatal, assim como a estrita separação entre os grupos sociais dedicados à produção de insumos e elementos finalizados (camponeses, artesãos e comerciantes), os que se ocupavam da cidade e das práticas guerreiras (senhores livres) e os escravos foram os níveis organizacionais nos quais a prática espartana mostrou modos bem específicos para orientar a vida dos cidadãos, vinculando-a ao sucesso do Estado.

Modos rígidos de autoridade e um claro conhecimento dos limites que cada um tinha, segundo seu nível e posição na organização social – foram essas as soluções práticas para garantir a harmonia "em" e "com" a *polis*: tratou-se de formar "um soldado em que o indivíduo estivesse absorvido pelo cidadão" (MONROE, 1970, p. 34). É nessa maneira de pensar e praticar a vida que a formação permanente e rigorosa dos indivíduos se fez necessária, pois só desse modo era possível garantir que eles se reconhecessem como parte de um todo, a cidade, e a privilegiassem sobre os próprios interesses, os da sua família e da sua linhagem. Isso se encontrava no horizonte do pensamento e da direção da cidade, pois, como assinala Plutarco,

> [...] sua disciplina e regra de viver durava ainda depois de haverem chegado à idade de homens, pois não havia ninguém a quem fosse tolerado nem permitido viver como entendesse; antes ficavam dentro da cidade nem mais nem menos do que dentro de um acampamento, onde cada qual sabe o que deve ter para viver e o que deve fazer para o público. Em suma, estimavam todos que não tinham nascido para servirem a si mesmos, antes para servir o país; e, portanto, se outra coisa não lhes era recomendada, continuavam sempre a ir ver o que faziam os meninos e a ensinar-lhes alguma coisa que resultasse em utilidade pública, ou ainda a aprender eles próprios com os que eram mais idosos do que eles (PLUTARCO [s/d], LIC, LI).

Manter o equilíbrio interno e as relações de domínio com as outras cidades pertencentes à Confederação do Peloponeso foram objetivos que fizeram com que a formação oferecida pelos espartanos aos mais novos (homens e mulheres até os 30 anos) se firmasse como compromisso de todos os cidadãos. Cada adulto tinha por obrigação para com o Estado participar da formação dos novos, seguindo um estrito acompanhamento da vida cotidiana e usando altos níveis de exigência para gerar indivíduos dóceis ao Estado porém fortes e corajosos na hora de defendê-lo.

O fato de conformar forças de cidadãos-militares centrou a atenção em técnicas de cuidado e aperfeiçoamento dos corpos que eram dirigidas pelos adultos: exercícios ginásticos – "corrida, salto, lançamento de disco, arremesso do dardo, boxe" (Monroe, 1970, p. 36) –, exercícios de demonstração de força – luta, manipulação de armas, manobras militares etc. –, assim como exercícios para fortalecer a coragem e criar o hábito da obediência às tradições – demonstração de saber básico do *nomos* e de domínio de si mesmo, além de conversações com os velhos, nas quais os jovens eram submetidos a provas de réplica e improvisos e instruídos em ideais de honra. Neste último aspecto, a criação do caráter e o hábito de obediência respondiam à provação e aprovação pública do comportamento. Desse modo, era no uso do próprio espaço social que se dava conta do domínio de si mesmo e de possuir as qualidades para adquirir o título de cidadão. Essa também era a razão pela qual qualquer rapaz podia apanhar de um cidadão que o encontrasse incorrendo em uma falta de conduta que demonstrasse o seu desconhecimento da tradição e os costumes.

É importante salientar que nessa forma de condução, de formação, o lugar do "guia" ou do "tutor" continua presente, ainda que de modo diferente ao que percebemos em Hesíodo. Na forma analisada neste momento, esse tutor ou guia toma para si a tarefa de dirigir a conduta do jovem em questões concretas de exercitação e comportamento social, não com exemplos ou conselhos ocasionais, mas com uma companhia permanente: na realização constante de exercícios e na aplicação de corretivos e sanções para reorientar a conduta. Um relato de Plutarco pode exemplificar melhor como um tutor dos primeiros anos (um jovem entre 20 e 25 anos) realizava sua tarefa e aplicava algumas das técnicas para a formação dos mais novos. Segundo ele, o "semimestre" ou tutor jovem,

> [...] que tinha a superintendência de cada grupo de crianças, após o jantar, sentado ainda à mesa, mandava que um dos meninos cantasse uma canção e fazia uma pergunta depois da outra, as quais exigiam bastante reflexão para que as respostas fossem adequadas, como, por exemplo: "Quem é o melhor homem da cidade?" Ou, "Que te parece o que fez fulano?" Com esse exercício, acostumavam-se desde tenra idade, a julgar as coisas bem ou mal feitas e a indagar da vida e do governo dos cidadãos.

> Pois, se algum não respondia pronta e pertinentemente a tais perguntas – quem é homem de bem, quem é bom cidadão e quem não o é – estimavam eles que isso era sinal de natureza frouxa, indolente, não incitada à virtude pelo desejo de honra; e, assim, era preciso que a resposta fosse sempre acompanhada de sua razão e prova, curta e estrita, em poucas palavras; do contrário, a punição daquele que respondesse mal consistia em que o mestre lhe mordia o polegar, fazendo-o mais frequentemente em presença dos velhos e magistrados da cidade, para verificar se o castigava com razão e como convinha (PLUTARCO [s/d], LIC. XXXVII).

Nos anos de juventude, a escolha do tutor acontecia pela mútua seleção e amizade entre tutor e tutorado, e tinha uma mútua implicação na consideração que os outros podiam oferecer para um e para outro, pelo comportamento do jovem. Desse modo, a direção dos outros se tornou individualizada e com implicações para as duas partes, pelo que ela significava na orientação e vida da própria cidade.

Além desse guia ou condutor, nas formas de vida espartanas podemos destacar o desenvolvimento de técnicas de condução centradas em exercícios de purificação que acompanhavam os indivíduos desde o mesmo momento do nascimento. Tais exercícios faziam parte de um "ritual de limpeza" que levava ao exame minucioso da criança para saber se poderia se desenvolver forte e saudável e chegar a ser um bom cidadão. Plutarco (s/d) assinala que já na Constituição de Licurgo, ter-se-ia estabelecido que o melhor para a cidade era que as crianças não "pertencessem a particulares, mas fossem comuns à coisa pública, desejando assim, também, que aqueles que tivessem de ser cidadãos fossem gerados não por todos os homens, mas somente por gente de bem" (LIC. XXX).

Outras técnicas, de resistência e provação, eram praticadas pelos espartanos desde crianças sob o cuidado dos adultos: ficar sem calçado algum para fortalecer os pés, ficar com pouca roupa para suportar os mais variados climas, ou suportar a dor de ser chicoteado em público uma vez por ano, diante do altar de *Artemis*, eram técnicas que preparavam para assumir situações difíceis em períodos de guerra.

Depois dos 12 anos e até os 30 anos, sob a orientação do Magistrado (*Paidônomo*), os jovens praticavam provas de isolamento que consistiam em ficar sozinhos, nus e sem comida no meio de penhascos e espaços agrestes. Assim fortaleciam o espírito, aprendiam o convívio consigo mesmos, melhoravam sua resistência ao frio e ensinavam o corpo a se alimentar com o possível e o mínimo necessário. Todas essas provas eram acompanhadas por exercícios de meditação e treinamento. Também havia provas de silêncio e submissão à punição pública por parte de qualquer maior de 30 anos, que serviam para mostrar sua disciplina e respeito aos mais velhos e à organização social.

Anos de treinamento nesses exercícios e técnicas de purificação, de concentração da alma e de retiro (*anakhóresis*) para levar vida simples e esforçada, em pequenos grupos e sós, juntavam-se ao estrito treinamento no uso de armas e técnicas de combate. Todos esses exercícios desenvolviam-se no horizonte ético (inscritos numa *Arete cidadã*) que traçou, entre os espartanos, preceitos de honra, patriotismo, domínio de si mesmo, honestidade e dever para com a cidade.

Plutarco (s/d) assinala que essa preparação fazia com que em tempos de guerra, as condições parecessem menos penosas e difíceis, pois os exercícios individuais de formação e preparação prévios quase sempre eram mais complicados que as situações enfrentadas na hora dos confrontos. Na guerra, geralmente o viver era menos controlado e menos difícil que no mundo cotidiano, no tempo da formação e da preparação. Assim, "para eles, a guerra era repouso de trabalhos" rudes de preparação, os quais eram aceitos e suportados pelos homens "a fim de se tornarem militarmente idôneos" (LIC. XLVI).

Temos nessa Esparta – fundada sob a Constituição de Licurgo e narrada para nós por Plutarco – a emergência de um conjunto importante de técnicas de si ancorado num horizonte de pensamento cujo eixo era o privilégio da vida na cidade. Esse foi um importante momento de desenvolvimento dessa forma de exercitação ou, se preferíssemos, de ascetismo que é referido por Nietzsche (1998) como uma "dura e serena renúncia feita com a mais boa vontade", renúncia essa que "está entre as condições propícias à mais elevada espiritualidade, e também entre as suas consequências mais naturais" (p. 101).

Tratou-se do surgimento em cena desse modo de exercitação e desse tipo de indivíduo exercitante, em que a exigência de si sobre si mesmo configurou um modo de viver, uma maneira que não cessou de acompanhar o homem de sociedade. Essa cidade espartana é, pois, uma cidade de homens e mulheres exercitantes, uma organização social que com a prática cotidiana de exercícios ora de purificação, ora de resistência e provação, devia garantir que seus cidadãos conseguissem manter tanto o equilíbrio social interno (entre grupos provenientes de diversas estirpes) quanto as relações com as outras cidades-estados em formação.

Com essa rápida descrição da conformação de um *télos* próprio para a vida na cidade de Esparta e a emergência de um conjunto de técnicas de condução vinculadas a ela, em que homens e mulheres exercitantes apareceram em cena, podemos passar a revisar a configuração dessa outra grande cidade que foi Atenas. Em condições históricas muito similares, essa cidade fixou seus princípios de condução numa vida individual e na configuração de "modos de existência" ajustados aos elevados preceitos democráticos que apontaram, de outra forma (uma forma de vida civil), para a preservação da *polis*.

Atenas: justiça, direito, democracia e modos de existência

Na configuração da vida prática na cidade de Atenas, é possível perceber a emergência de uma *Arete cidadã* com matizes e ênfases diferentes das que percebemos na organização de Esparta. Porém, da mesma forma que a cidade anterior, observou-se a emergência de indivíduos exercitantes e técnicas de exercitação muito similares, vinculadas a processos de formação e à existência de um guia ou conselheiro. De um modo geral, podemos dizer que se trata mais de uma diferença de ênfase entre um modo de vida militar (serviço, submissão e dever) e um modo de vida civil; entre uma forma de organização oligárquica e um modo de organização democrática das cidades; ou, se quiséssemos, entre um entendimento do direito (*Themis*) como lei autoritária e um entendimento dele como cumprimento da justiça (ou *dike*).

Lembremos que no modo antigo de cidade, tivemos a conformação daqueles princípios de justiça e direito promovidos pelos poemas de Hesíodo e que marcaram o reconhecimento que os cidadãos tinham da importância do trabalho camponês e artesão, além das outras atividades (marinhas, comerciantes, etc.) como modos de alcançar a honra e a consideração dos deuses e dos outros cidadãos. Na primeira forma da democracia ateniense, parece que esses princípios tomaram grande força organizacional e, por isso, os ideais democráticos de reconhecimento da participação de vários setores no sustento e na prosperidade da *polis* desenharam-se como princípios fundantes. Os atenienses prestaram muita atenção à cidade como eixo da vida social, mas de um jeito diferente do modo espartano: eles privilegiaram a vida particular, a vida do homem político, certo modo de individuação que foi posta acima da vida coletiva, ainda que o seu alvo fosse a cidade.

Nesse sentido, é preciso salientar que a conformação desse homem político (da *polis*) se deu de uma maneira bem particular na organização social das colônias, e em especial, da Jônia. Essa forma diferente dos jônicos fez alvo da condução do indivíduo não tanto a cidade, mas seu particular modo de existir. Ela inspirou algumas das técnicas de condução desenvolvidas em Atenas.[42] Pelo menos, é isso que se pode concluir das

---

[42] Isso se percebe nas reflexões de Sólon, um importante governante e reformado político da Atenas democrática desse tempo.

poucas referências aos poemas e pensadores jônicos – Calino, Arquíloco, Alceu e Mimnermo, principalmente – que aparecem nas reflexões dos pensadores e filósofos atenienses.

Segundo assinala Jaeger (1995), a Jônia seria, senão o melhor, um dos melhores exemplos para se olhar um dos mais intensos movimentos espirituais e políticos da história grega. Isso porque dela vieram muitas formas de vida prática que estiveram no âmago da conformação de Atenas e que fizeram dos modos de existência, da permanente individuação, um elemento central na condução da própria conduta e da conduta dos outros. Na cidade de Jônia, os modos de condução, parece, mantiveram seu foco no modo de agir guerreiro e, a partir dele, traçaram e sustentaram uma forma de *Arete heroica* que vinculou, através de poemas cantados e ensinados de uns para outros, uma vida espiritual guerreira e uma vida política na cidade.

Assim, o exemplo do herói guerreiro era uma fonte de inspiração inesgotável para promover a libertação das forças próprias, inclusive no campo político: lutava-se na guerra como se lutava na cidade, a partir de preceitos centrados nas potencialidades heroicas individuais (JAEGER, 1995). A persistência dessa *Arete* na vida da cidade, ao que parece, está relacionada aos constantes ataques a que as cidades gregas da Ásia Menor e, em particular, a Jônia tiveram de resistir vindos dos povos do Oriente Próximo – entre eles, os já famosos do Império Persa.

Retomemos um pouco a narrativa histórica que temos usado até agora para pintar o cenário em que emergiu essa *polis* ateniense democrática e as formas de exaltação da força individual que entraram em cena na vida da cidade clássica do século VI a.C., e que em personagens como Sólon e Péricles teriam um importante exemplo.

Conforme os relatos históricos, em Atenas, a Monarquia dos Códridas mergulhou pouco a pouco na sombra, dando espaço a uma forma de vida democrática que nos chega à memória quando pensamos no tempo de Sólon. Não há muitos registros desse momento de deslocamento para a democracia na Jônia e nas outras colônias. O que parece certo, porém, é que com a mudança de um modo de vida agrária para um modo de vida comercial marítima, entrou em cena o exemplo de condução do herói aventureiro, tal como apresentado na *Odisseia*. Esse exemplo de vida caracterizado pela vivacidade, pela liberdade, pela largueza de visão e pela iniciativa pessoal apresentou-se como um novo tipo humano a ser seguido. As análises de Jaeger indicam que:

> Com a mudança das formas de vida deve ter nascido também um novo espírito. A ampliação dos horizontes e o sentimento da própria energia abriram caminho para uma multidão de ideias ousadas. O espírito de crítica independente com que deparamos

na poesia individual de Arquíloco e na filosofia milesiana penetrou também, por certo, na vida pública (JAEGER, 1995, p. 133).

Pelos poemas de Arquíloco e Anaximandro, compreendemos que nas colônias também emergiu com muita força essa ideia de justiça e direito como fundamento da vida social, articulado a essa exaltação da individualidade. A elevada estima pelo direito, que já veremos quanto de domesticação do homem pelo homem significou, e que vimos emergir em Hesíodo, continua presente nas narrativas poéticas do século VI a.C.

Vamos ainda encontrar essa elevada estima pelo direito, segundo assinala Plutarco, na Atenas de Sólon (638-558 a.C.), na Mileto de Tales (624/25 – 556/58 a.C.), na Corinto de Periandro (660?-583 a.C.), na Mitilene de Pítaco (640 – 568 a.C.), na Priene de Bias (650?-? a.C.), na Lindos de Cleóbulo (600? –? a.C.), na Festo de Epimênides (600?-500? a.C.), etc. Todos eles "adquiriram renome de sapiência por serem bem entendidos em matéria de Estado e de governo" (PLUTARCO [s/d], SOL. VI).

Nas narrativas de Plutarco (s/d) sobre Sólon, assinala-se que ele chegou ao cargo de *arconte* de Atenas, em 594 a.C., com o apoio da classe aristocrática e do povo, pois ele "era tido em grande reputação e possuía muita autoridade" (SOL. XXII). Uma vez no cargo, dedicou-se a compor as novas leis escritas, acreditando que só através da firma de contratos, os homens encontram o compromisso de não transgredi-los, e isso porque ele sempre "temperava suas leis de sorte que dava a conhecer aos cidadãos que era mais útil obedecer às leis e à justiça do que violá-las" (PLUTARCO [s/d], SOL. VIII). Portanto, Sólon modificou nas leis "somente o que esperava persuadir pela razão ou fazer aceitar pela força aos seus concidadãos, misturando, como ele próprio disse, a força com a justiça" (SOL. XXIII). A partir dessas leis escritas, ele promoveu uma mudança na maneira como se encontrava organizada a vida social, de modo a resolver as inconformidades do povo com a forma de vida anterior.

Não devemos esquecer que Sólon recebeu uma Atenas que vinha de um período no qual toda manifestação de direito estava, de modo indiscutível, em mãos dos nobres que administraram a justiça sem leis escritas e seguindo essa tradição que privilegiava a linhagem aristocrática sobre os "direitos" de um povo. Tal modo, parece, terminou por favorecer o acúmulo de terras nas mãos de poucos e o endividamento dos mais pobres, o que levou à servidão dos camponeses para com os grandes senhores.

A situação chegou a tal tensão social, que em 623 a.C., alcançou sua maior expressão na revolta de Cílon, durante o governo de Mégacles. Daí ter-se-iam formado "perturbações e dissensões, no tocante ao governo da coisa pública", e a cidade "se dividiu em tantas ligas e parcialidades quantas eram as diversas espécies de territórios dentro do país da Ática: pois havia a gente da montanha, a gente da planície e a gente da marinha" (PLUTARCO [s/d], SOL. XX). Com as leis de Drácon,[43] formuladas para tentar acalmar a situação, surgiu a primeira forma institucional de assembleia popular, essa que conhecemos como *eclesia*, e na qual só podiam participar os homens livres, maiores de 30 anos e filhos de atenienses.

É importante assinalar neste momento que tal noção de legislação se fazia presente tanto na cidade Esparta quanto na cidade de Atenas, entretanto seu uso e sua compreensão marcaram uma diferença importante na vida dessas cidades e nas técnicas desenvolvidas para sua condução. Para os Atenienses, a legislação consistia em uma compilação de leis civis e públicas que regulam as relações sociais, e através das quais se reconheciam os direitos e se praticava a justiça de todos e cada um dos cidadãos. Já para os espartanos, a legislação constituiu o próprio *nomos*, certa tradição oral válida para o comportamento social e que se aprendia no estrito processo formativo. Desse *nomos* eram extraídas somente algumas leis fundamentais e solenes (*rhetras* ou retres) que se fixavam por escrito; as outras eram parte do aprendizado social e permaneciam como parte da própria tradição viva.

Em palavras de Plutarco, já desde a Constituição proposta por Licurgo para a cidade de Esparta, ele deixara claro que não era preciso escrever nenhuma das leis;

> [...] ao contrário, por uma de suas ordenanças, a que dão eles o nome de Retres, ficou estabelecido que não haveria nenhuma escrita porquanto, no que é de principal força e eficácia para tornar uma cidade feliz e virtuosa, estimava que isso devia ser impresso, pela nutrição, nos corações e nos costumes dos homens, a fim de aí ficar para sempre imutável, sendo a boa vontade um laço mais forte do que qualquer outro constrangimento que se pudesse impor aos homens, de modo que o hábito tomado por boa instituição, desde a primeira infância, faz cada qual servir-se dele como de uma lei para si mesmo. E, em suma, no que concerne aos contratos dos homens entre si, que são coisas ligeiras e que ora mudam, de uma forma, ora de outra, conforme a necessidade, pensou que era melhor não extingui-los sob constrangimentos

---

[43] As quais, um tempo antes, teriam promovido transformações na organização social, econômica e política da *polis*. Além de terem deixado nas mãos da aristocracia quase todas as tarefas de condução da cidade, elas estabeleciam punições muito severas para faltas simples, que como era de se esperar, quase sempre eram cometidas por pessoas do setor popular, e não da aristocracia. Por exemplo, essa legislação punia com a morte o roubo seja de uma galinha, seja de uma grande quantia de dinheiro. Sobre esse ponto, cf. Plutarco (s/d, SOL., XXVIII).

redigidos por escrito, nem estabelecer costumes que não pudessem modificar-se, mas deixá-los antes à discrição e ao arbítrio dos homens bem educados e instituídos, para aí tirar ou ajuntar o que requeressem a ocorrência e a disposição do tempo; pois estimou, em suma, que o fim principal de um bom estabelecedor e reformador da coisa pública devia consistir em bem educar e instituir os homens. Uma de suas ordenanças prescrevia, pois, expressamente, que não haveria nenhuma lei escrita (PLUTARCO [s/d], LIC. XXII).

Nessa versão da legislação dos espartanos, percebe-se a importância que eles davam à formação do cidadão no sentido da tradição oral mais do que para a utilização da legislação e para a coação mecânica das leis sobre a vida social que, ao que parece, foi uma marca ateniense e sobre a qual se cifrava a vida democrática e justa. Para tanto, eram necessárias instituições que praticassem a justiça para todos e cada um dos cidadãos. O direito escrito era interpretado como "direito igual para todos, grandes e pequenos. Hoje, como outrora, podem continuar a ser os nobres, e não os homens do povo, os juízes. Mas estão submetidos no futuro, nas suas decisões, às normas estabelecidas da *dike*" (JAEGER, 1995, p. 134).

A *dike*, como expressão de "dar a cada qual o devido", tomou esse sentido normativo que parece estar incorporado à vida da *polis* ateniense e que remete ao direito de receber e à possibilidade de exigir o que é devido. O direito à *dike* não é outra coisa senão o cumprimento da justiça para todos e cada um. Assim, passou-se de um direito que era *Themis* – lei autoritária, normativa a ser cumprida – para um direito que era *dike* – cumprimento da justiça –, ao qual todos podiam ter acesso. Em outras palavras, se na Esparta (oligárquica) a forma prática de vida na cidade produziu um modo de direito autoritário (*Themis*), o que vamos encontrar na Atenas democrática de Sólon é um modo de direito que é, sobretudo, cumprimento da justiça (*dike*).

Dessa forma, *dike*, que nas suas primeiras acepções referia-se também à igualdade, tornou-se legislação, uma "exigência de um direito igualitário" como uma das mais altas metas para os tempos antigos. "Procurava-se uma "medida" justa para a atribuição do direito e foi na exigência de igualdade, implícita no conceito de *dike*, que se encontrou essa medida" (JAEGER, 1995, p. 136). Nessa nascente democracia, a multiplicidade de sentidos que teve *dike* fez com que ela se constituísse no objeto de amplas discussões e lutas políticas.

Podia-se significar com ela a simples igualdade dos que não tinham direitos iguais, isto é, os não nobres, perante o juiz ou perante a lei, quando esta existia. Podia exprimir também a participação ativa de todos na administração da justiça, a igualdade constitucional dos votos de todos os indivíduos nos assuntos do Estado ou, ainda, a igual participação de todos os cidadãos nos postos diretivos, nessa altura, em poder da aristocracia (JAEGER, 1995, p. 136).

Tratou-se da emergência de um período que significou não só a ampla extensão mas também a criação de técnicas de condução nas quais noções de igualdade, direito e justiça não deixaram de estar presentes sempre que se falasse e se tentasse praticar a democracia. Contudo, é preciso lembrar que essas noções também estiveram presentes nas discussões no interior das cidades oligárquicas e monárquicas. Só que nas cidades que promoviam a vida democrática, como foi o caso de Atenas e de algumas outras colônias, o uso dessas noções atendia ao fato de "encontrar-se o Estado sob o domínio não da lei, mas da massa" do reconhecimento de certas particularidades a serem atendidas (JAEGER, 1995, p. 136-137).

Na nova legislação proposta por Sólon,[44] imbuída desse movimento democrático da *polis* ateniense, a *dike* parece retomar os ideais de justiça que vimos aparecer em Hesíodo, mas no espírito atribuído a ela pelo pensamento jônico, e isso, no estrito sentido prático de "distribuição de bens particulares". Assim, parece que, a noção de *isonimia*, usual na prática política ateniense, teria tomado esse sentido, e dele derivaria uma série de palavras que designam a propriedade, os limites justos e as diversas formas de transgressões que podiam alterar o equilíbrio que se procurava na vida da cidade.

Dikaiosyne é um importante termo que emerge nesse momento e que se refere à justiça num sentido abstrato. Ele expressou o aparecimento desse novo ideal, desse novo *télos* que teria a vida prática da cidade como esquema de pensamento e que significaria o deslocamento não mais da *Arete heroica* para a *Arete aristocrática* e dela para a *Arete cidadã*, mas desta última para uma *Arete democrática*. Passou-se, pois, de um princípio orientador de vida que encontrava na coragem, na honra e na dignidade os elementos para a condução ética da própria vida, para um princípio de vida que encontrava na lei escrita um "critério infalível do justo e injusto" pela "fixação escrita do *nomos*, isto é, do direito consuetudinário válido para todas as situações, o conceito de justiça ganhou conteúdo palpável. Consistia na obediência às leis do Estado, como mais tarde a "virtude cristã" consistiria na obediência às ordens do divino" (JAEGER, 1995, p. 137-138).

---

[44] Foram leis sobre o aproveitamento e uso de terras, sobre a escravidão e sobre a punição menos severas de certas faltas, entre outros assuntos. Ele Instituiu a solidariedade entre as classes sociais e defendeu o tratamento justo para cada cidadão. Também foi muito famosa a sua disposição para abolir a escravidão por dívidas. Até o momento de sua morte tentou se opor à tirania de Pisístrato. Sobre Sólon, cf. Plutarco (s/d, SOL.), Barros (1999), Falco; Coimbra (1941), entre outros.

No entanto, por mais que fosse esse o sentido das reformas propostas por Sólon, elas não contaram com muita aprovação nem entre o povo, que as consideraram muito fracas, nem entre a Aristocracia, que sentia alguns de seus privilégios ameaçados. Com essa mudança na legislação, com a prática dessa forma de direito, então, ganhou vida outra instituição importante da democracia na cidade ateniense: o tribunal de justiça ou tribunal de *Heliaia*. Essa instituição, alheia à experiência espartana, era formada por cidadãos escolhidos por votação que recebiam o nome de *dikastas* e quem decidiam a aplicação da justiça segundo as leis vigentes. Eis a expressão institucional desse laço inextinguível até nossos dias entre direito e justiça.

Nesse período de Atenas, a cidade passou a se agrupar em facções rivais, segundo as ocupações e a posse de riquezas e, portanto, os interesses particulares. Por uma parte, havia o grupo dos *pediakoi* ou *pedianos*, moradores da região plana da cidade cuja riqueza vinha da posse de terra e sua exploração, formado pelos nobres e agricultores ricos. Por outra parte, o grupo dos *parálioi* ou *paralianos*, moradores da costa cuja riqueza vinha da prática do comércio, formado pelos marinheiros, os artesãos e os comerciantes. Dessas facções, ficaram de fora e desamparados os *diakriói* ou *diacleanos*, pastores e camponeses pobres, moradores das colinas que não tinham posse de terras nem participavam diretamente das práticas comerciais. Estes últimos se organizaram em torno da figura Pisístrato (600-528/27 a.C.) e, em 561 a.C., depois de muitas revoltas, conseguiram deixá-lo à frente do governo, exercendo uma direção tirânica na cidade.

Esse primeiro momento de tirania terminou em 559 a.C., mas foi retomado por um pequeno período de tempo, entre 556 e 555 a.C. Entre o primeiro período e o segundo, Megacles (por Atenas) e Licurgo (por Esparta) aliaram-se e expulsaram Pisístrato da cidade. Entretanto, ele retomou o poder em 546 a.C., governando até sua morte, em 527 a.C. Durante esse tempo, a *polis* passou por uma reforma agrária, houve uma melhora no comércio e na infraestrutura, o que a levou a marcar sua presença econômica e política na região. Sob o governo tirânico de Pisístrato e de seus filhos logo depois, houve um grande desenvolvimento nas artes, na poesia, na escultura e na música, que conhecemos hoje como a arte ática. Em 510 a.C., deposto o segundo dos filhos de Pisístrato, a cidade bela e forte sumiu em uma espécie de guerra civil entre os partidários da oligarquia (representada por Isagoras) e os partidários da democracia (representada por Clístenes). Como sabemos, o triunfo foi da democracia.

Seguindo esse percurso histórico, chegamos novamente ao momento em que as cidades do Peloponeso, das ilhas do Mar Egeu e do litoral da Ásia Menor tiveram de enfrentar o poderoso Império Persa, nas chamadas

Guerras Médicas, que só finalizaram com a firmação da paz de Cálias (448 a.C.). Terminadas as guerras e desfeita a aliança com Esparta e suas cidades coligadas do Peloponeso, Atenas tornou-se essa *metrópole* que manteve outras cidades menores na *Confederação de Delos*, transformando as contribuições para a guerra em impostos (*syntaxes*) permanentes para sua reconstrução e seu sustento econômico. Enquanto Atenas tornou-se essa *polis* ao redor da qual gravitavam econômica e politicamente as outras cidades-estados, Péricles (462-429 a.C.) iniciara outro período democrático para a Grécia marcado pela constituição democrática de *Clístenes*, em 509 a.C.

A personagem de Péricles pode ser uma figura-chave para se entender o que acontecia nesse momento em Atenas e para se pensar sobre os elementos que acompanharam esse deslocamento de uma cidade de tradição aristocrática, ainda em tempos de Sólon, para uma cidade fundada em princípios democráticos. De acordo com os relatos de Plutarco, o *télos* que acompanhou a conformação da democracia ateniense teve na figura de Péricles a expressão de pelos menos três de seus principais elementos.

Primeiro, Péricles expressava a mais tradicional das imagens dos nobres e guerreiros que manifestaram sua força e valor nas lutas das quais participara, em defesa da cidade. Nesse sentido, havendo lutado nas guerras Médicas, ele retornou como esse cidadão digno de pertencer à cidade pelo seu valor e honra. Segundo, ele expressava também o novo homem da cidade, o político que ao ocupar-se dos assuntos da cidade, entendia as suas necessidades. Igualmente, ao perceber as disputas internas pelo governo (lideradas por camponeses, artesãos e comerciantes contra os privilégios que os aristocráticos tinham), se distanciou de familiares e amigos (evitando que o ligassem à aristocracia e o condenassem ao ostracismo) e assumiu a tarefa de procurar uma distribuição mais justa dos direitos, através de uma outra forma de legislação.

Esta última atitude assinalada para descrever Péricles aparece em Plutarco, nos seguintes termos:

> [...] então se ligou com a arraia miúda, preferindo a multidão da plebe pobre ao pequeno número dos nobres e ricos, o que era contra sua natureza porque de si mesmo ele não era popular. Agiu assim, entretanto, como é verossímil, para evitar a suspeita de que pretendesse usurpar a tirania, e também porque vendo que Cimon se inclinava inteiramente para o lado da nobreza e era singularmente amado e apoiado pela gente de bem, cabia a ele, ao contrário, lançar-se entre os braços da comuna, provendo-se por esse meio, de segurança para si mesmo e de autoridade contra Cimon (Plutarco, [s/d], Per. XI).

Finalmente, Péricles também representava – além da honra da aristocracia mais tradicional, da casta política que entendia os assuntos da cidade – a figura de um modo de existência elevado e cultivado da melhor forma possível. Ele representava, como bom tutorado de Anaxágoras, "um estilo de falar e uma maneira de linguagem que fosse instrumento adequado e em conformidade com o modo de viver e a gravidade por ele adotados" (PLUTARCO, [s/d], PER. XIII).

A vida pública de Péricles foi considerada a expressão de uma existência digna e do mais elevado entendimento e cultivo da razão e das boas maneiras. Ele teria colorido sua tradição aristocrática com um entendimento político e um desenvolvimento da razão e do juízo sem igual. Seriam esses os pontos que lhe teriam servido para seu posicionamento como governante digno da cidade, pois "tanto em guerra quanto em paz" (PER. XIII), ele possuía os atributos com os quais o cidadão deveria viver.

Essa figura de Péricles na condução da cidade tecia os fios necessários para que ela pudesse passar definitivamente de uma forma aristocrática para outra democrática. Assim, foi sob sua direção que na cidade ateniense, a tradição aristocrática pôde conviver com a novidade democrática, e isso se expressou no desenho de uma nova legislação. Uma legislação em que eram atendidas as demandas de uma nova classe intermediária formada por camponeses, marinheiros, comerciantes e artesãos – que participaram, no período de guerras, do sustento da cidade e que continuavam a fazer o mesmo nos tempos de sua reconstrução e conformação como metrópole.

A aristocracia, que até então tivera uma importante presença política, sustentada pela sua propriedade territorial e pela linhagem nobre que traçava sua tradição, perdeu centralidade na emergente forma administrativa e política da qual Péricles era um bom exemplo. Na nova organização administrativa, a classe média tinha representantes de sua mesma proveniência na gestão de cargos públicos e na "assembleia popular", que exercia funções de controle político, ao ponto de participar quando era preciso ditar sentenças de "ostracismo ou banimento, por voto secreto, de qualquer concidadão considerado perigoso ao bem-estar público" (MONROE, 1970, p. 52).

Entretanto, manter o equilíbrio interno da cidade ateniense com as tensões para regular os interesses da aristocracia, dos camponeses e da classe média em geral, sem falar das tensões com os Persas – que insistiam em atacar as colônias gregas da Ásia Menor – e com Esparta e sua Liga do Peloponeso (cada vez mais forte na sua organização social e militar), significou um grande esforço para a Atenas de Péricles. Mais ainda, quando seus modos de vida apareciam vinculados a essa tradição jônica da razão e de um modo de individuação que produzira modos de existência ainda orientados pela tradição de uma *Arete heroica*, que já se formara nos tempos de Sólon e que a própria imagem de Péricles expressava, além da preocupação em levar uma forma de vida inscrita nos mais elevados preceitos de harmonia, justiça e direito. Nesse horizonte de tensões que traçava o sustento da *polis*, as técnicas dirigidas ao fortalecimento do corpo, da razão e da existência constituíram-se no centro das atividades formativas e preparatórias para a vida "na" e "pela" cidade: conduzir-se bem a si mesmo para conduzir bem a cidade.

Do mesmo modo que Esparta, existia em Atenas um princípio formativo que expressava a preocupação com a preparação dos futuros cidadãos. Cabe salientar neste ponto, que para os dois casos, tal preocupação postergaria o tempo da ação e da manifestação de um modo de vida adequado para um outro momento depois da formação. De elementos próprios da "ação" de homens reais que possuíam certa linhagem, os princípios de vida passaram a ser elementos que deviam ser cultivados por todos os homens. Com isso, a atenção da condução centrou-se nos processos de formação e na pessoa que iria realizar essa condução.

Os processos desenhados para alcançar uma conduta adequada própria de um "homem ideal" cada vez mais se distanciavam da vida concreta na cidade, e eles centraram-se na produção de técnicas preparatórias cada vez mais exigentes para dispor-se à ação posterior. É nesse momento que vemos desenhar-se com mais clareza o que chamamos de *Paideia grega*, amplamente descrita por Jaeger (1995).

Sobre os processos e, em particular, sobre as técnicas desenvolvidas para essa formação em Atenas, podemos reconhecer dois momentos. O primeiro momento, derivado do modo de vida antigo, centra-se na atenção a processos formativos para os primeiros anos de vida na cidade e, o segundo momento, ajustado a esse modo de vida político, mas centrado no indivíduo e na construção do "si mesmo". É desses dois momentos que nos ocuparemos na seção seguinte.

Construir-se e conduzir-se: conformação do "si mesmo"

Primeiro momento: A centralidade da formação do cidadão ateniense desde os primeiros anos de vida levou à construção e ao funcionamento de duas classes de instituições: o Areópago – que fiscalizava os resultados da conformação moral dos jovens oferecida pelo lar nos primeiros anos – e os ginásios públicos – a *Academia* (para filhos de atenienses puros) e o *Cinosargo* (para os de sangue misto) – onde acontecia a segunda parte da formação, posterior à oferecida no lar. Nestes últimos, promovia-se a realização de jogos físicos que tendiam ao fortalecimento e à preparação do corpo para que, em caso de guerra, os jovens estivessem prontos para defender a cidade. Também se realizavam discussões sobre temas sociais e políticos (sobre a *polis*) com pessoas maiores que ajudavam esses jovens em sua preparação para participarem da vida pública, na condução da própria conduta e no uso de costumes sociais.

Uma tarefa similar à dos velhos nos institutos era realizada pelo escravo, nomeado de *pedagogo*[45] e encarregado de levar e guiar as crianças da casa até as diferentes aulas – com o *pedotriba* (para a exercitação do corpo), com o *citarista* (para a formação musical) e com o *didáscalo* (para a formação em *gramática*). Esse pedagogo, além de acompanhar os jovens no caminho, encarregava-se de conformar-lhes o "comportamento" e o "caráter" com exemplos, conselhos e chamadas de atenção sobre as faltas cometidas. Com eles, os jovens saíam para "exercitar-se e saber aquilo que um cidadão, um homem livre, deve necessariamente saber" (PLATÓN, [427?-347? a.C.] 2007, p. 148).

Assegurar uma constituição forte, um físico e um pensamento bem desenvolvidos eram os objetivos dos exercícios no interior das instituições de formação. Por um lado, os jogos físicos eram divididos em exercícios e práticas de competição. Os primeiros procuravam a perfeição da forma, sua grandiosidade e sua dignidade, enquanto os jogos de competição buscavam o perfeito domínio do corpo, da destreza e da perícia dos golpes. Jogos com bola, salto, corrida, lançamento de disco, dardo e luta eram competições que expressavam a rapidez de percepção e testemunhavam a coragem e o valor. Por outro lado, esses jogos apontavam para a conformação da *sofrosine* ou "temperança", o domínio das paixões e das emoções, o que foi fundamental no governo de si mesmo promovido entre os gregos, nos séculos posteriores, e que era expressão da perfeita harmonia entre pensamento e ação (MONROE, 1970).

Aos jovens atenienses oferecia-se também treino em assuntos militares e civis antes de conceder-lhes o título de cidadãos e passarem a prestar serviço ao Estado. A formação militar era realizada fora da cidade para garantir o conhecimento de caminhos e da geografia do Estado. Esse treino consistia no cumprimento de uma estrita disciplina

---

[45] "Essa palavra provém do grego *paidagogia,* composta por *país, paidós* (menino) e *ágein* (conduzir, levar) foi usada na Antiguidade para assinalar a atividade que realizava o pedagogo, o escravo encarregado da formação moral da criança" (MARÍN-DÍAZ; NOGUERA-RAMÍREZ, 2011, p. 130).

e no aprendizado do uso das armas.[46] A formação em assuntos civis, ou da *polis*, centrava-se no conhecimento da administração dos negócios próprios do Estado e das leis usadas para seu governo seguindo os princípios de justiça (*dike*) que, como vimos, ter-se-iam constituído em eixos importantes para a vida democrática grega.

Embora sua formação institucional terminasse ao se tornar cidadão, o jovem ateniense mantinha-se em permanente treino e cuidado de "si mesmo" para garantir sua participação digna na cidade. Isso porque, ainda que o controle dedicado à vida particular fosse menor do que aquele realizado pela sociedade espartana, nesse primeiro momento da sociedade ateniense se exigia uma condução da vida que seguisse os preceitos de nobreza e virtude, elementos que davam valor à vida.

Desse modo, a *Arete cidadã* do ateniense mantinha presentes os fins de suprema nobreza e virtude que expressavam os antigos ideais da aristocracia grega, só que agora demarcados por princípios democráticos. Convém salientar também que uma técnica importante desenvolvida com os jovens para manter presentes esses preceitos de conduta continuaram a ser os exercícios de memorização dos poemas homéricos e de alguns dos poemas didáticos de Hesíodo, que acompanhados por música, eram repetidos e narrados em voz alta para os maiores nos espaços sociais.

Segundo momento: Marcado pelo sucesso estatal (econômico e político) de Atenas, esse foi o período no qual a preocupação pela construção e condução do "si mesmo" tornou-se fundamental. Um momento no qual se desenha com mais clareza um conjunto de exercícios destinados à própria condução, aliado à organização das escolas, direções e/ou doutrinas filosóficas. Talvez seja esse o momento que mais conhecemos da história da Grécia, pois corresponde ao aparecimento de personagens como Temístocles (524-459 a.C.) e Péricles (495/492-429 a.C.) na política; Fídias (490-430 a.C.), Miron e Policleto (460-420/410 a.C.) na escultura; Heródoto (485?-420 a.C.) e Tucídides (460-400 a.C.) nas primeiras formas de narrativa histórica; Ésquilo (525- 456 a.C.), Sófocles (496-406 a.C.) e Eurípedes (480-406 a.C.) nas tragédias; e Aristófanes (444-385 a.C.) no nascimento da comédia.

É importante dizer que o aparecimento da comedia é uma expressão clara do momento de esplendor da vida política e social que tinha a Atenas democrática desse tempo. Se na tragédia percebiam-se as principais preocupações em temas éticos entre o dever e o interesse, na

---

[46] Enquanto em Esparta a formação militar durava até 10 anos, em Atenas esse treino era só de dois anos.

comédia revelam-se as perguntas e as inquietações pela vibrante vida social e política da cidade. E foi nesses dois modos literários e artísticos que ficou registrada boa parte dos preceitos operaram nesse momento na vida na *polis* grega.[47]

Lembremos que essas formas de transmissão dos preceitos para levar a vida tiveram seu precedente na epopeia homérica, nos mitos e nas lendas heroicas, em que se desenhavam os pensamentos, os ideais e as normas para a vida. Por conta disso, tiveram um importante uso formativo. O mesmo uso que encontramos na tragédia e na comédia, veremos aparecer posteriormente no tratado filosófico, no diálogo, no tratado científico sistemático, na história crítica, na biografia, na oratória jurídica e panegírica, na descrição das viagens e nas memórias, nas coleções de cartas, nas confissões, etc. (JAEGER, 1995).

Tal mudança percebida nas artes teve também a sua manifestação nas questões religiosas e nas formas de pensamento que se desenvolveram na época. Em termos religiosos, a velha mitologia foi ficando mais para o povo inculto, enquanto o povo culto centrou-se na explicação naturalista ou racionalista dos fenômenos naturais: "No lugar da velha moralidade fundamentada nas instituições da cidade-estado, da família, e do culto aos deuses familiares, foi colocada uma nova moralidade baseada no interesse próprio ou no esclarecimento racional. O ceticismo extremo e o conservantismo irracional entraram em conflito" (MONROE, 1970, p. 53). Assim, emergiram as perguntas sobre o saber e o entendimento do ser humano, que tentavam ler as maneiras de pensar e agir antigas e voltá-las para desenhar e entender as maneiras de ser e estar no mundo e, em particular, nessa forma de praticar a vida coletiva em que se tornou a *polis* ateniense naquele momento.

Nos processos formativos e nas instituições construídas para garanti-los, as mudanças não se fizeram esperar, e a reivindicação por uma maior liberdade individual tanto no pensamento quanto na ação esteve acompanhada pela exigência de uma formação que habilitasse o indivíduo a aproveitar todas as oportunidades da vida na cidade. Isso ocorria em meio a uma sociedade democrática, uma sociedade na qual o discurso público e as discussões políticas tornaram-se práticas sociais muito importantes para conseguir o reconhecimento e assegurar uma boa posição (MONROE, 1970).

É nesse meio que emerge outra figura de guia e preceptor: o *sofista*. Esse personagem se oferecia como aquele que podia levar os outros ao

---

[47] Lembremos que Foucault, nos seus cursos de 1983 e 1984, usou como parte de seu arquivo e como fontes de análises as tragédias de Sófocles e Eurípedes para assinalar a procedência e configuração da prática *parrhesiastica* como forma de condução própria da vida na Grécia desse momento. Cf. Foucault (2009 e 2010a).

desenvolvimento das habilidades oratórias ou, como afirmara Hipócrates no diálogo com Sócrates, "um homem hábil que sabe muito e muitas coisas boas [...] e sua profissão é fazer homens eloquentes" (PLATÓN, [427?-347? a.C.] 2007, p. 148). O sofista vendia discursos – sobre os fenômenos naturais, a vida política, as instituições sociais e as questões cotidianas – que outros podiam memorizar e usar nos espaços públicos, ou encarregava-se da formação de jovens nas artes oratórias. Protágoras (481-420 a.C.), Górgias (483- 376 a.C.) e Isócrates (436-338 a.C.) são assinalados como os primeiros sofistas.

Os sofistas geralmente eram estrangeiros que questionavam elementos fundantes da *Arete cidadã* ateniense: por uma parte, criticavam essa ideia de supremacia da cultura grega e, por outra parte, criticavam a crença de que a sabedoria era dada pelos deuses e que existiam preceitos universais (esses, relativos ao ser e à *physis* como unidade originária). Podemos pensar que, por não serem formados no seio da vida ateniense, eles semearam outros modos de praticar a vida que não correspondia a essa forma exercitante – ascética – que vimos se desenhar nas *polis* de Esparta e Atenas e que teve na preparação dos jovens sua melhor expressão.

Os sofistas aparecem como aqueles que promoviam, em vez do controle das paixões, dos sentimentos e dos impulsos, sua satisfação plena. Esse tema ia na contramão dos preceitos de vida desenhados e ensinados nas instituições como a academia e o Cinosarges e pelos pedagogos, que proclamavam um modo existência e controle digno para vida e glória da cidade. No entanto, as duas formas se alinhariam com o privilégio de formas de vida individuais e com a promoção de modos de vida centrados na atenção do si mesmo.

O pensamento e o modo de vida dos sofistas seriam uma espécie de contraconduta[48] que teria organizado princípios que logo seriam reelaborados em outras direções pelos grupos gnósticos e pela vida cínica, como já nos assinalara Foucault (2002, 2009, 2010a). Certo empirismo gnosiológico, fonte do hedonismo, e o utilitarismo ético teriam sua proveniência nesses

---

[48] Na caixa de ferramentas analíticas usadas por Foucault, nas suas análises genealógicas, o conceito de contraconduta é usado "para marcar práticas que se dão dentro de movimentos maiores que não visam romper com tais movimentos e nem mesmo desdobrá-lo, mas visam conduzir a população de outras formas, sem que seja preciso romper com o condutor. Não se trata, portanto, de ser *contra a conduta*, mas sim de *lutar* para ser conduzido de outras formas. Para Foucault, muitas são as vantagens de se usar a noção de contraconduta; por exemplo: ela possibilita assinalar o caráter ativo da conduta; ela não personaliza –e, consequentemente, não responsabiliza alguém– por tal ou qual conduta; ela dá uma visibilidade diferenciada para o louco, o enfermo, o deficiente, o militante, o diferente etc. As contracondutas permitem emergir novas formas de condução ou outros rumos para a história das populações e para a história das dominações" (VEIGA-NETO; LOPES, 2011, p. 111).

preceitos de vida sofista: o prazer aparece como um bem, e o interesse particular como o principal preceito para a conduta. Percebemos nesse último preceito, um distanciamento importante dos preceitos de conduta que teriam orientado a vida na cidade até o momento, o que nos faz entender por que a vida sofística e suas práticas sofreram forte resistência por parte dos cidadãos maiores e dos pensadores mais tradicionais. Exemplo de seu rechaço são as maneiras como os sofistas foram referidos por pensadores como Platão e Aristóteles.

Platão, por exemplo, no seu conhecido diálogo *Protágoras ou dos sofistas*, deixa em palavras de Sócrates a definição do Sofista como "mercador de todas as coisas de que se alimenta a alma". Sofistas seriam aqueles "que vão pelas cidades vendendo a sua ciência àqueles que desejem adquiri-la e louvando indiferentemente tudo o que vendem" (PLATÓN, [427?-347? a.C.] 2007, p. 149). Platão também deixa a definição do que é um sofista ao próprio Protágoras, quando agradece que Sócrates tome cuidado em que seja ele próprio (Protágoras) quem defina se devem falar em público sobre a formação de Hipócrates. Falaria Protágoras:

> Está muito bem, Sócrates, que tomes esta precaução para comigo; porque tratando-se de um estrangeiro que vai nas cidades mais populosas e persuade os jovens de mais mérito a que abandonem os seus concidadãos, parentes e demais jovens ou velhos, e que só se liguem a ele pra se fazer mais hábeis no seu trato, são poucas quantas precauções se tomem, porque é um ofício muito delicado, muito exposto aos lances da inveja, e que ocasionam muitos ódios e muitas espreitas (PLATÓN, [427?-347? a.C.] 2007, p. 151).

Entre os argumentos usados para tal rechaço, então, assinalava-se que os sofistas autonomearam-se de sábios e entendedores de todos os temas, coisa que podia ser desvirtuada ao ver alguns charlatães que aproveitavam os argumentos sofistas para ganhar dinheiro cobrando altas taxas por seus serviços e colocando em risco a formação da alma de seus compradores. Platão e Aristóteles foram os críticos mais fortes desses personagens e, como vimos um pouco antes, é através de seus escritos que sabemos algumas coisas de como praticaram a sua vida, esses mestres da retórica. E mais: podemos afirmar que é na tentativa de se diferenciar dos sofistas que esses pensadores desenvolveram suas principais reflexões. Nesse sentido, diálogos como *Protágoras ou dos sofistas*[49] e *Górgias ou da retórica*,[50] são um bom exemplo.

---

[49] Esse diálogo que se desenvolve na sua primeira parte entre Sócrates e um amigo e na segunda parte entre Hipócrates, Protágoras, Alcibíades, Crítias, Pródico e Hippias versa sobre o ensino da virtude (PLATÓN, [427?-347? a.C.] 2007, p. 145-196).

[50] PLATÓN, [427?-347? a.C.] 2007, p. 197-285.

No primeiro texto, a crítica baseia-se no risco de se procurar nos sofistas um saber que deve levar à virtude, deixando a formação da alma em mãos de um estrangeiro que troca a virtude por riquezas, sabendo da impossibilidade dessa tarefa formativa. Em *Górgias*, define-se que a arte da oratória é a de vencer o contraditor, ainda que a causa não seja justa ou verdadeira. Justiça e lei, nesse caso, não são mais que ferramentas para vencer, e não preceitos de comportamento que guiem a conduta; eles não são naturais e operam mais como impedimento do que como preceito de comportamento.

Nessas análises de Platão, percebe-se que para os sofistas haveria uma oposição fundamental entre natureza e lei, entre política e moral. Por isso, eles ocuparam-se em mostrar que é a natureza sensível, animal e instintiva o elemento central da vida prática. É através dela que o homem pode ser feliz, e não através da exercitação do corpo e a sua negação como formas de vida ascética. Assim, o modo de vida sofista desenha-se como um outro modo de ser e estar no mundo, uma maneira que desatende os preceitos formativos exercitantes da *Arete cidadã* promovida pela tradição da *polis*, seja ela a de Atenas ou da Esparta.

Em geral, poderíamos dizer que a presença de personagens como os sofistas nas cidades gregas foi o reflexo de um momento vibrante na vida das *polis*. Foi um momento caracterizado pelos amplos debates sobre as maneiras de conduzir-se a si mesmo e de conduzir aos outros com o fim de garantir a vida democrática. Aparecem, então, ao menos duas formas de pensamento que entram em conflito sobre um mesmo aspecto. Ainda que se privilegiem as práticas vinculadas à tradição democrática e racional – à ação ética e ascética, no domínio de si mesmo e na justiça com os outros –, é pela existência dessa outra forma "estrangeira" instintiva e passional – centrada no engrandecimento da própria vida, no prazer e no domínio violento que garanta a posse dos bens terrenos e na atenção aos instintos – que emergiram muitos discursos e reflexões sobre como fazer da existência uma obra de arte que expresse a realização perfeita da Humanidade.

A retórica como expressão dessa outra maneira de praticar a política teve sua expansão também nas instituições dedicadas à formação. Ela ganhou espaço e, em muitos casos, passou a ser privilegiada sobre os conteúdos éticos e as mensagens e os conselhos que deles derivavam e que outrora eram usados para promover uma conduta elevada. Um processo muito parecido aconteceu com as classes de música, que além da introdução de instrumentos diferentes da cítara, viram-se obrigadas a integrar outros tipos de música para acatar os mais variados gostos e qualidades musicais dos seus aprendizes.

Do mesmo modo, na exercitação do corpo diminuíram-se o rigor e a exigência dos primeiros tempos. Nesse momento, ao que parece, foi introduzido o banho quente e uma série de confortos para o corpo que falam de um período no qual o privilégio dos prazeres começou ganhar espaço. Monroe assinala:

> Com a crescente acentuação no estudo da forma, com a crescente importância dada à palavra, com as recompensas aumentadas meramente para efeitos de exibição, a antiga exaltação do treino transformado em habito moral, como parte básica da educação, foi substituída pela exaltação da instrução teórica. O estudo de gramática e retórica a que se seguiu, logo mais, o de outras matérias, inverteu a velha ordem do método e fez da educação um processo de instrução teórica (Monroe, 1970, p. 57).

Assim, esse segundo momento da Atenas parece ter se caracterizado pela exacerbação das liberdades individuais, pelo relaxamento dos costumes, pela licença da ação e pelo ceticismo, a irreverência e a anarquia na crença. Ao mesmo tempo e paradoxalmente, ele foi um tempo de ampla produção em termos de reflexões, de modelação e moderação das práticas políticas. Foi esse o tempo de emergência das reflexões sobre o universo físico, mas também daquelas sobre o universo interior, sobre o "si mesmo", e as suas relações com o mundo e a divindade. Nesse ponto, teremos múltiplas análises e reflexões, bem como múltiplas maneiras de pensar e proceder com relação à vida, ao mundo, à política, etc.

Será preciso reconhecer que, antes de ser um problema de "pensamento" ou de "razão" no abstrato como frequentemente é narrado esse momento de florescimento da filosofia grega, as perguntas pela forma de vida, pelos modos de existência, pelas ações de vida e pelas atitudes concretas que comprometiam a vida toda em um "modo de existência" estiveram no âmago das preocupações dos filósofos dessa época. Nas palavras de Hadot (2006, p. 25), nesse momento, em vez de "simples ensino de teorias abstratas" ou "exegeses textuais", a filosofia tornou-se uma "arte de viver, uma atitude concreta, em determinado estilo de vida capaz de comprometer por inteiro a existência".

Para compreendermos um pouco mais o que significou esse momento, retomemos a narrativa feita até agora sobre o que significou o modo de vida na cidade, sobre os problemas formativos e de preparação de si mesmo e dos outros para habitá-la e defendê-la, sobre esse horizonte de princípios e preceitos de condução que lentamente foram se definindo e organizando a vida coletiva, mas façamos isso a partir de outro ponto de vista. Façamos olhando para o surgimento desse indivíduo ocupado em conduzir a sua própria vida, ocupado de "si mesmo" ou, se quisermos usar as palavras de Nietzsche (1998), desse "animal exercitante" que teve de operar uma série de exercícios sobre si mesmo para se tornar humano. Assim, podemos ler toda essa narrativa anterior – um pouco extensa, um pouco plana e linear – da criação de uma *Arete guerreira* (ou *heroica*) que foi peça-chave na definição dos princípios de vida de uma aristocracia e de uma vida camponesa na cidade clássica oligárquica e aristocrática, mas tentando perceber o início desse longo, "doloroso" e "trágico" processo de individualização que foi a criação do "si mesmo".

Refiro-me a esse processo de domesticação do homem guerreiro que conseguiu fazer a "besta loura"[51] – essa que vagueava "ávida de espólios e vitórias" (NIETZSCHE, 1998, p. 32) – submissa e dócil para a vida social. Um processo de domesticação que consistiu em "amestrar o animal de rapina "homem"" e "reduzi-lo a um animal manso e civilizado, doméstico" (p. 33). Uma transformação que limitou a exterioridade do mundo, fechando o homem nos limites da cidade e da vida social e que o levou a se dobrar sobre si, a construir uma interioridade, sua interioridade, como esse outro espaço onde agora teria que vaguear e espreitar.

Essa emergência da "consciência de si", do "si mesmo", da "alma" é descrita por Nietzsche como a emergência dessa doença na qual a besta loura sucumbiu ante a pressão de uma das mais terríveis transformações que viveu até hoje, uma mudança que o levou da vida nômade para a vida sedentária e que, definitivamente, o deixou "encerrado no âmbito da sociedade e da paz" (p. 73). Uma mudança que levou homens "adaptados de modo feliz à natureza selvagem, à vida errante, à guerra, à aventura" a deixarem em suspenso os instintos de ação, os seus "velhos guias" – esses impulsos "reguladores e inconscientemente certeiros" – que até esse momento foram úteis para viver. Seres que tiveram de carregar a "si mesmos" e que se viram compelidos e reduzidos

> [...] a pensar, inferir, calcular, combinar causas e efeitos, reduzidos à sua "consciência", ao seu órgão mais: frágil e mais falível! Creio que jamais houve na terra um tal sentimento de desgraça, um mal-estar tão plúmbeo – e além disso os velhos instintos não cessaram repentinamente de fazer suas exigências! Mas era difícil, raramente possível, lhes dar satisfação: no essencial tiveram de buscar gratificações novas e, digamos, subterrâneas. Todos os instintos que não se descarregam para fora *voltavam-se para*

---

[51] Esses homens belos, bons, nobres e felizes que foram descritos por Nietzsche, na sua Genealogia da moral.

dentro – isto é o que chamo de *interiorização do homem:* é assim que no homem cresce o que depois se denomina sua "alma". Todo o mundo interior originalmente delgado, como que entre duas membranas, foi se expandindo e se estendendo, adquirindo profundidade, largura e altura, na medida em que o homem foi *inibido* em sua descarga para fora (Nietzsche, 1998, p. 73).

O homem domesticando-se a si mesmo. Comunidade, grupos sociais, cidades, Estados, formas de vida que os próprios homens inventaram e que foram esses bastiões através dos quais se limitaram os "velhos instintos de liberdade [...], aqueles instintos do homem selvagem, livre e errante". Instintos que terminaram voltando-se *contra o homem mesmo*": "A hostilidade, a caridade, o prazer na perseguição, no assalto, na mudança, na destruição – tudo isso se voltando contra os possuidores de tais instintos" (p. 73).

Essa teria sido a maneira como foi produzido o que chamamos de "interioridade", "si mesmo", "consciência". Esses homens que, "por falta de inimigos e resistências exteriores" e encerrados na estreita e opressiva "regularidade de costumes", teriam encontrado no "si mesmo" essa pressa atrás da qual correriam e à qual espreitariam e caçariam. Desse modo, ao voltar-se sobre si, o si mesmo virou mais denso, e o homem teve de tornar o trabalho consigo um trabalho de tempo completo. Um trabalho que resultava dessa "declaração de guerra aos velhos instintos nos quais até então se baseava sua força, seu prazer e o temor que inspirava" (Nietzsche, 1998, p. 73), e isso à procura de "construir" ou "encontrar" nele mesmo, no seu "interior" as novas guias para uma vida agora coletiva.

Se, como vimos antes, as técnicas de condução emergiram vinculadas ao princípio formativo para a existência da própria cidade, o que percebemos com a bela descrição que faz Nietzsche – e que parafraseio nos últimos parágrafos – é que foi com o processo de domesticação, que significou a vida coletiva e o esquema prático da cidade, que se desenhou uma interioridade a ser descrita, delineada, conhecida e conduzida. É no âmago do modo de vida oferecido pela *polis* que as formas de condução dos outros (através, principalmente, de práticas formativas) e os modos de condução de si mesmo (como práticas ascéticas) surgiram como uma preocupação e como o centro do governo da vida individual e coletiva.

É esse o momento de emergência do processo de individualização que nos levou da constituição das primeiras formas de um "si mesmo" na Antiguidade grega para as formas mais elaboradas de um "eu" no decorrer da modernidade e de um "capital humano" na contemporaneidade. Um processo que exigiu, desde o seu início, a configuração de diferentes técnicas e exercícios que deviam ser realizados pelos humanos, sobre si e sobre os outros, na tentativa de apropriar-se de suas experiências de ser e estar no mundo. O recorte desses modos de vida (individuações) em "eus" teve possiblidades de emergência em todo esse aparato técnico de práticas de si que, nos primeiros séculos de nossa era, articulou-se com preceitos de vida e técnicas vindas da pastoral hebraica, produzindo essa forma de poder que conhecemos como pastoral cristã.

As práticas de si: exercícios, ascética e condução de si mesmo (filosofia)

Nos registros do que hoje chamamos de literatura grega – épica, poesia, jambo, etc. –, Jaeger assinala a presença desses "preceitos de moralidade externa", que, sob a forma de regras de prudência para a vida, serviram para ser praticados entre os gregos, na conformação da cidade clássica e no modo de vida helênica. Ao estudá-los, como fizemos nas páginas anteriores, percebe-se que uma parte dessas regras (preceitos) apontava para a transmissão de conhecimentos e habilidades no exercício de alguma atividade ou ofício – aquilo que os gregos chamaram de *teckné* – e outra parte delas para orientar a boa conduta com relação aos deuses, aos pais e aos estrangeiros, à cidade (HADOT, 2006).

As diferentes maneiras como esses preceitos de moralidade e condução são narrados assinalam os (também diferentes) fins e técnicas que eram usados no seguimento das regras de conduta. Tais diferenças são percebidas não só na maneira como se organizaram esses povos através da sua história, mas também nas camadas sociais e nas escolas que surgiram no século IV a.C. – epicurismo e estoicismo –, assim como nas direções filosóficas ceticismo, ecletismo e cinismo.

Neste ponto, nossa tarefa pode ser olhar mais detidamente algumas maneiras diferentes que tiveram os preceitos vinculados à *Arete* – como ideal da formação humana – em suas formas clássica e helênica e alguns dos exercícios e das técnicas que junto a elas emergiram e acompanharam as maneiras de pensar a formação do homem pelo homem. No período que temos nomeado de Grécia clássica e que assumimos como o momento de esplendor da *polis*, entre os séculos 360 a.C. e 60 d.C., encontramos as referências mais próximas desses *télos* e as práticas de si gregas utilizadas por Foucault em suas análises, que, segundo ele, configuraram-se ao redor do esquema prático de vida na *polis*: O poder político.

Em outras palavras, se até agora havíamos mostrado a emergência do "si mesmo", da "consciência de si", na sua articulação com certa *Arete* orientadora da vida na cidade e no desenvolvimento de um conjunto de técnicas para a formação do indivíduo da *polis* ou cidadão, neste momento podemos estudar alguns dos exercícios e das técnicas desenvolvidas para conformar, manter e conduzir esse si mesmo, nas novas condições históricas que viveram os povos gregos. Tratou-se de um momento no qual a formação deixou de se centrar tanto na preparação para a atividade política, como encontramos no Sócrates de Platão,[52] e passou a se ocupar do aprimoramento do mundo interior do homem. Nesse movimento, emergiram múltiplas reflexões na procura por princípios de comportamento para a conduta humana. Assim, o problema ético tornou-se o foco da prática filosófica.

Nesse caminho, algumas das práticas helenísticas desenvolveram certa "terapêutica das paixões" que procuravam incidir na "conduta vital" (HADOT, 2006, p. 24). A partir do estudo dessa terapêutica, nos próximos parágrafos tentarei procurar a emergência de uma série de exercícios realizados pelos indivíduos sobre si mesmos – ainda que sob a orientação de outros que possuiriam experiência em tais exercícios e reconhecimento social para oferecer tal orientação – para alcançar uma transformação da sua conduta e um autodomínio das paixões e dos instintos que garantissem sua vida social.

Segundo o fio traçado até agora, nessa domesticação dos instintos e das paixões jogava-se com a possibilidade de existência da própria vida social. Isso significou que para além dos controles sociais oferecidos pela aplicação das leis e regulados pelas instituições que cuidavam de seu cumprimento, tal como vimos antes, emergiu um conjunto de exercícios de autocontrole e domínio de si que complementavam e continuavam a formação desse sujeito social. Junto com a invenção do si mesmo, inventaram-se técnicas, exercícios práticos que os homens começaram a realizar para conseguir a domesticação das próprias paixões e desses impulsos primários que outrora foram sinônimos de poder e honra. É na emergência dessa tarefa domesticadora e no aparecimento e realização desses exercícios que se configura um modo de vida ascético.

Essa maneira de vida exercitante – que teria sua máxima expressão na construção dos diferentes modos de existência, segundo foram se modificando e definindo diversas práticas sociais, como forma de ser e estar no mundo – transformou-se ao longo da história e atrelou-se a diferentes *télos* nesse percurso. Assim, na constituição desse outro *télos* que chamamos de cristianismo primitivo (ou, *Paideia cristã*), nos primeiros séculos da nossa era, encontraram-se, articularam-se e modificaram-se entre si práticas dessa política grega (com uma importante tradição de vida ascética) com práticas

---

[52] Sobre esse tema nas primeiras aulas do curso de 1982, *Hermenêutica do sujeito*, Foucault (2002) oferece uma ampla análise.

do pastorado hebraico (e seu esquema pastor-rebanho), configurando essa forma de poder que nomeamos de Pastoral cristão.

Nessa exercitação da vida ou de um comportamento é que se configuram o si mesmo e seus modos de existência. Em tal maneira de praticar a vida, conformam-se as condições necessárias para esse "outro homem" surgido da repetição, como descrito por Nietzsche,[53] aparecer em cena. Tratou-se da emergência de um ser exercitante que não foi exclusivo do modo de praticar a vida dos gregos, pois podemos encontrar homens exercitantes nas mais variadas organizações e tradições humanas – indiana, chinesa, egípcia, etc.[54] Que nos centremos nos gregos, só obedece ao fato de estarmos rastreando, na sua maneira de praticar a vida, a emergência de diversas técnicas de si e de modos de existência vinculados à exibição desse "poder político" que, parece, é característico dos gregos e que, segundo podemos perceber até agora, encontra-se no âmago das formas de condução de si e dos outros nas nossas sociedades ocidentais modernas e contemporâneas.

Os exercícios para a condução de si mesmo foram adjetivados por Hadot (2006) como "espirituais" para assinalar que eles são exercícios destinados a mudar a conduta do indivíduo para além da simples mudança do pensamento e/ou da condição física do corpo. Esses exercícios são entendidos como técnicas – ou operam como técnicas – na transformação da existência, na conversão do olhar de si e dos outros. Assim, podemos entender os "exercícios espirituais" de Hadot como Sloterdijk (2012) entende as "antropotécnicas", isto é, como operações através das quais "melhora-se a qualificação" de quem age para execução dessa mesma operação, num momento posterior e independente de se declarar ou não que ela é "um exercício" (p. 17). Portanto, os exercícios espirituais ou as antropotécnicas dirigidas pelo sujeito sobre si são "procedimentos de exercitação, físicos e mentais" (p. 24) com os quais os homens intentaram aperfeiçoar seus modos de existência, a fim de fazer frente aos riscos da vida e da morte, mas também à necessidade de morar com outros.

---

[53] Cf. Nietzsche (1995, 1998, 2004).

[54] Nesse sentido, as práticas ascéticas, como estudadas por Karl Jaspers, conformaram uma espécie de "tempo eixo" (*Achsenzeit*) entre 800 a.C. e 200 d.C." ao serem produzidas simultaneamente "em cinco lugares diferentes do planeta: China, Índia, Pérsia, Grécia e Palestina (Sloterdijk 2009). Tratou-se basicamente de um conjunto de técnicas a partir das quais um indivíduo podia sobressair acima dos outros e converter-se em virtuoso moral. Isso significa elevar-se acima do *habitus* generalizado e adquirir um novo *habitus* através do exercício (*Übung*) sistemático, repetido e metódico. Aprender a transformar-se a si mesmo, ajustando a vida a um sistema específico de regras" (CASTRO-GÓMEZ, 2012, p. 70).

Os modos de viver, essa arte da existência, aparecem como resultado desses exercícios e como uma atitude concreta que compromete toda a existência nesse modo de ser exercitante. Então, parece que emerge o que chamamos de filosofia ou, pelo menos, é essa a perspectiva para pensar sobre ela que nos ensinaram os estoicos. Ao falar em "atividade filosófica", eles a destacaram como um processo que faz melhor o "ser", como um procedimento de conversão (de se fazer melhor) "que afeta a totalidade da existência, que modifica o ser daqueles que a realizam" (HADOT, 2006, p. 25). Para eles, a atividade filosófica supôs alcançar tal consciência de si que fosse possível chegar a uma visão clara do mundo, assim como a certa paz e liberdade interiores.

Dessa maneira, a filosofia aparece-nos como esse modo de vida exercitante que acompanhou o processo de domesticação do homem por ele mesmo. É através das suas diferentes técnicas e modos de agir que o homem tentara dominar suas paixões e instintos. A filosofia configurou-se como prática e como expressão dessa primeira forma de civilização, desse primeiro momento de domesticação das paixões. No cenário do exercício filosófico, aparecem diante de nós as práticas de si acionadas a partir de um conjunto de técnicas. O exame de consciência, tal como descrito por Sêneca e Marco Aurélio, por exemplo, é uma prática de si que precisa da efetivação de diferentes técnicas para sua concretização: meditação, análise de profundidade, escuta, leitura, escrita, etc. A direção de consciência seria outra prática de si que aparece nesses filósofos e que exigia o uso de algumas dessas técnicas, tanto por parte do diretor quanto por parte do dirigido.[55]

---

[55] Em meio a elas, amizade e parresia tornaram-se princípios fundamentais da relação entre o diretor e o dirigido, e ainda que elas sejam muito importantes para estudarmos a relação do sujeito com o verdadeiro na emergência desse processo de individualização, seu estudo requereria um aprofundamento que escapa às minhas possibilidades neste livro. Em particular, Foucault (2002, p. 121) assinala que para seu desenvolvimento, as práticas de si "apoiavam-se também, senão em organizações culturais bem precisas, pelo menos em redes socialmente preexistentes, que eram as "redes de amizade". Essa amizade, que na cultura grega tinha uma determinada forma, tinha outras – na cultura e na sociedade romanas – muito mais fortes, muito mais hierarquizadas, etc. A amizade na sociedade romana consistia em uma hierarquia de indivíduos ligados uns aos outros por um conjunto de serviços e obrigações em um grupo, no qual cada indivíduo não tinha exatamente a mesma posição em relação aos demais. A amizade era, em geral, centralizada em torno de um personagem com relação ao qual alguns estavam mais próximos e [outros] menos próximos. Para passar de um grau a outro de proximidade, havia toda uma série de condições, ao mesmo tempo implícitas e explícitas, havia rituais, gestos e frases indicando a alguém que ele progredira na amizade de outro, etc. Enfim, se quisermos, temos aí toda uma rede social parcialmente institucionalizada, que [...] foi um dos grandes suportes da prática de si. E a prática de si, o cuidado da alma, na sua forma individual e interindividual,

Tais práticas de si, segundo sabemos pelos estudos de Foucault (2002, 2004, 2009, 2010a), de Hadot (2006) e de Jaeger (1995), entre outros, ocuparam um importante lugar no domínio das paixões. A filosofia, como espaço para cuidar da alma, é o terreno propício para a conformação de boa parte do conjunto de ferramentas que vai usar o ser exercitante, e com ele, de toda uma teoria ascética. Se o que faz o homem sofrer é a impossibilidade de viver o prazer de suas paixões e seus desejos desordenados, se eles transformaram-se em temores exagerados de morte e dor, no mesmo momento em que já não era mais possível que ele usasse toda a sua força e sua vontade na dominação dos outros, então seria a atividade filosófica, como prática reflexiva, esse cenário para curar a dor, para apaziguar os temores e controlar as paixões.

> A filosofia aparece em primeiro lugar, pois, como terapia das paixões ("esforça-se por despojar-se de suas paixões", escreve Friedmann). Cada escola dispõe de seu próprio método terapêutico, mas todas elas entendem tal terapia ligada a uma transformação profunda da maneira de ver e de ser do indivíduo. Os exercícios espirituais teriam como objetivo, justamente, levar adiante tal transformação (HADOT, 2006, p. 26).

Se aquilo que está presente nos exercícios propostos pelas escolas filosóficas é essa terapêutica (domesticação) das paixões e, como já mostramos, isso tem tudo a ver com a vida social na *polis* e sua correspondente *Arete cidadã*, está na hora de caracterizarmos alguns desses exercícios e identificarmos alguns de seus exemplos, para terminarmos o desenho proposto para este capítulo. Tal desenho não seria outra coisa senão descrever a proveniência dessa forma de poder político que encontrou no esquema prático da cidade seu lugar de emergência, e na articulação de um conjunto de exercícios e técnicas, o caminho para se transformar no modo de praticar a vida a partir do qual os humanos nos organizamos pessoal e coletivamente.

Em termos gerais, podemos dizer que os exercícios referem-se a todas aquelas ações de concentração e exercitação que procuram uma lenta, mas indispensável construção e transformação interior. Tais exercícios e suas correspondentes técnicas não foram registrados diretamente ou de forma sistemática pelas escolas e seus mestres. As alusões a determinadas práticas de exercitação, que procuravam uma transformação interior, aparecem quase sempre nas referências de mestres e filósofos posteriores (helenistas e romanos) à época de aparecimento dos exercícios. Contudo, pode-se

---

está apoiada naqueles fenômenos". Cf. Ortega (1999, 2002) sobre o tema da amizade nestas práticas, cf. Foucault (2002, 2004, 2009, 2010a) sobre a parresia e a amizade.

concluir que eles eram muito conhecidos e que bastava simplesmente referi-los, pois faziam parte da vida cotidiana das escolas filosóficas e dos ensinamentos orais tradicionais (HADOT, 2006).

As referências a esses exercícios e às técnicas usadas para desenvolvê-los e conseguir a transformação interior, apontam que um grupo deles foi utilizado pelas diferentes escolas. Assinalam ainda que com alguma especificidade ou ênfase em determinadas formas de praticá-los, conforme fosse o seu objetivo, eles significaram a retomada de algumas das técnicas de orientação antigas (exemplo, conselho, direção espiritual, purificação, resistência, provação, isolamento, retiro, concentração da alma, treinamento, etc.) e sua vinculação às novas técnicas e exercícios para configurar o que Foucault identificou como as duas principais práticas de si entre os gregos: exame de consciência e direção espiritual.

Assim, podemos distinguir três classes de exercícios que eram comuns às escolas e retomaram essa tradição antiga: (a) exercícios de concentração, relacionados a técnicas de atenção (*prosoche*), memorização (*mneme*) e meditação (*meletai/melete*); (b) exercícios intelectuais, relacionados a técnicas de leitura, escuta (*akroasis*), estudo (*zetesis*) e exame em profundidade (*skepsis*); e (c) exercícios de treinamento, relacionados a técnicas orientadas para o domínio de si mesmo (*enkrateia*), para o cumprimento dos deveres e para o desenvolvimento da indiferença. Além desses três grupos de exercícios e suas respectivas técnicas, Hadot (2006) aponta que, com a figura de Sócrates e o uso posterior que dele fizera Platão, teríamos a emergência do diálogo como uma importante técnica para despertar a "consciência moral" (p. 34). Nesse diálogo, a figura do mestre, guia, orientador ou diretor de consciência voltou a ter um papel fundamental, ali onde o conselheiro espiritual e o filósofo helênico e romano vão ser figuras-chave.

Entre os estoicos, esses três grupos de exercícios (concentração, intelectuais e de treinamento) tinham como fim a preparação de um si mesmo que desejasse obter exclusivamente o bem que podia obter e evitar o mal que pudesse ser evitado. Com esse princípio, era possível levar adiante uma vida sossegada e evitar a infelicidade. Assim, os exercícios desenvolvidos na técnica de concentração tinham como fim uma vigilância contínua sobre a condição de ânimo; eles procuravam certa "consciência" de si mesmos que os mantinha alerta e em permanente tensão espiritual. Tal vigilância constante do espírito fazia com que o "discernimento entre o que depende e o que não depende do indivíduo" (*procheiron*) estivesse à mão para evitar o sofrimento e a infelicidade de ansiar aquilo que não se pode obter, ou de não poder evitar aquilo que não se pode evitar. Nessa capacidade de discernimento consistia a virtude, ou seja, a felicidade (HADOT, 2006).

Tanto as técnicas de atenção (*prosoche*) quanto as de memorização (*mneme*) operavam a partir de enunciações curtas e como imperativos em tempo presente, de modo que podiam ser trazidas ao momento em que se precisava delas e usadas na hora de agir em situações concretas da existência (*epilogismoi*). Exercícios de concentração e suas técnicas de atenção e memorização procuravam – além da vigilância e da concentração no presente – enfatizar a liberação das paixões passadas e futuras e promover certa abertura da consciência cósmica, que não é outra coisa senão a aceitação da supremacia da natureza e do destino sobre as liberdades humanas. Assim, por exemplo, o Manual de Epiteto[56] ou *Enchiridion*, assinala que

> Cap. 1 (I,1): Há coisas que dependem de nós e outras que não. De nós dependem as opiniões, os desejos, as inclinações, as aversões. Em outras palavras, tudo aquilo que é de nós. Não dependem de nós o corpo, a riqueza, o prestígio, os altos cargos, quer dizer, todas as coisas que nos são alheias.
>
> Cap. 2 (I,2): As coisas que dependem de nós são naturalmente livres, não têm impedimentos nem travas; as coisas que não dependem de nós são frágeis, dependentes, estão sujeitas a impedimentos, são alheias.
>
> Cap. 3 (I,3): Lembra: se tomas por livres as coisas que naturalmente não são livres, por próprias as coisas que são de outro, ficarás entravado, aflito e acusarás aos deuses e aos homens; mas se tomas para ti só o que é teu e como alheio o que é de outro, ninguém vai-te colocar obstáculos e tu não acusarás nem reprocharás a ninguém, não farás nada contra tua vontade nem ganharás inimigos, e também não sofrerás prejuízos.
>
> Cap. 4 (I,4): Sentindo tantas coisas que desejas, deves ter presente que para consegui-las, deves agir sem cálculo e que podes renunciar completamente a algumas delas e postergar outras. Se desejas essas coisas e também autoridade e riqueza, talvez de tudo não consigas nada por havê-las procurado e, sem dúvida, perderás aquelas com as quais se encontra a liberdade e a felicidade.

---

[56] Neste caso, como no de outros autores gregos, estou usando as traduções para o espanhol e para o português às quais tive acesso. Assim, os termos usados nas traduções podem não corresponder aos conceitos que abrigam as noções usadas pelos autores antigos. Contudo, acredito que seu uso não prejudica as análises, uma vez que se trata de exemplificar o aparecimento e a orientação de algumas das técnicas e exercícios entre as escolas filosóficas, que são descritos nas traduções.

Cap. 5 (I,5): Também acerca das ideias dolorosas, não te esqueças de dizer: "És uma ideia, e não exatamente o que representas". Em seguida, submete essa ideia à prova segundo as regras que conheces, e em especial, da primeira. Refere-se essa ideia a coisas que dependem ou não dependem de nós? Se é das que não dependem de nós, a resposta é clara: "trata-se de algo que não tem a ver comigo" (Epicteto, [55-140 d.C.] 2011, p. 13-15).

A atenção, como técnica de concentração que assegura fazer frente imediatamente às questões da vida e aos acontecimentos repentinos, exigia que cada indivíduo tivesse sempre presente a regra vital do discernimento (*kanon*), e é por isso que técnicas de memorização e meditação fizeram-se necessárias. A meditação (*meletai/melete*) consistia em colocar diante dos olhos acontecimentos vitais – pobreza, sofrimento, morte – e contemplá-los à luz da regra vital, de modo a preparar-se para assumir uma circunstância imprevista e dolorosa. Por sua vez, a memorização das declarações (*epilogismoi*) ajudava para que fossem trazidas na hora de se precisar ter o controle dos sentimentos (temor, cólera, tristeza etc.) diante das coisas irremediáveis, como a doença e a morte. As três técnicas, nos estoicos, orientavam-se à concentração da alma de tal modo que ela estivesse preparada para aceitar o curso natural da vida, e nessa aceitação, viver feliz (Hadot, 2006).

A meditação – que, como sabemos, ocupa um lugar central nas práticas de condução dos sujeitos por si mesmos, tanto nos estoicos e nas outras escolas, quanto no cristianismo e nas práticas de si modernas e atuais – é uma técnica que não tinha, em absoluto, a mesma significação daquilo que é nomeado como meditação entre os séculos XIX e XXI: na Cura mental, terapia das paixões, ou na autoajuda. Nas diferenças que há entre a meditação proposta pelos estoicos e a desenvolvida pelos cristãos dos primeiros séculos e/ou pelos modernos e contemporâneos, é que podemos perceber como uma técnica (ou o conjunto de ações reguladas que ela sugere) pode mudar segundo a finalidade (*télos*) para a qual ela aponte e, contudo, manter-se referida como a mesma técnica.

Como nos ensinou Foucault (2002), a meditação ou *meditatio*, que é usada para traduzir o substantivo grego de *melete* e o verbo grego *meletân*, ao que parece, consistia num exercício semelhante ao *gymnazein*, mas com um foco diferente. *Gymnazein* designava mais uma prova que se realizava ao confrontar a coisa mesma no ato, na realidade, para saber das capacidades e das qualidades ao enfrentar e resistir a uma situação. Por sua vez, *meletân* designava um exercício de pensamento, de apropriação do pensamento. Tratava-se da exercitação na coisa na qual se pensava. Assim, por exemplo:

> Meditar sobre a morte (*meditari, meletân*), no sentido que os latinos e os gregos entendiam, não significa pensar que se vai morrer. Nem mesmo significa convencer-se de que se vai efetivamente morrer. Não é associar à ideia da morte algumas outras ideias que dela decorrerão, etc. Meditar sobre a morte é pôr-se a si mesmo, pelo pensamento, na situação de alguém que está morrendo, que vai morrer, ou que está vivendo seus últimos dias. A meditação não é, pois, um jogo do sujeito com seu próprio pensamento, não é um jogo do sujeito com o objeto ou os objetos possíveis de seu pensamento. Não é algo da ordem da variação eidética, como se diria na fenomenologia. Trata-se de um tipo bem diferente de jogo: não mais jogo do sujeito com seu próprio pensamento ou seus próprios pensamentos, mas jogo efetuado pelo pensamento sobre o próprio sujeito. É fazer com que, pelo pensamento, nos tornemos alguém que está morrendo, ou na iminência de morrer. Compreendamos, ademais, que esta ideia da meditação, não como jogo do sujeito com seu pensamento, mas como jogo do pensamento sobre o sujeito, é, no fundo, exatamente o que Descartes realizou nas Meditações, sendo este precisamente o sentido que ele deu à "meditação" (Foucault, 2002, p. 341).

Então, meditava-se à procura pelo domínio e pela ordem interior a partir do discernimento entre aquelas coisas que dependem do indivíduo e aquelas que não dependem dele, entre o que seria uma natureza determinante e uma liberdade possível:[57] "cada dia contempla ante teus olhos a morte, o desterro e tudo o que pareça aterrador. Sobretudo a morte. Assim, nunca terás um pensamento baixo nem um desejo excessivo" (Epicteto, [55-140 d.C.] 2011, p. 26).

Nas práticas de si modernas, em particular desde meados do século XIX, como veremos na última parte deste livro, encontramos uma forma de meditação entendida mais como uma tentativa de pensar com intensidade acerca de alguma coisa, mas sem aprofundar no seu sentido; ou tentativa de que o pensamento se estenda em uma ordem mais ou menos regulada seguindo os preceitos sobre o que se medita; ou, ainda, que se procure certa verdade revelada pelas forças naturais ou divinas nela contidas. Por vezes, parece que essa meditação atual orienta-se mais para a interpretação do preceito, para pensar no preceito mesmo e se convencer dele, em vez de exercitar-se a partir dele para poder alcançar a conversão do ser.

---

[57] Ela foi amplamente analisada por Foucault nas suas aulas do curso *Hermenêutica do sujeito*. Cf. Aulas de 3 e de 24 de março de 1982 (FOUCAULT, 2002).

Em geral, essas técnicas de atenção, memorização e meditação desenham-se entre os estoicos como parte de uma compreensão da vida que assinala que as escolhas e condutas não são nunca puras; elas são simplesmente humanas, ou seja, próprias da condição do homem, da qual ele não deve se esquecer, mas diante da qual pode agir sobre si para alcançar o controle possível das próprias atitudes. Essa condição se debate no interior de permanentes tensões entre prazer e dever, deleite e natureza, hedonismo e ética, e nesse jogo de tensões é preciso dominar as paixões.

> Cap. 13 (VIII e IX): Não tentes fazer com que as coisas aconteçam do modo como tu queres; que simplesmente sucedam, e assim terás dias felizes. A doença é um impedimento para o corpo, e não para a vontade, a menos que ela o aceite. A manqueira é um impedimento para a perna, mas não para a vontade. Lembra-te ante cada acidente: perceberás que ele é um impedimento para os outros, mas não para ti.
>
> Cap. 14 (X): Concentra-te em ti mesmo para procurar, em qualquer circunstância, como poder tirar o melhor partido. Se olhas um rapaz formoso ou uma mulher bela, terás como recurso próprio a possibilidade da continência; se aparece a fadiga pelo trabalho, encontrarás a resistência para continuá-lo; se se trata de uma ofensa, afrontá-la-ás com resignação. Adota esse costume, e não serás vítima das aparências (EPICTETO, [55-140] 2011, p. 19).

Na realização dos exercícios de concentração, é preciso salientar que havia o predomínio do uso da palavra como ferramenta terapêutica. Em todos os casos, promovia-se o "diálogo de si mesmo", o "diálogo com os outros", a leitura e a "escrita" como ações concretas para estar atentos à condição de ânimo, para realizar a memorização das declarações e para avaliar o estado interior no momento de tentar sua ordenação durante as meditações. A palavra em forma de fala ou em forma escrita ajudava na exercitação (repetição), que devia acontecer no decorrer da jornada, na manhã, na tarde e na noite definindo, assim, um modo de vida articulado aos preceitos que orientavam a vida da cidade.

Nesse sentido, Foucault assinala que a escrita, assim como a leitura, eram técnicas importantes nos exercícios, pois elas ofereciam ferramentas úteis para a prática da atenção e da meditação. "Escutar, saber escutar como se deve; ler e escrever como se deve; e também falar" constituem-se em técnicas fundamentais para a prática ascética nos gregos (2002, p. 317-318). A palavra escrita e a escuta (a palavra ou a relação ao texto na espiritualidade) continuaram ainda a ser importantes na ascética cristã e moderna, nas quais atuaram de forma profundamente diferente.

> O interessante é que justamente, enquanto naqueles textos – nas correspondências como a de Lucílio ou nos tratados como os de Plutarco – a autobiografia, a descrição de si no desdobramento da própria vida intervém praticamente muito pouco, em contrapartida, no momento do significativo reaparecimento deste gênero no século XVI, a autobiografia será então absolutamente central. Nesse intervalo, porém, aconteceu o cristianismo. E nele, Santo Agostinho. Ter-se-á passado então para um regime no qual, justamente, a relação do sujeito com a verdade não será apenas comandada pelo objetivo: "como tornar-se um sujeito de veridição", mas terá se transformado em "como poder dizer a verdade sobre si mesmo" (FOUCAULT, 2002, p. 341).

Esse seria um deslocamento de ênfase na relação do sujeito com o verdadeiro; um deslocamento que marcaria os usos diferenciados de técnicas semelhantes, de técnicas que ao primeiro olhar e pelo uso do mesmo nome nos parecem as mesmas, mas que ao serem praticadas, em momentos históricos e cenários diferentes, orientam-se para finalidades também diferentes, produzindo outras práticas de si. Desse modo, a meditação, a escrita, e mesmo a leitura como técnicas próprias da ascese greco-romana – portanto, orientadas para tornar o indivíduo "um sujeito de veridição" –, passaram a ser técnicas da ascese cristã que levaram esse indivíduo a ser um "sujeito obrigado a dizer a verdade sobre si". Eis uma mudança que, entre outras coisas, exemplifica bem esse processo de individualização – que se iniciou como exercitação para construir um ser interior (si mesmo) e nos levou à definição das formas modernas e contemporâneas de indivíduo.

Ao continuar a nossa revisão das técnicas usadas pelos estoicos, percebemos que no desenvolvimento e na exercitação dessas técnicas de atenção, meditação e memorização aparece o segundo grupo de exercícios, os intelectuais, como assinalados por Filão: "a leitura, a escuta, o estudo, o exame em profundidade" (HADOT, 2006, p. 29). Claro está que a leitura e a memorização de poemas antigos já consistiam numa técnica usada para orientar a conduta dos mais novos na antiga cidade. Nesse caso, a novidade da técnica encontra-se no próprio tipo de leitura, já não só dos poemas épicos como também das asseverações, afirmações e apotegmas, que orientavam a vida interior dos pertencentes a cada escola – e que, de modo geral, eram escritas por seus mestres –, assim como dos textos de lógica e física, que permitiam compreender melhor o mundo natural e o mundo interior. Em Epíteto vamos encontrar, por exemplo, a relevância da leitura das reflexões de Crispo, em lugar das de Homero, expressas da seguinte forma:

Cap. 73 (XLIX): Quando alguém se vangloria na compreensão e na interpretação dos livros de Crispo, fala para ti: "Se Crispo não houvesse escrito em forma escura, de que se poderia vangloriar esse homem? E, entretanto, o que é que eu procuro? Entender a natureza das coisas e ajustar-me a elas. E pergunto, então: quem é capaz de interpretá-las? Se for Crispo, dirijo-me a ele, mas não entendo seus escritos. Procuro então um intérprete, e até esse momento, tudo vai bem. Quando o encontro, devo aproveitar seus ensinamentos, porque é isso o que importa. Se somente admiro o que ele diz, me converterei em gramático, e não em filósofo que possa explicar Crispo em lugar de Homero. Em vez de me vangloriar quando me peçam que comente Crispo, me ruborizo se não posso mostrar que o entendo, com uma conduta ajustada aos seus ensinamentos" (EPICTETO, [55-140] 2011, p. 56).

A leitura, a escuta e a escrita aparecem como técnicas que acompanhavam os processos de meditação, que procuravam não tanto entender o que um autor almejou dizer, mas a construção para si mesmo de um conjunto de preceitos que guiassem a própria conduta. No que se refere à leitura, uma precaução é necessária para entender a sua função nessa trama de exercícios. Não se tratava de ler quanta coisa aparecesse no caminho e "constituir para si um mosaico de proposições de diferentes origens", mas de constituir um equipamento[58] entretecido de um conjunto de "proposições que valham por prescrições, de discursos verdadeiros" e que operem como guias para conduta (FOUCAULT, 2002, p. 341).

Concebida dessa forma, a leitura é uma técnica essencial para a meditação, e as duas aparecem quase sempre ligadas à escrita. Trata-se de uma escrita pessoal ou individual que prolonga, avigora e aciona a leitura. Encontramos os principais exemplos sobre a escrita – como técnica de si e na sua relação com a leitura – nas correspondências de Sêneca a Lucílio, que foram escritas entre os anos 63 e 65 d.C. A proposta da correspondência LXXXIV seria alternar as duas técnicas como forma de manter ativo o espírito e nutri-lo.

Nesse sentido, Sêneca afirma que a leitura serve

[...] primeiro, para evitar que me contente comigo mesmo; segundo, porque me permite, após ter conhecimento das pesquisas de outros, poder avaliar as descobertas já feitas e refletir

---

[58] Trata-se da famosa *paraskheué* "tão importante nos epicuristas quanto nos estoicos – para a vida, armar-se, equipar-se para a existência; e no caso da velhice, filosofar é rejuvenescer, isto é, voltar no tempo ou, pelo menos, desprender-se dele, e isto graças a uma atividade de memorização que, para os epicuristas, é a rememoração dos momentos passados. Tudo isto nos coloca, de fato, no cerne desta atividade, da prática do cuidado de si" (FOUCAULT, 2002, p. 97).

sobre as que ainda estão por fazer. A leitura alimenta o espírito fatigado pelo estudo sem, contudo, deixá-lo de lado.

Devemos evitar apenas escrever e apenas ler, pois se só escrevemos, esgotamos nossas forças (falo do trabalho da escritura), enquanto somente escrever, fará com que diluam. É necessário passar de um exercício para o outro com justa medida, a fim de que a escritura organize tudo que foi recolhido na leitura.

[...] Temos de digeri-los para que não alimentem apenas a nossa memória, mas também a nossa inteligência. Esforcemo-nos para assimilá-los e fazê-los render, a fim de que um se transforme em muitos, como se faz um só número de muitos. A partir da soma de quantidades pequenas e desiguais. Que nosso espírito faça o mesmo: que dissimule tudo com o que se nutriu e apresente somente o resultado final (SÊNECA, [63-65] 2009, p. 81-82).

No que diz respeito à escuta, é preciso dizer que em muitos casos, e como complemento da leitura, a escuta silenciosa e atenta dos professores apareceu como a ferramenta que ajudava a aumentar essa compreensão da estrutura de pensamento que sustentava e justificava que o discernimento fosse essa regra fundamental que levava para a vida feliz. Nesse sentido, a escuta apareceria como técnica de concentração que garantiria o conhecimento dos preceitos de condutas, necessários para agir bem consigo mesmo e com os outros.

A escuta seria o primeiro passo dos procedimentos de ascese orientados para o discurso verdadeiro, que foi o foco dos exercícios intelectuais. Escutar era a possibilidade de obter o *lógos* (o verdadeiro) e de convencer-se disso considerado como verdadeiro. Desse modo, isso que é escutado e que é verdadeiro passaria a se incrustar no indivíduo, "a constituir assim a matriz do *êthos*". Trata-se da "passagem da *alétheia* ao *êthos* – do discurso verdadeiro ao que será regra fundamental de conduta" (FOUCAULT, 2002, p. 318).

O desenvolvimento da técnica de escuta significou que ela se tornaria uma prática meditada, uma "técnica purificada da escuta lógica". A tecnificação da escuta – como forma de exercitação para o aprendizado e a prática dos preceitos – fundava-se no exercício do silêncio: uma "Velha regra ancestral, secular, até milenar nas práticas de si, regra que os pitagóricos, como sabemos, haviam realçado e imposto". Além do silêncio, a escuta requeria uma atitude ativa do ouvinte – posição corporal adequada e imobilidade do corpo – para garantir a máxima escuta e a melhor qualidade da atenção, duas expressões da transparência da alma e sua disposição "ao que vai ser dito". Essas eram as marcas de atenção "pelas quais o ouvinte se comunica com o orador e, ao mesmo tempo, garante para si que sua atenção acompanhe bem o discurso do orador" (FOUCAULT, 2002, p. 325-326).

Silêncio e atitude ativa não eram suficientes para a técnica de escuta. A atenção vai aparecer como outro elemento fundamental da escuta. Essa atenção consiste no entendimento do que se diz. Ela "não deve ser dirigida para a beleza da forma; ela não deve ser dirigida para a gramática e para o vocabulário; não deve nem mesmo ser dirigida para a refutação das argúcias filosóficas ou sofísticas" (FOUCAULT, 2002, p. 333). Trata-se de uma atenção que faz com que a escuta seja filosófica e, portanto, ela deve dirigir-se à coisa falada, localizando a verdade dita para logo ativar um processo de memorização. Um trabalho de atenção dupla:

> [...] Por um lado, olhar para o *prâgma,* para uma significação propriamente filosófica em que a asserção vale como prescrição. Por outro lado, um olhar sobre si mesmo, olhar sobre si mesmo em que, memorizando o que se acabou de ouvir, vê-se-o incrustar-se e aos poucos fazer-se tema no interior da alma que acabou de escutar (FOUCAULT, 2002, p. 336).

Nessa relação de silêncio/palavra que significa essa escuta filosófica, do mesmo modo como vimos antes no caso da escrita, encontramos um importante uso da palavra como elemento central do desenvolvimento de algumas das técnicas de si. No uso de tais técnicas, na relação silêncio/palavra (escrita e escuta, por exemplo) que elas supõem, podemos perceber que, ainda que uma técnica possa ser usada para o desenvolvimento de exercícios sobre si mesmo, as obrigações e finalidades desse uso podem ser diferentes, modificando a própria técnica. Assim, por exemplo, Foucault (2002) assinala que haveria economias diferentes da relação silêncio/palavra nas obrigações de escuta e de uso da palavra na ascese greco-romana e na espiritualidade cristã, e, claro, naquelas que podemos encontrar nas práticas pedagógicas e psicológicas modernas, ou nas práticas de cura mental, na terapia espiritual e na autoajuda, ainda nos séculos XX e XXI.

Finalmente, no que se refere à escrita – como essa outra técnica intelectual que acompanhava a meditação e boa parte dos exercícios de concentração –, temos de lembrar que ela é uma técnica referente a um exercício individual que oferece possibilidades de ação tanto para o indivíduo que realiza o exercício quanto para aquele que o acompanha, ou ainda para um outro que possa, logo depois, ler essas reflexões. Para o dirigido, para o diretor de consciência e para um leitor alheio.

A escrita é um exercício que se realizava depois da leitura e que possibilitava ao agente manter à mão pensamentos elaborados por ele após a leitura para serem lidos novamente e, assim, incorporar o discurso verdadeiro escutado de outro. Desse modo, esse discurso passava a fazer parte de si. Essa escrita – realizada depois da leitura ou da conversação com o diretor – era nomeada *hypomnémata*. Consistia em anotações que serviam para suportar as lembranças, além de servirem para a realização de exercícios de leitura, meditação e memorização, de modo a torná--los preceitos de vida gravados na alma e que, portanto, orientariam o comportamento (FOUCAULT, 2002).

A correspondência entre discípulo e conselheiro ou mestre constitui uma das estratégias mais usadas entre os gregos clássicos. Com ela organizou-se uma tradição de gênero epistolar, que ganhou força entre eles. Ela foi usada pelos judeus helenizados do tempo de São Paulo para se aproximarem dos governantes gregos e romanos. Através dessas correspondências, o conselheiro sabia das ações e das práticas adiantadas pelo discípulo e, assim mesmo, retornava para ele novas pautas, guias e reflexões. Tratava-se de cartas com observações pessoais, pensamentos e reflexões sobre mestres antigos, ajudando a perpetuar os preceitos de condução recolhidos por eles ou por seus discípulos, para continuarem a ser usados por outros discípulos.

Nessas correspondências, aquele que estava mais avançado na virtude e no bem passava a dar conselhos ao outro, ao mesmo tempo que retomava para si tais conselhos. Aquele que se correspondia com outro servia a esse outro de diretor ou conselheiro, além de aproveitar para si essa relação, de modo que essa escrita tornava-se parte de seus exercícios pessoais, "uma ginástica que se destina ao outro, mas também a si, e que permite, por esta correspondência, manter-se perpetuamente em estado de autodireção. Os conselhos dados ao outro, são dados igualmente a si mesmo" (FOUCAULT, 2002, p. 343). De outro modo, os exercícios de si, ainda que fossem para si mesmo, eram também utilizados para orientar outros, mantendo e perpetuando uma relação de direção e formação que apareceu entre os povos gregos muitos séculos antes e que transformou as práticas pedagógicas em práticas de condução no próprio momento de emergência – o que Jaeger nomeou *Paideia grega*.

Entre as técnicas de leitura, escuta e escrita, apareceram as técnicas de estudo de física e lógica, que ajudavam na compreensão do complexo mundo interior e sua relação com o cosmos e a natureza, para a condução da própria vida. O "estudo" e o "exame em profundidade" supõem colocar em prática os ensinamentos para se habituar a eles. O primeiro passo desses exercícios corresponde a definir objetos e acontecimentos "fisicamente" e contemplá-los como situados dentro do "Todo cósmico" corresponde. O segundo passo consiste em dividi-los em segmentos para reconhecer os elementos que os compõem.

Um interessante exemplo relacionado a essas técnicas, encontramos nas *Meditações*, de Marco Aurélio. Nelas, o imperador propõe um exercício que vai acompanhado da meditação e, geralmente, da escrita para construir um "verdadeiro diálogo com si mesmo" (HADOT, 2006, p. 117). O exercício consiste em fazer uma representação mental, o mais exata quanto for possível, da "física" das coisas ou dos "acontecimentos". Nas suas palavras,

> Livro III [11]: Determinar e definir invariavelmente a imagem percebida, para vê-la tal qual é na essência, nua e por inteiro distinta no seu todo, e dizer, de si para consigo, o nome que a designa, bem como o das partes de que se compõe e em que se dissolverá.
>
> Nada concorre tanto para sentimentos elevados como a capacidade de inquirir, com método e veracidade, cada um dos eventos da vida e sempre os olhar de modo que se considere a que mundo trazem proveito, qual o proveito e, dado o proveito, que valor tem, dum lado, em relação ao conjunto e, de outro, em relação ao homem como cidadão da cidade suprema da qual as demais cidades são, por assim dizer, as casas; o que é, de que elementos se compõe, quanto tempo, por sua natureza, deverá perdurar o efeito em mim produzido no momento por essa imagem e que virtude exige de mim, se mansuetude, coragem, lealdade, lhanura, autossuficiência, etc. (MARCO AURÉLIO, [121-180] 1980, p. 271-272).

O último grupo de exercícios que seria preciso salientar são aqueles de caráter mais prático. Refiro-me a essas técnicas de treinamento através das quais os estoicos procuravam criar hábitos para garantir o domínio de si mesmo, o cumprimento dos deveres e a indiferença diante das coisas que não podiam ser mudadas. Esses exercícios desenvolviam-se em estreita relação com as técnicas de atenção e memorização. Mas eles ocuparam-se de produzir hábitos concretos diante de situações bem concretas, como por exemplo: o controle da ira, da inveja, do ódio, da falsa humildade; a manipulação do amor aos filhos, ao amigo, ao irmão, à riqueza; a manutenção da tranquilidade da alma; a prática das boas ações e da ociosidade, etc. Nesses exercícios de treinamento, o denominador comum seria começar a se exercitar com as coisas mais simples e, com o tempo, aumentar o grau de dificuldade até conseguir um hábito solidamente formado (HADOT, 2006).

Talvez os exercícios mais conhecidos dessa classe sejam os de Sêneca e suas famosas correspondências a Lucílio, porque foram atualizadas e publicadas muitas vezes. Hoje elas aparecem também em edições de bolso que encontramos nas prateleiras de aeroportos, supermercados e livrarias, ao lado dos mais variados livros de autoajuda. Assim, passaram a compor, numa tradução e linguagem atualizada, o conjunto de conselhos que anunciam as atitudes e ações práticas "mais corretas" diante dos sentimentos e acontecimentos cotidianos, que não precisam ser mais recolhidos, escritos e meditados ao estilo antigo. Quando foram produzidas, elas eram conselhos de um amigo mais velho e experiente, para se conseguir a tranquilidade da alma e para continuar uma conversa que levaria os dois – Sêneca e Lucílio – a uma continua conversão:

> Comporta-te assim, meu Lucílio, reivindica o teu direito sobre ti mesmo e o tempo que até hoje foi levado embora, foi roubado ou fugiu, recolhe e aproveita esse tempo. Convence-te de que é assim como te escrevo: certos momentos nos são tomados, outros nos são furtados e outros ainda se perdem no tempo por negligência. Se pensares bem, passamos grande parte da vida agindo mal, a maior parte sem fazer nada, ou fazendo algo diferente do que se deveria fazer.
>
> [...] aproveita todas as horas; serás menos dependente do amanhã se te lançares ao presente. Enquanto adiamos, a vida se vai. Todas as coisas, Lucílio, nos são alheias, só o tempo é nosso.
>
> [...] Talvez me perguntes o que faço para te dar esses conselhos. Eu te direi francamente: tenho consciência de que vivo de modo requintado, porém cuidadoso. Não posso dizer que não perco nada, mas posso dizer o que perco, o porquê e como; e te darei as razões pelas quais me considero miserável (Sêneca, [63-65] 2009, p. 15-16).

Em termos gerais, percebemos que os exercícios espirituais entre os estoicos encontravam-se dirigidos para o controle e para a vigilância permanente do fluxo de representações. Esses exercícios significavam pôr à prova diariamente o que acontecia consigo mesmos no encontro com as coisas, as pessoas, o mundo, etc. Saídas e caminhadas pelo campo e pela cidade permitiam esses encontros e ajudavam a se exercitarem no exame do conteúdo das representações e na definição das atitudes que cada um decidia tomar diante delas. Exercícios de memória também para lembrar e analisar o conteúdo de acontecimentos históricos ajudavam na definição das próprias atitudes e decisões que seriam tomadas diante de eventos similares (Foucault, 2002).

Em palavras de Hadot (2006), entre os estoicos essa compreensão da filosofia como modo de vida supunha uma exercitação permanente que expressasse, nesse modo de viver, o mais elevado grau de consciência e liberdade. E neles esse viver "conscientemente" supõe superar os limites da condição individual "para reconhecer-se como parte do cosmos animados pela razão; livremente, ao renunciar ao desejo daquilo que não depende de nós e se escapa de nós" (p. 30-31), o que significa uma forma reta de agir em conformidade com a razão.

A maneira como esses três grupos de exercícios espirituais se apresentaram no epicurismo esteve marcada pelo modo de vida que nessa escola filosófica se promovia. Tratava-se de uma tradição na qual a "terapia das paixões" apontava para se conseguir a cura da alma através da liberação das preocupações vitais e a ocupação com o fato de simplesmente existir. Assim, a liberação dos temores por coisas que não podem ser temidas e dos desejos que não se precisa ter levaram a pensar numa vida a ser desfrutada no próprio prazer de ser. É no prazer de ser – e não no estrito controle e vigilância dele – que se encontra a felicidade. Os exercícios espirituais no epicurismo apontam para a liberação dos temores aos deuses e à morte. Esta última, por ser a dissolução da vida, não faz parte dela, e não é preciso se ocupar com ela (Hadot, 2006).

Talvez resulte surpreendente que o epicurismo, entendido quase sempre como uma filosofia do prazer, prestasse tanta atenção aos exercícios espirituais e à prática concreta de um grupo de técnicas semelhantes à dos estoicos. Contudo, o que é importante entender é que para eles, a filosofia também é uma prática de vida. Ela age como uma terapia de cura da alma, que deve ser a única preocupação humana.

> A filosofia não é uma ciência, é uma regra de procedimento: "Epicuro dizia que a filosofia era uma atividade destinada a estabelecer, por meio de raciocínios e de discussões, uma vida feliz". Devemos filosofar não em palavras, mas em atos; a filosofia não deve ser uma ciência de que ande fazendo gala (Joyau, 1980, p. 11).

Entre os epicureus, os exercícios eram praticados com a finalidade de recuperar a alegria e localizá-la no simples fato de viver. Assim, diante dos temores (aos deuses e à morte) e dos desejos insatisfeitos, a resposta seria encontrar "prazer no simples prazer de ser". A liberdade e a alegria eram encontradas logo que se percebia a diferença entre desejos naturais e desejos não necessários: "A satisfação dos primeiros e a renúncia dos últimos" era o que devia se procurar ao se exercitar, de tal modo que "surja o bem-estar pelo simples fato de existir" (Hadot, 2006).

Desse modo, por exemplo, conseguia-se a cura da alma meditando dia e noite sobre alguns dos preceitos ou resumos que permitiam evocar rapidamente os quatro dogmas fundamentais dessa tradição, os quais ficaram conhecidos como *tetrapharmakon*: (1) os deuses não são temíveis; (2) a morte não é uma desgraça; (3) o bem resulta fácil de obter; e (4) o mal é simples de suportar (Hadot, 2006). Esses dogmas configuram a maior parte de exercícios meditativos inscritos nessa tradição. Eles eram encontrados, por exemplo, em preceitos de Epicuro, tais como:

> Habitua-te a pensar que a morte nada é para nós, visto que todo o mal e todo o bem se encontram na sensibilidade: e a morte é a privação da sensibilidade.
>
> [...] O essencial para nossa felicidade é a nossa condição íntima: e desta somos nós os amos.
>
> [...] A sensação deve servir-nos para proceder, raciocinando, à indução de verdades que não são acessíveis aos sentidos.
>
> [...] Não deves corromper o bem presente com o desejo daquilo que não tens: antes, deves considerar também que aquilo que agora possuis se encontrava no número dos teus desejos.
>
> [...] Não realizes na tua vida nada que, se for conhecido por teu próximo, te possa acarretar temor. (EPICURO [341-271/70 a.C.], 1980, p. 13-18)

Da mesma forma que Epicuro, em outros filósofos vamos encontrar a proposta de técnicas de leitura, estudo, escuta, meditação acerca de preceitos que orientem para o apagamento dos temores e para a obtenção de certa paz interior. No romano Lucrécio (98? a.C.-55? d.C.), por exemplo, vamos encontrar longas dissertações sobre a natureza da vida, destinadas a promover um exercício de leitura e reflexão que expusesse os preceitos de Epicuro de uma forma rigorosa e lógica, além de enfatizar novamente a ideia da indiferença dos deuses e da imortalidade da alma. A leitura dos textos de Lucrécio supunha um exercício intelectual que era acompanhado por outro de concentração – a meditação – para compreender e memorizar os preceitos que deviam guiar a vida de qualquer homem.

Assim, por exemplo, no que se refere ao dogma "os deuses não devem ser temidos", nas dissertações *Da natureza*, Lucrécio tenta demostrar que o mundo natural não é produto da vontade dos deuses, nem age segundo seus caprichos ou necessidades, mas, sim, pelas condições próprias das coisas, que têm uma física e uma lógica possível de se compreender:

> No entanto, contrariamente a isto, alguns ignorantes da matéria creem que não teria podido a natureza, sem favor dos deuses, acomodar-se tanto aos objetivos humanos [...].
>
> Mas parece, quando pensam que tudo fizeram os deuses por causa dos mortais, que andam muito longe da verdade. Efetivamente, embora eu ignorasse quais são os princípios das coisas, ousaria afirmar, pelas próprias leis do céu e por outros fatos numerosos, que de modo algum o mundo foi criado para nós

por um ato divino: tanto é o mal que o macula (Lucrécio, [98? a.C.-55? d.C.] 1980, p. 49).

Poderíamos continuar a trazer exemplos do uso desses exercícios e técnicas de si oferecidos pelos diferentes filósofos desse período. Contudo, para os propósitos deste estudo, os exemplos trazidos antes parecem ser suficientes para argumentar que, de modo geral, tais exercícios e técnicas fizeram parte das práticas de direção espiritual e de exame de consciência gregas e greco-romanas, e que elas têm uma proveniência marcada pela constituição de modos de vida na e para a cidade.

Tratou-se de um longo percurso que traçamos para tentar ver a emergência de exercícios e técnicas de si entre os gregos, e perceber que nessa forma de praticar a vida é que encontramos a proveniência dos exercícios de individualização que nos acompanham até hoje. Assim, percebemos que entre a democrática Atenas de Péricles, que privilegiava o direito à vida individual, e a militar Esparta de Licurgo e Leônidas, admirada mais por sua forte coesão social que pela vida individual, movimentaram-se práticas de condução ao interior das cidades-estados que marcaram os modos de vida antes, durante e depois do Império Alexandrino. Nesse percurso histórico, alguns elementos são úteis para compreender que os modos de vida exercitantes emergiram atrelados à configuração do poder político (da *polis*).

Neste ponto, no entanto, seria preciso marcar três elementos que, parece, caracterizaram essa primeira fase do processo de individualização, cujos focos foram a definição e a organização do "si mesmo". Três elementos que assinalam uma estreita relação entre a emergência de técnicas de condução da própria conduta e técnicas de condução dos outros: o problema formativo, o lugar fundamental do outro nas práticas de si e o privilégio do esquema prático da cidade.

Primeiro elemento. Ainda que possamos traçar diferenças entre as cidades de Esparta e Atenas, ou entre as instituições e práticas usadas nos momentos prévios e posteriores à conformação dessas e de outras cidades do Mediterrâneo e que agrupamos com o nome de Grécia, o que parece claro é que o problema da *Arete* (conjuntos de princípios para a vida) foi uma constante na organização da *polis* e na definição do "que" e de "como" se orientava a própria vida no interior dela.

O tema da condução da própria vida e da vida dos outros tornou-se um problema formativo no interior das cidades. Isso porque a formação dos preceitos morais e sua transmissão de uns para outros, assim como sua inscrição na própria alma, exigia cada vez mais instituições, ações e trabalhos ajustados e planejados. Na estrutura organizativa da cidade, a formação passou a ser uma coluna principal para manter viva essa *Arete* que não era mais o bem particular de uma estirpe (heroica ou aristocrática), mas um bem comum acessível a todos através de exercícios e prática (camponesa, cidadã). Na organização e definição das cidades gregas, vimos se desenhar toda uma necessidade formativa que significou a produção de práticas pedagógicas (de condução), e com ela, a emergência da *Paideia grega*: uma preocupação formativa do homem pelo homem e dos ideais sobre os quais ela se realizava (JAEGER, 1995).

Segundo elemento, porém ligado ao anterior. Trata-se da emergência e da permanência de uma posição de sujeito ocupada pelo guia ou orientador nas práticas de condução. O fato que analisamos como central na popularização dos poemas de Homero – a partir do exercício das rapsódias homéricas e da construção de poemas populares como os de Hesíodo – teve sua expressão, como vimos, tanto na conformação da estrutura militar de Esparta e no fato de ela ter estendido a formação para além da classe aristocrática, quanto na conformação da *polis* Ateniense, em particular no desenvolvimento do seu modo democrático. Nessas cidades, o ajuste e a adaptação de exercícios e técnicas de meditação, de provação e treinamento destinados ao fortalecimento individual, assim como a implementação do conselho e do exemplo foram as peças-chave da configuração da prática de direção de consciência (como é nomeada atualmente). Nessa prática de si, tornou-se fundamental a figura do diretor de consciência, do pedagogo, do filósofo, do amigo, etc.

A função de difusão da *Arete heroica*,[59] que nas antigas cidades foram cumpridas por Hesíodo e seus poemas, reaparece no interior das cidades em uma figura que passaria a ocupar um importante papel pedagógico. Assim por exemplo, no caso da Esparta militar, é Tirteu com suas elegias (poemas) – geralmente dirigidas para alguma pessoa ou para uma multidão – quem se encarregaria dessa tarefa. Já no caso da Atenas democrática, o filósofo e conselheiro, no lugar de guia espiritual, se encarregaria de tal função. Seja o poeta espartano, seja o filósofo ateniense, o aparecimento dessas personagens configurou uma posição de sujeito que viria a ser fundamental na vida das cidades. Eles expressam a emergência do lugar, dessa posição que seria ocupada pelos mais variados indivíduos, nomeados das mais variadas formas, mas sempre encarregados da condução de

---

[59] "O ideal homérico da *Arete heroica* transforma-se no heroísmo do amor à pátria. O poeta [Tirteu] aspira a impregnar deste espírito a vida de todos os concidadãos. Quer criar um povo, um Estado de heróis. A morte é bela quando é a de um herói. E se é herói quando se morre pela pátria. Esta ideia dá à morte o sentido de um holocausto da própria pessoa em prol de um bem mais alto" (JAEGER, 1995, p. 120).

outros. Eis, portanto, a emergência da relação pedagógica atrelada às técnicas de condução.

Nas práticas de si, nas variadas versões que delas encontramos através da história do Ocidente, essa posição do guia mostrou ser fundamental. É por isso que seja na figura do confessor (entre os cristãos), seja na do psiquiatra ou terapeuta (entre os modernos), seja ainda na do *personal training* ou no conselheiro (entre os contemporâneos), essa posição tornou-se muito importante no desenvolvimento de boa parte das técnicas destinadas à própria condução e à condução dos outros.

Em outros termos, podemos afirmar que, ao se postergar o tempo de viver a *Arete*, ao desvinculá-la da vida e da sensação imediata da honra e na batalha (*Arete guerreira* ou *heroica*), ao configurá-la como algo a ser ensinável – seja para uma classe aristocrática (*Arete aristocrática*), seja para uma camada social camponesa (*Arete camponesa*) ou cidadã (*Arete cidadã*) –, criou-se a necessidade de ensinar para os outros, de levá-los a se comportarem de um modo particular, e essa é uma necessidade pedagógica que levou os antigos a passarem da *Arete* para a *Paideia* (JAEGER, 1995).

O problema da formação e a posição do outro são dois elementos que vimos aparecer na emergência desse processo de individualização e na consolidação dessa *Paideia grega*. Em meio a tal processo, exercícios e técnicas de si se configuraram da seguinte maneira: (1) exercícios de condução fundados em exemplos tomados da vida dos heróis Antigos; (2) conselhos oferecidos através dos poemas épicos e didáticos e das fábulas; (3) poemas ligados à vida dura do campo, para promover formas de comportamentos que achavam na honra do próprio trabalho a finalidade da vida nobre; (4) atenção e memorização de preceitos de justiça e direito que mostravam a glória da *polis*; etc.

Nessa *Paideia grega*, aconteceu a institucionalização das práticas formativas e dos tempos para a formação, que levaram à produção do cidadão de que a *polis* necessitava. Esse foi, então, o cenário de emergência do conjunto de técnicas estudadas por Foucault e por Hadot como vimos até aqui – purificação, provação, memorização, resistência, meditação, treinamento, concentração e retiro. Mais adiante, elas seriam usadas na produção, no domínio e na condução desse novo "si mesmo" – técnicas de atenção, memorização, meditação, leitura, escuta, estudo, exame em profundidade, exercícios de treinamento relacionados a técnicas orientadas para o domínio de si mesmo, para o cumprimento dos deveres e para o desenvolvimento da indiferença. No entanto, esse foi também o tempo de emergência de modos de contraconduta que resistiram a essa forma de condução e que serviram como pontos de emergência para outras maneiras de pensamento e de ação sobre si e sobre os outros

– maneiras essas que encontramos nos cínicos e nos primeiros modos de vida gnóstica.[60]

Terceiro e último elemento ligado a esse processo de individualização, no qual o "si mesmo" foi a personagem central. A cidade como esquema prático, como modo de vida coletiva privilegiado pelos antigos gregos, e que nas mais variadas formas reapareceu e ofereceu as condições necessárias para que o indivíduo se tornasse o centro da atenção das técnicas de condução. Na maneira como essa cidade se constituiu, nesse modo de vida, é que investimos boa parte das reflexões deste capítulo. Assim, acredito que seja preciso dizer somente que a *polis*, como esquema prático de vida, é um importante ponto de diferença entre os modos de vida gregos e as formas de vida dos povos que usaram o esquema prático do pastor-rebanho para se organizarem no Oriente Próximo.

Essa diferença possibilitou a emergência de dois modos bem distintos de pensar e agir com relação à vida coletiva, dois esquemas práticos (cidade e rebanho), duas formas de estabelecer as relações de força entre os indivíduos e deles com seus coletivos, duas formas de poder – pastoral e político – que ofereceram aos homens ferramentas também diferentes para viverem com outros e marcaram de modo particular a história disso que chamamos de Ocidente.

O cristianismo: atrelamento de práticas pastorais e práticas de si

> *Aquilo que caracterizou a época é uma superposição de civilizações: a antiga morre, mas ainda não sabe disso, e a nova assumira o poder, mas também ignora isso. De um lado, Atenas e Roma; de outro, Jerusalém e Bizâncio. Péricles contra Constantino, Aristóteles em frente a Tertuliano, a Democracia da ágora em competição com o Estado totalitário cristão, o ideal pagão da palestra destruído pela veneração de uma crucifixão. Dois mundos. Dois ideais, dois universos, duas maneiras de pensar. A sociedade range.*
>
> (ONFRAY, 2010, p. 23)

Nas palavras da epígrafe, retomadas da *Contra-história da filosofia*, de Michel Onfray, o autor descreve as condições de um momento que se tornou determinante na história de Ocidente. Trata-se de um momento marcado pelo entrecruzamento de duas formações discursivas

---

[60] Ainda que seja interessante estudar essas formas de contraconduta, neste livro é algo que foge às minhas condições e possibilidades. Contudo, para seu estudo, podem ser encontrados elementos em Foucault (2002, 2007b) e em Onfray (2010).

160   Coleção Estudos Foucaultianos

diferentes. A partir dele, vemos tecer-se um conjunto de técnicas e modos de governamento que vincularam as velhas práticas de condução pastoral hebraicas às práticas de si gregas e greco-romanas. Consistiu no momento de conformação dessa forma de poder que Foucault denominara pastoral cristã, que se corresponde com a organização do cristianismo primitivo e – em palavras de Jaeger (2004) – com a emergência da *Paideia cristã*.

Podemos nos focar em dois assuntos que nos ajudem a compreender as condições nas quais emergiu essa forma específica de exercício do poder pastoral que temos qualificado como cristã. Forma de poder a partir da qual se configuraram as práticas de governamento (condução) que operaram tanto no medievo quanto na modernidade europeia, ainda que de modos muito diferentes. Por um caminho, podemos seguir as pegadas da articulação entre técnicas de condução de si (gregas e greco-romanas) e técnicas de condução dos outros (pastorais hebraicas); por outro caminho, podemos perceber que nesse encontro, houve uma transformação nas práticas de formação e, em particular, na compreensão do princípio formativo que vimos configurar-se entre os gregos e os greco-romanos.

Prosseguindo pelo primeiro caminho, percebemos que no atrelamento dessas duas maneiras de exercício do poder se produziu uma terceira forma: a cristã. Trata-se de uma modalidade de poder que, ao contrário do que muitos têm suposto, derivou-se, em grande medida, do desenvolvimento e da apropriação das asceses gregas, continuando o processo de individualização que foi fundado séculos antes pelos gregos da época clássica. Seguindo pelo outro caminho, o que encontramos é que houve um importante deslocamento no preceito formativo da *Paideia grega*. Mudança que significou a emergência de uma *Paideia cristã*, isto é, um preceito formativo que se apropriou das técnicas de condução de si gregas (e sua forma de vida ascética) e as adaptou às novas formas de condução pastorais.

As práticas de si ligadas ao princípio de ocupar-se consigo mesmo tiveram um sentido positivo no pensamento antigo – seja em Sócrates, seja em Gregório de Nissa –, embora tenham sido a condição de possibilidade para a emergência de uma ascética cristã que passou a ser uma das morais mais austeras, mais rigorosas e mais restritivas que o Ocidente já conheceu (FOUCAULT, 2002). Essas práticas de si gregas e greco-romanas teriam oferecido os insumos técnicos e os preceitos de comportamento – "moral estoica, moral cínica e, até certo ponto, também moral epicurista" (p. 17) – para que esse princípio de cuidado, inscrito agora em um *télos* cristão, tomasse um sentido negativo.

A nova moral continuou a definir modos de vida religiosos (monacais e eclesiais) no medievo e passou a orientar algumas práticas de vida moderna, não cristã ou estatal. Assim, parece que essas regras e técnicas austeras mantiveram uma estrutura de código idêntica, mas se aclimataram, transpuseram e transferiram para o interior uma ética geral assentada pelo cristianismo e, logo depois, pelo mundo moderno (FOUCAULT, 2002). Foi no encontro entre as práticas gregas de condução de si – de direção espiritual e exame de consciência – e as técnicas pastorais de condução dos outros – de obediência e de vigilância permanentes – e em meio a condições históricas específicas, que se configurou um *télos* cristão orientador de boa parte das formas de governamento medievais, modernas e contemporâneas: aquelas centradas na condução que o indivíduo faz de si mesmo.

Um exemplo da transformação sofrida pelas práticas de si podemos tomá-lo no ajuste e na mudança nas finalidades que sofreram práticas como o exame de consciência e a consulta ou direção espiritual, assim como os preceitos de obrigação de falar verdadeiro (ser franco – *parresia*), no seu encontro com o *télos* cristão da salvação e a obediência. Tal mudança é descrita como uma mudança da relação que o indivíduo estabelecia com a verdade (FOUCAULT, 1977). Desse modo, se nas práticas antigas a questão da verdade era um assunto dos discursos e em geral encontrava-se do lado de quem guia ao Outro – conselheiro, amigo, médico –, na prática da confissão, a questão da verdade está do lado de quem se confessa; ele é o referente da verdade, ele deve falar sua verdade para ser salvo. Essa importante mudança já foi amplamente estudada por Foucault (1990b, 2010b, 2011), em particular quando analisa as práticas de exame das almas e de confissão (*exomologese*) no cristianismo primitivo. Portanto, só vamos dar uma panorâmica sobre ela para ver como se articularam *télos* e técnicas antigas em torno dessa prática.

Destarte, podemos salientar que as práticas de confissão e direção espiritual que se configuraram entre os séculos I e II de nossa era e que logo se difundiram entre o povo cristianizado e as comunidades eclesiais e monacais, colocaram-se no centro de uma outra prática: a penitencial. Assim, a primeira forma da penitencia cristã era uma relação ritual da qual se podia entrar e sair. Tal relação com a verdade da alma exigia reconhecer as faltas, não com a palavra, mas com a realização de exercícios, de sacrifícios, austeridade e mudança nos modos de vida. Como sabemos, essas formas de exercitação não eram alheias às práticas ascéticas gregas e romanas, porém surgiram nesse momento vinculadas a uma outra prática e no desenvolvimento de uma outra finalidade: a salvação da alma (FOUCAULT, 2011).

Ao que parece, é nas instituições monacais que a confissão entrou no quadro geral da direção espiritual. Vale a pena lembrar que a direção espiritual não foi uma prática desconhecida para os gregos. Entre eles, essa prática encontrava-se recoberta por um preceito de formação que foi muito importante, o qual vimos desenhar-se nas seções anteriores como peça fundamental do que Jaeger (1995) chamou de *Paideia grega*. Na direção espiritual, a presença de um Outro – conselheiro, amigo, médico – era uma necessidade que vemos reaparecer também na sua versão cristã, mas nesse caso criou-se uma dependência com respeito ao mestre, que significava ter de dizer tudo sobre os movimentos da própria alma. Aí foi que a verbalização da verdade de si tornou-se obrigação: dizer as faltas cometidas, falar sobre o estado da alma, descrever os movimentos do espírito, etc. (FOUCAULT, 2011).

Nesse primeiro momento, confissão, penitência e direção espiritual encontravam-se claramente separadas. Só nos séculos seguintes, especialmente depois do século VI, essa distância se encurtou, e a prática de penitência englobou as outras duas, de forma que a confissão passou a fazer parte da prática da penitência. Já não era suficiente somente a confissão, pois para se conseguir eficácia – em particular, quando se tratava de manter a obediência no interior das comunidades eclesiais e monacais –, foi preciso acompanhá-la de uma satisfação proporcional às faltas confessadas: eis a emergência da penalidade como ferramenta do poder eclesial.

Essa nova forma da confissão mudaria também a relação com o outro, o conselheiro ou o amigo: essas figuras se transformaram no confessor, uma instituição jurídica que já não era livremente procurada, mas que "devia" ser procurada com o propósito de dizer-lhe tudo:

> Esse mecanismo da confissão, perpetuamente articulado com a obediência permanente, segue [...] um certo número de leis [...]. Lei do aprofundamento ao infinito: nada é jamais tão pequeno no fundo de mim mesmo que eu não deva prestar atenção. Lei da exteriorização: na medida em que não se trata de definir uma zona de interioridade que seria inacessível aos assédios exteriores, mas ao contrário, necessidade de arrancar da própria interioridade, de fazê-la sair para desdobrar-se numa relação de exterioridade e de obediência. Lei do tropismo, da inclinação em direção ao secreto: no sentido de que o princípio é fazer ir sempre na direção disso que é mais oculto em mim mesmo, o pensamento o mais fugidio e imperceptível; trata-se não somente de detectar o que está oculto, mas de detectar o que está oculto no oculto, de desmascarar o mal sob a espécie do bem, de desmascarar Satã sob

> a espécie da piedade, de desmascarar o outro no fundo de mim
> mesmo; trata-se, enfim, de uma lei de produção da verdade na
> medida em que não se trata simplesmente de constatar isso que se
> passa em mim; trata-se de fazer aparecer em mim qualquer coisa
> que eu não poderia conhecer, e que não se torna conhecida a
> não ser por esse trabalho de aprofundamento de mim sobre mim;
> trata-se bem de produzir uma verdade que estava desconhecida
> (FOUCAULT, 2011, p. 135).

Assim, a confissão ficou no centro mesmo da prática de penitência e tornou-se uma obrigação regular, contínua e exaustiva que envolve não só os pecados mais graves, mas também os atos mais leves. Nesse mesmo momento em que a confissão passou a ser o centro da vida espiritual, a penitência transformou-se em sacramento (século XIII-XVI), e a partir daí ocorreria o processo de cristianização mais profundo vivido pelo Ocidente. A vida toda passada pelo filtro da confissão; fortalecimento da figura do Outro em face do confessor que absolve e que exige o exame de si; e apropriação e o uso de técnicas de si para agenciar um trabalho sobre si que obrigue a produzir uma verdade sobre si.

Até aqui, nosso percurso pelo primeiro caminho nos levou ao exemplo da confissão para perceber o atrelamento de dois modos de exercício do poder antigo (pastoral hebraica e política grega) ou de duas formas práticas de viver que ofereceram suas ferramentas e suas finalidades na produção de uma forma inédita de condução dos homens por si mesmos e pelos outros: a pastoral cristã. Pois bem: agora podemos tomar o outro caminho que propuséramos para perceber que nesse encontro houve uma transformação nas práticas de formação e, em particular, na compreensão do princípio formativo que vimos configurar-se entre os gregos e os greco-romanos. Tratou-se da passagem de uma *Paideia grega* para uma *Paideia cristã*, da transformação de um princípio que mostra que as práticas pedagógicas que se organizaram, nesse momento, configuraram-se a partir dos arranjos sofridos pelas técnicas de condução na pastoral cristã. Por esse caminho, podemos compreender também a importante continuidade que teve a relação do governamento com as práticas pedagógicas, assunto que será descrito no capítulo final.

Tal relação emerge vinculada ao preceito de ocupar-se de si mesmo, como preceito de condução dos outros, na medida em que esse cuidado de si é aprendido com outro: o mestre, o preceptor, o filósofo, o conselheiro, etc. Ensinam-se e aprendem-se tanto os *télos* (as finalidades) quanto as técnicas (as formas reguladas de praticá-lo). Nessa relação pedagógica reafirma-se a necessidade do Outro na relação de condução[61] e aprendem-se as "tecnologias": esses procedimentos voluntários através dos quais os humanos não só fixam regras de condutas, mas procuram transformar-se a si mesmos, transformar seu ser na singularidade e fazer da sua vida uma obra de arte (FOUCAULT, 2002).

Na transformação da *Paideia grega* para *cristã*, a formação de si mesmo continuaria a ser essa estratégia através da qual se adquirem as ferramentas necessárias para "suportar, como convém, todos os eventuais acidentes, todos os infortúnios possíveis, todas as desgraças e todos os reveses" que possam atingir o indivíduo. Ainda com mudanças fundamentais no *télos*, as ferramentas e técnicas para a formação e para a condução continuaram a agir organizadas como estratégias para ensinar e ajudar os outros a criarem esses "mecanismos de segurança" que lhes permitiriam levar uma vida boa e feliz. Trata-se da formação de uma

> [...] armadura protetora em relação ao resto do mundo, a todos os acidentes ou acontecimentos que possam produzir-se. [...] A *instructio* é esta armadura do indivíduo em face [dos] acontecimentos e não a formação em função de um fim profissional determinado. Portanto, nos séculos I e II encontramos este lado formador da prática de si. Este aspecto formador, contudo, de modo algum é dissociável de um aspecto corretivo que [...] torna-se cada vez mais importante (FOUCAULT, 2002, p. 104).

Trata-se de uma relação pedagógica que atravessa as diferentes formas que a condução tomou nas sociedades que chamamos de ocidentais e será essencial para a permanência no tempo de muitas técnicas, para a redefinição e os ajustes de preceitos de governamento e, com eles, para a produção dos seres exercitantes que aparecem como basais nas formas de governo modernas e contemporâneas. Sobre esse assunto, vale a pena lembrar o fato de que com frequência, ao falar em cristianismo, se pensava na instalação de um código de ética (de comportamento) fundamentalmente diferente daquele organizado pelo mundo grego antigo. Portanto, em muitos casos, afirmou-se que os códigos de ética e

---

[61] A figura do outro é um problema fundamental das práticas de si. "No tempo dos sofistas, no tempo de Sócrates, no tempo de Platão ainda, um mestre era [considerado] na sua singularidade, quer com base em sua competência e habilidade sofísticas, quer em sua vocação de *theios anér* (homem divino e inspirado), como em Sócrates, quer no fato de que já teria alcançado a sabedoria, como no caso de Platão. Pois bem, este mestre está em vias [os séculos I e II de nossa era], não exatamente de desaparecer, mas de ser invadido, cercado, ameaçado por toda uma prática de si que é, ao mesmo tempo, uma prática social. A prática de si vem vincular-se à prática social ou, se quisermos, a constituição de uma relação de si consigo mesmo vem manifestamente atrelar-se às relações de si com o Outro" (FOUCAULT, 2002, p. 159).

as formas de praticar a vida nos primeiros séculos de nossa era emergiram do apagamento de um modo de vida "pagã", considerada mais "liberal", e da organização de modos de viver vinculados a certa moral judaica e pastoral bem mais "restrita".

Contudo, Foucault (2002, 2011) mostrou que com as práticas de confissão, de direção espiritual e de penitência algumas das "práticas de si" e suas rigorosas formas de exercitação teriam sua proveniência justamente nesses modos gregos e greco-romanos de vida ascética, e não nos modos de vida pastorais hebraicos e judeus. Assim, poderíamos pensar que as formas de "condução de si" atuais encontram seu *phylum* técnico nos exercícios e técnicas de si dos gregos e greco-romanos, enquanto as formas de "condução dos outros" fazem o mesmo nas técnicas de obediência, vigilância e controle da pastoral hebraica. Trata-se de um momento e um encontro complexo e rico entre dois modos diferentes de viver, entre duas matrizes de pensamento, moral e filosoficamente diferentes, na medida em que permite perceber a proveniência das técnicas de condução atuais que, como vimos na primeira parte deste estudo, centram seu foco no indivíduo exercitante.

Para compreender um pouco da complexidade do momento, lembremos que esse encontro entre o mundo da *polis* e o mundo pastoral esteve atravessado por fatos históricos que foram precedidos por "três séculos de expansão mundial da civilização grega". Isso, em um período de intensas interações e trocas que Droysen (1929 *apud* JAEGER, 2004) nomeou de "helenismo". Acontecimento que foi seguido de um outro movimento de expansão com características diferentes, mas igualmente importante – a *kerygma* cristã. Um movimento iniciado pelos primeiros cristãos que se ocuparam da pregação da vinda de seu deus, e que

> [...] não se deteve no Mar Morto nem na fronteira de Judeia, mas que superou sua exclusividade e seu isolamento local e impregnou o mundo circundante, mundo dominado pela civilização e língua gregas. Esse foi um fato decisivo no desenvolvimento da missão cristã e sua expansão pela Palestina e para além das suas fronteiras (JAEGER, 2004, p. 12).

Nesse sentido, Droysen (1929 *apud* JAEGER, 2004) afirmou que o cristianismo primitivo emergiu do helenismo. Esse cristianismo teria tomado as primeiras e mais notórias diretrizes dos modos de vida gregos. Assim, as condições para a conformação do cristianismo primitivo apareceram com a difusão e ampliação das práticas e literatura gregas em um mundo mediterrâneo helenizado – característico "dos séculos imediatos ao nascimento de Cristo" (p. 70 *apud* JAEGER, 2004, p. 12). Em outras palavras, ao que parece, a ampla difusão e expansão dos modos de vida grega, em particular da língua grega, foram determinantes na configuração disso que chamamos de cristianismo primitivo. Tratou-se de um processo de cristianização do mundo grego, dentro do Império Romano que não foi unilateral, pois de algum modo, ele teria significado também a helenização das primeiras formas de organização dos grupos cristãos.

A compreensão disso que entendemos por helenização pode nos oferecer as ferramentas para compreender a configuração de algumas das características do poder pastoral cristão. Segundo assinala Jaeger (2004), um elemento importante desse processo aparece nos primórdios de nossa era, no chamado "período apostólico" – que corresponde à primeira etapa do helenismo cristão –, no qual vamos encontrar também as primeiras versões do Novo Testamento, escritas em língua grega. Nessa primeira etapa, podemos analisar a apropriação da prática de conversão, assim como as diferentes formas que tomou o *télos* da salvação como finalidade das técnicas de exercitação e seu ajuste no processo de cristianização e helenização do mundo ocidental, nos primeiros séculos de nossa era. Esse é também o momento em que vemos aparecer formas de contra-condutas como as promovidas pelas seitas gnósticas que, ao que parece, continuaram a existir por vários séculos.

A segunda etapa desse processo de helenização é identificada como a dos "Pais da Igreja", da qual data a Carta de São Clemente Romano – primeiro documento literário da Igreja Cristã –, que é posterior ao tempo dos apóstolos. Nessa etapa, percebemos o atrelamento entre noções ligadas ao modo de vida greco-romano (a concórdia, por exemplo) e noções da condução pastoral hebraica (como a obediência). Esse foi um momento importante para a produção e difusão do *télos* cristão, pois o uso de uma língua – o grego – juntou-se com a possibilidade do uso, por parte dos grupos cristãos, de metáforas e reflexões semelhantes às gregas, e assim conseguir seus primeiros conversos. Desse modo, conceitos gregos como a *Eclésia* e a *cidade orgânica*, que operaram na organização das cidades-estados, passaram a ser utilizados para argumentar a necessidade de uma comunidade cristã, organizada como um único corpo, obediente e disciplinado.

A terceira etapa, nomeada como a dos "apologistas", corresponde ao momento em que os cristãos escreveram e dirigiram seus discursos à maioria da população grega e romana para conseguirem conversões e ampliarem seu rebanho. Essa é uma etapa importante na qual a consideração do cristianismo como uma filosofia possibilitou a produção de muitas das argumentações dos cristãos a seu favor, e com ela, as primeiras tentativas para estabelecer a fé como preceito suprarracional. Aliás, veremos neste ponto, vários exemplos dessa articulação de *télos* e técnicas de condução de si mesmos e dos outros que levaram alguns homens a se sentirem como ovelhas de um rebanho a pedir para serem salvas pelo pastor de homens.

Na primeira etapa, no momento dos "Pais apostólicos" o uso da linguagem grega por parte dos apóstolos permitiu que um amplo número de noções, conceitos, categorias intelectuais, metáforas e conotações usadas pelos gregos se encravassem nas primeiras formas de pensamento das seitas cristãs. Essa rápida assimilação de conceitos gregos entre as comunidades cristãs é explicada por Jaeger (2004) a partir de dois fatos históricos: primeiro, porque "o cristianismo era um movimento judeu, e os judeus estavam já helenizados no tempo de São Paulo, não só os judeus da Diáspora, senão também, em grande medida, os da Palestina mesma"; e segundo, porque foi para "essa porção helenizada do povo judeu que se voltaram, em primeiro lugar, os missionários cristãos" (p. 14-15).

Assim, ao que parece, foi

> [...] a comunidade apostólica de Jerusalém, chamada de "helenista" no capítulo VI dos *atos dos apóstolos*, aquela que, logo após o martírio de seu chefe, Esteban, se dispersou pela Palestina e iniciou as atividades missionais da geração seguinte. Igual ao próprio Esteban (Stephanos), todos levavam claramente nomes gregos – Felipe (Philippos), Nicanor, Prócolo, Timão, Parmenas, Nicolau (Nikolaos) – e na sua maioria pertenciam a famílias que haviam sido helenizadas há uma geração ou mais. O nome da nova seita, *chistianoi*, originou-se em Antioquia, onde os judeus helenistas encontraram o primeiro grande campo de atividade para sua missão cristã (JAEGER, 2004, p. 15-16).

Nesse sentido, o fato de o grego ser uma linguagem comum, falada nas *synagogai* das cidades do Mediterrâneo, foi decisivo para que os primeiros pregadores e escritores (eis o caso de Filão de Alexandria) fossem escutados e lidos pelos compatriotas judeus cultos. Foi pelo domínio da linguagem grega que se fundou a atividade missionária dos primeiros apóstolos. Contudo, é preciso salientar que da mesma forma que o uso da língua, foi igualmente importante o uso das formas literárias gregas. Por exemplo, correspondências (epístolas) e atos (*praxeis*) foram importantes técnicas de si no exercício dos filósofos e conselheiros com seus discípulos. Destarte, essas técnicas também tornaram-se estratégias usadas pelos apóstolos encarregados da cristianização do mundo grego.

> O desenvolvimento posterior da literatura cristã no tempo dos Pais apostólicos [...] incluiu outras formas, como a *"didaquê"*, o *"apocalipse"* e o sermão. Este último é uma modificação da *diatribe* e *dialexis* da filosofia popular grega, que havia tentado levar as doutrinas dos cínicos, dos estoicos e os epicureus ao povo. Ainda a forma do martirológio foi usada pelos pagãos no Egito, onde se desenvolveu toda uma luta religiosa entre os egípcios e os judeus, mais ou menos pela época dos apóstolos e antes que aparecesse a literatura martirológica cristã (JAEGER, 2004, p. 17).

Então, nesse mútuo processo de cristianização e helenização que ocorreu no Mediterrâneo nos primeiros séculos de nossa era, de forma concreta e prática, articularam-se modos de vida diferentes e, por vezes, considerados como antagônicos. Tais modos não só estiveram mediados pelo uso de uma linguagem comum (o grego), como também pela utilização de formas narrativas e técnicas de difusão semelhantes. Nesse sentido, ao que parece, a entrega de folhetos de casa em casa (*propaganda fides*) – que foi uma estratégia comum às escolas gregas na sua tentativa de conseguirem novos conversos – possibilitou que muitas frases e metáforas se tornassem de domínio popular. Algumas delas logo serviram às seitas cristãs, que as adequaram nas suas narrativas, e ao levar adiante essas simbologias, encontraram mais ouvidos entre os gregos tradicionais e os judeus helenizados (JAEGER, 2004).

Não é de estranhar, por exemplo, que a doutrina dos dois caminhos simbolizada pelo "Y" e usada pelos pitagóricos para assinalar os dois caminhos que o homem podia seguir, "bem" ou "mal", da qual há registros em Hesíodo – em um tratado filosófico popular, o *Pinax de Cebes* –, seja usada como

> [...] ponto de partida para um sermão filosófico e moral, o mesmo da inscrição no altar do Deus desconhecido que Paulo usa nos *Atos* (XVII) como tema de sua *diatribe*. O catecismo cristão mais antigo, descoberto no século XIX e que leva o nome de *Didachê* ou *Doutrina dos doze apóstolos*, oferece o mesmo ensinamento dos dois caminhos como essência da doutrina cristã e a combina com os dois sacramentos do batismo e da eucaristia (JAEGER, 2004, p. 19).

Evidentemente, o uso de formas narrativas e metáforas semelhantes exigiu adaptações e ajustes que as marcaram como elementos cristãos, mas que se mantiveram como compreensíveis para os ouvidos gregos e romanos. Nessa forma de literatura menor, que circulava entre o povo e a elite, Jaeger encontra os melhores exemplos do atrelamento entre práticas gregas e cristãs, e com ele a emergência do cristianismo primitivo.

A missão de cristianização levou os missionários e os apóstolos a usar as ferramentas oferecidas pelas práticas gregas para se dirigirem tanto aos judeus helenizados, que moravam dispersos pela maior parte das cidades mediterrâneas, quanto aos nobres dessas mesmas cidades. Assim, eles conseguiram os primeiros seguidores usando as técnicas de conversão que aprenderam justamente com os filósofos e as escolas gregas.

Lembremos que no seu sentido filosófico (e religioso), a conversão é a transformação de uma concepção mental que pode ir desde a simples modificação de uma opinião até a transformação absoluta da personalidade (HADOT, 2006). "A palavra latina *convertio* corresponde-se com dois termos gregos: *episthrophe* que significa mudança de orientação e que implica a ideia de um retorno (à origem ou ao si mesmo), e *metanoia* que significa mudança de pensamento, arrependimento sugerindo a ideia de modificação e renascença" (HADOT, 2006, p. 26).

O tema dessa conversão, "ao menos desde os cínicos – os pós-socráticos: cínicos, epicuristas, estoicos etc." –, tornou-se o foco da atividade filosófica na forma de algo chamado *tékhne toa bíou*, "isto é, a arte, o procedimento refletido da existência, da técnica de vida". Mas à medida que foi se afirmando o "si mesmo", essa interioridade individual – que devia ser objeto de um cuidado particular –, a arte da existência (*a tékhne toa bíou*) e o cuidado do si mesmo começaram a se "identificar". E essa identificação esteve associada ao uso de certas técnicas, de práticas "relativamente bem constituídas, relativamente bem refletidas e, de todo modo, associadas a um domínio teórico, a um conjunto de conceitos e noções que o integram realmente a um modo de saber" (FOUCAULT, 2002, p. 177).

Nesse processo de individualização e construção do si mesmo, as perguntas que eram questões próprias da *tékhne toa bíou* sobre "como fazer para viver como se deve? [...] qual é o saber que me possibilitará viver como devo viver, como devo viver enquanto indivíduo, enquanto cidadão etc.? [...] como fazer para viver como convém?" (p. 178), identificaram-se e incorporaram-se à pergunta quanto a: como fazer para que o si mesmo se torne e permaneça sendo aquilo que ele deve ser?

> Isto, evidentemente, acarretará algumas consequências. Desde logo, por certo, a absorção, cada vez mais acentuada no decorrer da época helenística e romana, da filosofia como pensamento da verdade, pela espiritualidade como transformação do modo de ser do sujeito por ele mesmo. Simultaneamente, o crescimento do tema catártico. Ou então: o aparecimento ou o desenvolvimento do problema [...] que é o problema fundamental da conversão (da *metánoia*) (FOUCAULT, 2002, p. 177).

Assim, ao que parece, nos primeiros séculos da nossa era, a *tékhne toa bíou* (a arte de viver) girava mais perto da pergunta sobre como transformar esse si mesmo para que fosse capaz de aceder à verdade. Nessa recomposição da arte de viver e na sua junção com o cuidado de si mesmo para acessar a verdade, podemos compreender a emergência, a partir dos séculos III-IV, da espiritualidade cristã fundada em estritas e austeras práticas como aquelas que encontramos nas ascéticas monásticas. A importância que o tema da conversão alcançou nas práticas de si pode ser pensada como a

> [...] consumação de uma filosofia antiga, de uma filosofia pagã que a partir do movimento que lhes acabo de indicar, já era inteiramente dominada pelo tema da catártica, ou pelo tema da conversão e da *metánoia*. A vida de ascese, a vida monástica será a verdadeira filosofia, o monastério será a verdadeira escola de filosofia, e isto, repito, na linha direta de uma *tékhne tou bíou* que se tornara uma arte de si mesmo (FOUCAULT, 2002, p. 178).

Neste ponto, devemos lembrar que esse *télos* da conversão encontra-se ainda no âmago do pensamento ocidental moderno e contemporâneo. Ele expressa-se nesse imperativo de transformação e adaptação permanentes que, como assinalamos na primeira parte deste livro, movimenta as vidas exercitantes: *Tens que mudar tua vida!* Assim, a conversão parece resumir uma tentativa sempre renovada de aperfeiçoamento que exige o uso de diversas técnicas para alcançar a transformação da "realidade humana, seja aproximando-a de sua essência originária (conversão-retorno) ou modificando-a de maneira radical (conversão-mutação)" (HADOT, 2006, p. 178).

Esse preceito de transformação ligou-se, desde os primeiros séculos de nossa era, ao preceito de identificação e cuidado do si mesmo. Seria nessa identificação e nesse cuidado que os homens teriam de concentrar seus esforços; seria no caminho aberto pela conversão que o processo de individualização continuaria seu caminho, procurando por homens exercitantes (artistas) produtores da sua vida, da sua verdade e da sua felicidade.

Nesses primeiros séculos de nossa era, promessas de felicidade e de verdade – que eram feitas pelas escolas filosóficas em troca da exercitação e da própria transformação – concorriam com as promessas de uma verdade revelada e uma salvação vinda do Cristo, oferecidas pelas seitas cristãs. Tanto as primeiras quanto as segundas ofereciam, de modos diferentes, o acesso à verdade e à felicidade, mas as duas exigiam a prática de exercícios e a conversão. A relação com as deidades em ambos os casos significava um refúgio espiritual e a possibilidade de uma vida de sucesso e felicidade. Segundo Jaeger,

[...] o deus dos filósofos era diferente dos deuses. O Olimpo pagão tradicional e os sistemas filosóficos do tempo do helenismo eram, para seus seguidores, uma espécie de refúgio espiritual. Os missionários cristãos seguiram suas pegadas, e se confiamos nos relatos dos *atos dos apóstolos*, às vezes tomavam emprestados os argumentos desses predecessores, sobretudo quando se dirigiam para um auditório culto (JAEGER, 2004, p. 22).

Esse foi um momento definitivo para a conformação da pastoral cristã. Sobre a base comum da língua e dos jogos discursivos que seu uso permitia, foi possível que metáforas e argumentos filosóficos – dos estoicos, dos epicureus e ainda dos cínicos – fossem usados pelos primeiros apóstolos para difundir entre os gregos a prática de exercícios sobre si, a procura pela conversão, mas com outra finalidade: a salvação da alma, através do amor a um único deus.

Esse elemento da salvação, junto com aquele da conversão que vimos anteriormente, tornaram-se as peças-chave do *télos* e da *téchne* da pastoral cristã. Segundo sabemos, a salvação também não era assunto estranho para os gregos, nem para os romanos. Ela já aparecia na época helenística e na romana como noção filosófica, como objetivo da prática e da vida filosóficas (*Soteria, sózein*),[62] muito antes de seu encontro com o cristianismo.

> Com efeito, nós o encontramos em Platão e precisamente associado ao problema do cuidado de si e do cuidado dos outros. É preciso salvar-se, salvar-se para salvar os outros. Em Platão, pelo menos, parece que esta noção não tem um sentido técnico muito particular nem muito intenso. Em contrapartida, quando a encontramos nos séculos I e II, apercebemo-nos de que não somente sua extensão, seu campo de aplicação é infinitamente

[62] O verbo *sózein* (salvar) ou o substantivo *solena* (salvação) têm, em grego, algumas significações. *Sózein* (salvar) é, primeiramente, livrar de um perigo que ameaça [...]. *Sózein* também quer dizer [...]: guardar, proteger, manter em torno de algo, uma proteção que lhe permitirá conservar-se no estado em que está. [...] Em terceiro lugar, em sentido semelhante, mas nitidamente mais moral, *sózein* quer dizer: conservar, proteger alguma coisa como o pudor, a honra ou eventualmente a lembrança. *Soteda mnémes* (guardar a lembrança). [...] Em quinto lugar, *sózesthai* (forma passiva) significa ser salvo neste momento, isto é, subsistir, manter-se tal qual se estava no estado anterior. [...] em sexto lugar, *sózein* tem um sentido mais positivo ainda. *Sózein* significa fazer o bem, quer dizer, assegurar o bem-estar, assegurar o bom estado de alguma coisa, de alguém ou de uma coletividade. [...] Temos ainda a expressão latina, uma expressão político-jurídica muito significativa: *salus augusta*, a augusta salvação, o que quer dizer não que Augusto salvou o Império, [mas] que ele é o princípio do bem público, do bem-estar do Império em geral. É ele, pois, o princípio do bem. Aí está, portanto, todo um conjunto de significações que podemos encontrar em torno do verbo *sózein* ou do substantivo *soteda* (FOUCAULT, 2002, p. 180-181).

mais amplo, mas também que assumiu um valor e uma estrutura inteiramente específicos (FOUCAULT, 2002, p. 178).

Esse elemento da salvação – visto através das múltiplas e ricas significações que teve entre os gregos e os romanos antes do seu encontro com o cristianismo – oferece uma compreensão diferente para a expressão "Salvar-se a si mesmo". Essa salvação não aparece referente à dramaticidade de um único acontecimento "que permite, em nossa existência, permutar a morte em vida, a mortalidade em imortalidade, o mal em bem, etc." (p. 183), como se configurou no cristianismo medieval. Salvar a si mesmo não tem simplesmente o valor negativo de escapar do perigo, da prisão, do corpo, da impureza do mundo, etc. Salvar-se tinha significações positivas:

> Quem se salva é quem está em um estado de alerta, de resistência, de domínio e soberania sobre si, que lhe permite repelir todos os ataques e todos os assaltos, [...] escapar a uma dominação ou a uma escravidão; escapar a uma coerção pela qual se está ameaçado, e ser restabelecido nos seus direitos, recobrar a liberdade, recobrar a independência, [...] manter-se em um estado permanente que nada possa alterar, quaisquer que sejam os acontecimentos que se passam em torno, como um vinho se conserva e se salva. Enfim, "salvar-se" significará: aceder a bens que não se possuía no ponto de partida, favorecer-se com uma espécie de benefício que se faz a si mesmo, do qual se é o próprio operador. "Salvar-se" significará: assegurar-se a própria felicidade, a tranquilidade, a serenidade, etc. (FOUCAULT, 2002, p. 183-184).

Entre os gregos e os romanos, "salvar-se a si mesmo" não é só uma expressão positiva, mas uma expressão relacionada – no fundamental e principalmente – a assuntos práticos da própria vida. Para esse momento, e nos textos analisados por Foucault, essa noção não tem relação nem com morte nem com imortalidade, muito menos com a vida em um outro mundo. "Salvar-se é uma atividade que se desdobra ao longo de toda a vida e cujo único operador é o próprio sujeito. [ela] Conduz a algum efeito terminal que é sua meta, que é sua finalidade" (FOUCAULT, 2002, p. 184).

Assim, os dois grandes temas que vão aparecer nos discursos filosóficos vinculados à salvação são os seguintes: *ataraxia* – ausência de perturbação pelo domínio de si – e *autarcia* – autossuficiência, na qual a única necessidade é esse si mesmo. A salvação é uma atividade permanente do indivíduo sobre si, recompensada por certa relação consigo, que faz com que ele seja imperturbável diante de eventos exteriores e que só precise dele próprio para levar uma vida feliz (FOUCAULT, 2002, p. 184). Outro modo para podermos perceber o aparecimento do problema da salvação entre os gregos e os romanos seria na sua forma de conceito "vazio", que se configurou justamente na prática do preceito délfico do cuidado de si e que com os antigos se preencheu de conteúdos como os mencionados anteriormente, mas que com os cristãos mudou-se de conteúdos.

Até onde podemos saber, foi nos primeiros séculos de nossa era que aconteceram a difusão e a popularização do preceito de cuidado de si. Tal popularização – que pautava como preceito o cuidado de si para transformar a existência em uma obra de arte e que parecia deixar à mão de todos os indivíduos o acesso (aprendizado e exercitação) às técnicas de si – não significou que efetivamente todos os gregos e os romanos conseguiram fazer isso ou quisessem fazer isso. De fato, nesse momento das sociedades grega e romana, cuidar de si não foi um preceito "percebido, colocado, afirmado como uma lei universal" que fosse válido para o indivíduo. Esse princípio implicava "sempre uma escolha de modo de vida, isto é, uma separação entre aqueles que escolheram este modo de vida e os outros" (FOUCAULT, 2002, p. 119).

O fato de as práticas de si requererem para sua realização o aprendizado e acompanhamento de exercícios por parte de um conselheiro, filósofo, mestre, etc., bem como a dedicação de tempo para a própria exercitação, limitavam o número de pessoas que podiam cumprir com esse preceito. Uma vez popularizado o cuidado de si e criadas as condições por parte de alguns grupos (confrarias, congregações, seitas, fraternidades, escolas, etc.)[63] que começaram a aparecer para apoiar a realização desse cuidado, o fato de ser ele um princípio que depende da escolha do indivíduo expressava a emergência da capacidade de todos os indivíduos em praticá-lo, mas não necessariamente a possiblidade efetiva de todos fazê-lo. Desse modo, todos os indivíduos seriam

> [...] capazes de ter a prática de si próprios, capazes de exercer esta prática [...], porém se todos, em princípio, são capazes de aceder à prática de si, também é fato que, no geral, poucos são

---

[63] Foucault (2002, p. 157) assinala que: "um dos traços mais característicos da época da qual lhes falo, os séculos I-II, a saber: mesmo fora das instituições, dos grupos, dos indivíduos que, em nome da filosofia, reivindicavam o magistério da prática de si, esta prática de si tornou-se uma prática social. Começou a desenvolver-se entre indivíduos que, propriamente falando, não eram do ofício. Houve toda uma tendência a exercer, a difundir, a desenvolver a prática de si fora mesmo da instituição filosófica, fora mesmo da profissão filosófica, e a constituí-la como um certo modo de relação entre os indivíduos, dela fazendo uma espécie de princípio de controle do indivíduo pelos outros, de formação, de desenvolvimento, de estabelecimento de uma relação do indivíduo consigo mesmo, cujo ponto de apoio, cujo elemento de mediação será encontrado em outro, outro que não é necessariamente um filósofo de profissão, muito embora seja-lhe certamente indispensável ter passado pela filosofia e ter noções filosóficas".

> efetivamente capazes de ocupar-se consigo. Falta de coragem, falta de força, falta de resistência – incapazes de aperceber-se da importância desta tarefa, incapazes de executá-la: este, com efeito, é o destino da maioria. O princípio de ocupar-se consigo (obrigação de *epimélesthai heautou*) poderá ser repetido em toda parte e para todos (FOUCAULT, 2002, p. 126).

No entanto, que o cuidado de si se anuncie como capacidade de todos não significa que para todos seja possível. Então, a pergunta é: quantos indivíduos seguiram esse preceito? Quantos, sendo convidados para se ocuparem consigo mesmos, fizeram isso? Quantos conseguem ser persuadidos pelos seus mestres ou pelos amigos para praticá-lo? E escolhendo esse caminho do cuidado, quantos alcançaram a conversão? Quantos, enfim, conseguiram fazer da sua vida uma obra de arte? Não muitos, com certeza.

Pois bem: é a partir dessa condição de capacidade de todos, além da impossibilidade de todos seguirem esse princípio de cuidado, que Foucault (2002) assinala a emergência do conceito "vazio de salvação". Um conceito que nos gregos e romanos, referia-se a essa grande voz do preceito délfico que chama para cuidar de si, mas que poucos atenderam; ou que, sendo atendida, poucos conseguiram seguir: "apelo universal que só a poucos garante a salvação" (p. 127).

Logo, na forma como essa noção articulou-se e encheu-se de sentido no encontro do *télos* cristão, podemos perceber as principais características da nova forma de um poder pastoral, cujo objetivo seria justamente assegurar essa salvação individual. Essa salvação já não seria mais nesta terra (como foi no pastorado hebraico), mas em uma terra prometida, no além – que espera esses seres salvos pelo deus cristão, através da Fé e da Revelação. Tal poder pastoral já não seria só um poder que dirige, mas um poder que exige sacrifício e trabalho individual para a própria salvação. Portanto, não seria mais uma condução de um rebanho passivo, ao cuidado do pastor (como foi no pastorado hebraico), mas a condução de um rebanho de homens exercitantes que estariam na obrigação de praticar uma ascese rigorosa sobre si, por toda a vida e sob a guia (vigilância e controle) do pastor, que continuaria a exigir a máxima obediência. Para os indivíduos desse rebanho, a prática de si (a ascese rigorosa), que outrora podia ou não ser um modo de vida, tornou-se uma obrigação e uma responsabilidade (FOUCAULT, 1990a).

Em geral, podemos dizer que essa salvação cristã caracterizou-se por: (1) sua inscrição em um sistema binário de impureza/pureza, de vida/morte, deste mundo/outro mundo, de mortalidade/imortalidade, de mal/bem, etc. Portanto, uma salvação que estaria sempre no limite e que seria um operador de passagem; (2) estar ligada à dramaticidade tanto do acontecimento de duas temporalidades – a deste mundo e a de Deus, da eternidade – quanto da transgressão, da falta original, "a queda, que tornam necessária a salvação"; (3) uma operação complexa de autossalvação, mas na qual é requerido o outro "(um outro, o Outro) cujo papel, precisamente, é muito variável e difícil de definir" (FOUCAULT, 2002, p. 180-181).

Como vimos até aqui – e não podemos esquecer –, o tema da salvação no pensamento helenístico, romano ou no pensamento da Antiguidade tardia, receberia uma importante carga de conceitos e explicações de cunho religioso, vinda desses intercâmbios próprios do processo de helenização que estou descrevendo. Isso é percebido de fato entre os pitagóricos, "cujo papel foi tão considerável e duradouro ao longo do pensamento filosófico grego" (FOUCAULT, 2002, p. 180-181) e para quem essa noção de salvação foi importante.

As noções de salvação e conversão e as técnicas vinculadas à sua compreensão e consecução entreteceram-se e encontraram-se no cerne mesmo dos modos de vida que se produziram no processo de helenização e cristianização dos primeiros séculos de nossa era. Assim, por exemplo, segundo narra Jaeger (2004), nos *atos dos apóstolos*, o apóstolo Felipe aparece oferecendo aos gregos cultos a boa nova do Cristo, mas apresentando-a como a continuação da *Paideia grega* clássica. Portanto, quando Felipe anuncia "Vim a Atenas para revelar-vos a *Paideia* de Cristo" (p. 24), não só vincula o cristianismo à tradição grega, mas ao apresentá-la com a novidade do Cristo, formula-a como uma nova, como uma forma de melhora ou qualificação da *Paideia clássica*. Desse modo, a velha *Paideia* que emergira ligada a esses princípios de comportamento e condução desenhados pela ainda mais velha *Arete heroica*, transformou-se no instrumento dessa nova *Paideia cristã*. A *Paideia grega* como fonte de exercícios e técnicas espirituais, agora a serviço do cristianismo.

É claro que esse encontro não aconteceu sem resistência e que seria preciso revisitar a época para analisar focos de contracondutas que ali se formaram. Contudo, esse é "outro" dos muitos assuntos que fogem das minhas possibilidades acadêmicas e dos propósitos deste livro. Embora isso seja assim, poderíamos mencionar rapidamente um exemplo que mostraria outras formas de vida que se reorganizam como resposta à chegada das seitas cristãs, mas que nem por isso poderíamos pensar que tenham sido totalmente diferentes e opostas. Elas simplesmente transformaram-se em outras formas de se conduzir e de viver, contracondutas, no sentido que nos ensinou Foucault (2006b).

Esse exemplo – ao qual me referi anteriormente –, podemos tomá-lo da *Contra-história da filosofia*, de Michel Onfray (2010). Nessa obra, o autor salienta que diante do desdobramento avassalador do cristianismo na sociedade grega e greco-romana, o gnosticismo emergiu como um movimento que, sem ser homogêneo nem homogeneizador, resistiu às formas de ascese cristã que apontavam para a salvação através de um único deus e para uma desnecessária separação entre bem e mal. Essa tradição gnóstica, segundo relata o filósofo, continua a existir até nossos dias, reformulada e em permanente ajuste diante dos cambiantes modos de vida que continuaram marcados pelas práticas pastorais do cristianismo, ainda nas suas formas laicas.[64]

Tal gnosticismo configurou-se no interior de pequenas comunidades (não maiores de 30 pessoas) a partir do ensinamento da vida filosófica que se desdobra da sua doutrina, um ensinamento centrado na prática da vida filosófica mesma. Ele não constituiu uma ampla comunidade nem um movimento reconhecido como tal, pois para o cristianismo triunfante, os gnósticos eram hereges, o que obrigou esses indivíduos a agir em pequenos grupos isolados "na montanha, longe do mundo, ocultos [...] e praticantes extremamente discretos" (ONFRAY, 2010, p. 29). Essa diáspora de grupos significou que o que chamamos de gnosticismo apenas pode se caracterizar como movimento, e pelo mesmo, só é possível reconhecer algumas de suas principais linhas de pensamento e de suas práticas mais comuns:

> O gnosticismo representa uma corrente filosófico-religiosa esotérica que se desenvolveu nos primeiros séculos da era cristã. Esta corrente, extremamente difundida, difícil de demarcar e de definir, foi rejeitada ao mesmo tempo pelos Padres da Igreja e pela filosofia de inspiração platônica. A "gnose" (do grego *gnôsis*: conhecimento) designa um conhecimento esotérico capaz de oferecer a salvação a quem a ele tem acesso e representa, para o iniciado, o saber de sua origem e de sua destinação, assim como os segredos e mistérios do mundo superior (trazendo com eles a promessa de uma viagem celeste), alcançados a partir de tradições exegéticas secretas. No sentido deste saber salvador, iniciático e simbólico, a "gnose" recobre um vasto conjunto de especulações judaico-cristãs a partir da Bíblia. O movimento "gnóstico" promete, pois, pela revelação de um conhecimento sobrenatural, a liberação da alma e a vitória sobre um poder cósmico maléfico (FOUCAULT, 2002, p. 34, nota de rodapé 49).

---

[64] Segundo Onfray (2010, p. 29), "na melhor das hipóteses, o pensamento gnóstico abarca oito séculos, esses primeiros de nossa civilização, a chamada judaico-cristã".

Assim, a compreensão de que o mal impera na terra e de que é indiferente o que aconteça com o corpo é um dos princípios comuns a todos os gnósticos. Para eles, a separação corpo-alma é tal que não importa o que aconteça com o corpo – essa carne culpável, impregnada de mal – pois é a alma – absolutamente independente e pura – a única implicada no trabalho de salvação. Portanto, encontramos comunidades que optaram pela negação do corpo (como os gnósticos ascéticos) ou pela sua afirmação (como os gnósticos encráticos), mas o que é comum para elas é a separação corpo-alma. Os gnósticos colocam-se, então, para além do bem e do mal e, portanto, acima das práticas tão caras ao cristianismo sobre a santidade do corpo, a sua pureza e a sua castidade ou não. Para esses hedonistas, o céu está na terra.

Eles também mantiveram uma organização de seita que lhes permitia a cautela e os cuidados necessários para sobreviver num mundo cada vez mais cristianizado, mas que também permitia entre eles um "sentimento de pertença a uma elite". Eles acreditavam que eram escolhidos, e essa condição os ligava à organização do grupo, obrigando-os à obediência "ao mestre, ao iniciado, ao superior hierárquico", sob pena de exclusão (ONFRAY, 2010, p. 31).

Lembremos, como vimos acima, que essa relação mestre-discípulo é uma das estruturas mais importantes nas práticas de si gregas, que ela permaneceu viva nas práticas cristãs e foi fundamental nas formas de governamento no interior dos monastérios e no desenvolvimento das práticas pedagógicas a partir desse momento. Os gnósticos também compartilharam com os primeiros cristãos a prática do ensino fundado na palavra, e não no texto. Nela a voz do guia era fundamental para conduzir o discípulo e exige a presença do outro e da palavra viva.

Os princípios das comunidades gnósticas podem resumir-se em termos de uma espécie de materialismo que procura encaixar o real com considerações aritméticas e místicas, e cifrar o mundo deixando cada coisa em um lugar. Isso os levou a praticar a vida a partir de cinco códigos: (1) a crença na existência de uma alma imaterial diferente do corpo, mas fechada nele em virtude do castigo; (2) a ideia de que a alma migra de um corpo para outro depois da morte, e que seu destino depende do uso dela durante a vida; (3) o povoamento de um céu de criaturas inteligíveis; (4) o fato de o mundo agir sob um princípio divino; (5) a salvação como libertação "do princípio espiritual ígneo de sua prisão material, carnal, corporal. Como Pitágoras e Platão..." (ONFRAY, 2010, p. 39).

As proximidades entre os princípios dos gnósticos e os princípios cristãos – ao reativar teses platônicas sobre a alma e a proximidade de todo esse movimento apostólico que descrevemos antes, bem como a proximidade geográfica com o "mazdeismo persa, o judaísmo palestino, provavelmente o orfismo helênico e seguramente o pitagorismo e platonismo gregos", entre outras coisas – podem explicar o fato de o cristianismo e o gnosticismo serem contemporâneos e que entre eles encontremos muitos pontos comuns. No entanto, eles configuram modos de vida diferentes que levaram Onfray a afirmar que "o cristianismo é uma gnose que triunfara", pois "a construção do cristianismo deriva das mesmas águas" que a gnose. Além disso, para ele, do mesmo modo que o cristianismo primitivo, a gnose ""corta e cola" dos textos antigos, uma vez que pega e nutre-se da influência do momento [...] Mas os gnósticos não dispuseram de um Constantino para se impor. Eis toda a diferença..." (2010, p. 41-42).

Ao que parece, então, os gnósticos e os Pais da Igreja compartilharam o mesmo interesse e a mesma proveniência em termos de suas práticas. No entanto, eles usaram técnicas comuns orientadas por princípios diferentes, gerando modos distintos de pensar e viver. Os séculos I e II foram marcados por esse complexo movimento de troca e definição de preceitos de comportamento e de técnicas para cumpri-los. Como tentamos descrever até agora, o privilégio de alguns modos de vida sobre outros, de uns preceitos e técnicas de comportamento sobre outros esteve definido por alguns acontecimentos históricos, em particular por aqueles vinculados à organização do Império Romano e ao aparecimento de uma figura como a de Constantino (272 – 337), acontecimentos que foram determinantes na conformação do que nomeamos Igreja cristã.

Seguindo as análises de Foucault (2006b), esse seria o próprio momento de organização da pastoral cristã, que se configurou no processo de helenização que descrevemos antes. Ela possibilitou que se coligassem temas da pastoral hebraica – suas formas de condução dos outros, centradas na vigilância, no controle e na obediência do rebanho (na condução das almas humanas) – com mecanismos precisos e instituições definidas dentro do nascente Império Romano que encontrou, no exercício e uso de técnicas de si, possibilidades para formar o cidadão e a ovelha do novo rebanho de homens. Portanto, configuração de um tipo de poder que, parece, "nenhuma outra civilização haveria conhecido" (p. 159).

Segunda etapa do processo de cristianização. Nesse processo de configuração do cristianismo primitivo, a segunda etapa do processo de helenização – descrita por Jaeger (2004) como aquela dos "Pais da Igreja", posterior à morte de São Paulo – seria outro momento-chave para a definição tanto dos preceitos de vida da cristandade quanto dos princípios a partir dos quais certos indivíduos poderiam, em razão de sua qualidade religiosa, servir aos outros não como príncipes, magistrados, profetas, adivinhos, benfeitores, educadores ou outras coisas, mas agindo como pastores (Foucault, 2006b).

Um exemplo interessante dessa nova classe de indivíduos é o de São Clemente Romano, seguidor de Pedro e quarto bispo de Roma, que precisou escrever uma carta para um grupo da Igreja de Corinto que se negava a reconhecer a autoridade de seu bispo e teriam chegado a depô-lo. A carta de Clemente é um documento importante, porque nela é possível perceber a articulação entre argumentações e práticas de si gregas e temas propriamente cristãos, na tentativa de restaurar a linha de obediência e autoridade necessárias para a organização eclesial. Na carta, Clemente usa elementos das artes retóricas antigas, e com "exemplos muito bem escolhidos (*hypodeigmata*)", tenta mostrar os terríveis resultados da "luta de facções (*stasis*) e da desobediência", assim como as "bênçoes da concórdia e a obediência" no interior dos Estados. Lembra a eles que "a discórdia interna fizera cair grandes reis e tivera destruído Estados poderosos" (Jaeger, 2004, p. 26-27).

Concórdia e obediência ao pastor (bispo) era a mensagem de Clemente Romano. Ele parecia usar as regras da eloquência política grega para promover princípios pastorais de obediência. É necessário lembrar que a concórdia (*homonoia*) é uma noção importante usada pelos pacifistas, educadores, políticos, poetas, sofistas e estadistas da *polis* grega clássica. Ela também foi, em tempos romanos, uma deusa louvada pelos filósofos como "um poder divino que subjuga e mantém a ordem e a paz no mundo" (p. 27-28). Pelo viés da obediência, também não podemos esquecer a força que alcançaram imagens como as de Pedro e Paulo como exemplos de submissão ao próprio Cristo, mas articuladas a certa disciplina exemplar como aquela do exército Romano: eis aí um momento de emergência de um sistema de virtudes e valorações cristãs que vincularam o *télos* pastoral da obediência à disciplina estoica.

É muito importante perceber que, nesse momento, estavam em jogo discussões da ordem da filosofia política e que nelas os argumentos que outrora tinham sido úteis para a organização da cidade-estado grega e sua *eclesia* (comunidade), agora eram usados para nutrir e sustentar a necessidade de certas atitudes e práticas atinentes a conformar outra forma de comunidade humana: a comunidade cristã. Nessa outra comunidade, o cristianismo é entendido como um ideal ético que requer tanto a disciplina (o exercício) "semelhante à dos cidadãos de um Estado bem organizado" quanto a organização de "um mesmo espírito comum a todos" (Jaeger, 2004, p. 32).

Tal ideal ético do cristianismo parece ser a continuação do ideal ético que traçava a *Paideia grega* e que, como São Clemente Romano, outros cristãos usaram para derivar dela preceitos de condutas individuais e coletivas. Apresentados como qualificação da *Paideia grega*, preceitos de ascese rigorosa de Fé e revelação, através do texto, foram articulados às leis divinas do universo e da natureza, nas novas regras de comportamento da *Paideia cristã*. Por exemplo, para os novos cristãos usarem o conceito da cidade orgânica (do pensamento político grego) – para descrever a comunidade cristã "como unidade no corpo de Cristo" (JAEGER, 2004, p. 34) e para argumentar a respeito da necessidade de manter a hierarquia, a disciplina e a obediência que a unidade de corpo (sociedade humana) precisava –, introduziu-se uma narrativa de obediência que foi fundamental para o pastorado cristão.

Essa metáfora da unidade do corpo, que permitiu aos gregos discutir o problema prático da organização da *polis* e da *eclesia*, juntou-se àquela do exército romano usada por São Clemente Romano para resolver um outro assunto prático dos primeiros cristãos: a unidade da Igreja como possibilidade de ter um espirito comum (*pneuma*) que anime todo o corpo. O *pneuma* era um termo usado pela medicina grega Antiga, que foi retomada pelos estoicos (na sua teoria da *physis*) para explicar a vida e a ordem universal. Assim, a "*symphnoia* das partes, que os médicos haviam afirmado com respeito ao corpo do homem, converteu-se agora no princípio do universo vivo e transformou-se na *symphnoia panton*": um problema da harmonia política para a sociedade humana (p. 35).

De modo geral, podemos perceber que, nesses primeiros séculos de nossa era, havia uma tradição viva da *Paideia grega* na comunidade de falas grega e romana. Que a vida dessa *Paideia* se expressou tanto pela tradição de práticas de exercitação e condução de si – orientadas para a própria formação e para a produção de individualidades ocupadas de si (autofinalistas, pois o *télos* da cidade começaria a se apagar alguns séculos antes[65]) – quanto pela riqueza de difusão de uma língua que, como a grega, era falada em boa parte da região Mediterrânea. *Paideia* viva que permitiu que cartas como a de Clemente (formado nessa *Paideia*) encontrassem ouvidos entre gregos e romanos, pois "não se tratava só de um assunto de estilo, mas levava incorporada a generalidade teórica do método intelectual aplicável para qualquer problema, e esse era o carimbo distintivo da *Paideia grega*" (JAEGER, 2004, p. 35).

Aqui, uma observação parece necessária. Não podemos deixar de lembrar que na história das práticas de si, os séculos I e II de nossa era

---

[65] "Numa palavra, o cuidado de si, que em Platão era manifestamente aberto à questão da cidade, dos outros, da *politeía,* da *dikaiosyne*, etc., surge – ao primeiro olhar, pelo menos, no período de que trato, séculos I-II – como fechado em si mesmo" (FOUCAULT, 2002, p. 177).

marcam um acontecimento. Segundo Foucault (2002), foi nesse período que as práticas de cuidado de si (seus exercícios e técnicas) se desprenderam pouco a pouco desse fim que era o cuidado dos outros e a vida da *polis*. O si mesmo do qual se cuidava deixou de ser um elemento entre outros; ele "não é mais um ponto de juntura. Não mais um encaixe. Não mais um elemento de transição para outra coisa que seria a cidade ou os outros". O si mesmo transformou-se na finalidade "definitiva e única do cuidado de si". A prática do cuidado de si, então, se centraria em si mesma, e somente no si mesmo. "Cuida-se de si, por si mesmo, e é no cuidado de si que este cuidado encontra sua própria recompensa. No cuidado de si é-se o próprio objeto, o próprio fim" (p. 177).

O si mesmo, como objeto e fim do cuidado, transformaria os exercícios e as práticas em autofinalistas, e isso viria a ser uma novidade tanto para o processo de individualização quanto para sua vinculação às práticas pastorais. Ainda com relação a essa particularidade de autofinalidade das práticas de si, não podemos deixar de perceber que foi justamente essa exercitação de si mesmo (ascese) que se tornaria fundamental para a forma de um poder pastoral cristão que iria precisar conhecer o interior da mente das pessoas, explorar suas almas e revelar seus mais íntimos segredos. Isso significa um conhecimento da alma e uma habilidade para dirigi-la.

Retornando ao nosso assunto da *Paideia*, foi nesse cenário de mudanças da finalidade das práticas de si e de difusão do preceito formativo que o conceito de *Paideia* deixaria de limitar somente ao mundo grego e romano. Ele transformou-se num conceito que passou a ser um preceito vivo entre judeus e cristãos, que iriam usá-lo porque

> [...] é facilmente compreensível para todos, se bem que os cristãos e os judeus pensem que, talvez, possam fazer uma contribuição própria ao problema da *Paideia* verdadeira. Assim, o antigo ideal grego entra em uma nova fase de sua vida. A história não começa com uma definição do que toma do passado, mas da possessão dele e adaptando-o para seus propósitos (JAEGER, 2004, p. 42).

Nessa construção da *Paideia cristã*, a terceira etapa – a dos "apologistas" – tornar-se-ia um momento-chave, pois até esse momento (meados do século II), os discursos, as correspondências e demais formas de literatura cristã foram dirigidas para os cristãos e para aqueles que estavam iniciados e a caminho para se tornarem cristãos. Contudo, as contínuas perseguições que as seitas cristãs viveram serviram de motivo para iniciar um processo de produção de outras formas literárias cristãs dirigidas para a população não cristã – inicialmente, para os gregos cultos e depois para o restante da população.

Na terceira etapa do processo de cristianização, dos apologistas, essa nova produção de ferramentas para difundir as ideias cristãs requereu estratégias escritas e faladas para criar uma base comum. Aí, ao que parece, emergiram discursos didáticos explicativos e o revivamento da forma dialogada, imitando as velhas estratégias gregas. Desse modo, discursos e cartas como as de Paulo, Pedro e Gregório Romano foram substituídas por essas formas dialogadas dirigidas ao público culto grego, que apareciam como leitores interessados em ter mais informação e refletir sobre o assunto. Nesses textos, os cristãos "falavam para os poucos homens que possuíam uma cultura, entre eles, os governantes do Império Romano. Dirigiam-se a eles individualmente como a homens de maior cultura (*Paideia*), que se enfrentavam ao espírito filosófico" (JAEGER, 2004, p. 45).

Nesse exercício, os cristãos deviam convencer com argumentos filosóficos os filósofos e governantes gregos e romanos. Eles deviam responder por acusações de subversão política, que incluíam desde delitos como canibalismo por falar em comer o corpo de Cristo e em beber seu sangue, até ateísmo por não venerarem os deuses do Estado e se negarem a oferecer glória ao imperador. Desse processo apareceram os primeiros conversos ao cristianismo – entre eles, Justino Romano (100-165), que considerava o cristianismo uma filosofia, mas não uma filosofia absoluta e, por isso, era preciso manter vivo o pensamento filosófico antigo.

Essa definição do cristianismo como filosofia é talvez um elemento-chave para pensarmos a articulação que *télos* e técnicas vindas de modos de vida aparentemente muito diferentes alcançaram nesse momento. Pensar no cristianismo como filosofia é pensar nele também como modo de vida e, nesse sentido, com uma condição e um valor que, mesmo com diferenças, mereciam a atenção que os gregos e os romanos, cultos e não cristãos, ofereceram. Assim, diz-nos Jaeger:

> Não deve surpreender-nos a interpretação do cristianismo como uma filosofia, pois se nos dermos a pensar o que podia comparar um grego com o fenômeno do monoteísmo judeu-cristão, encontraremos que só a filosofia lhe corresponde dentro do pensamento grego. Para dizer a verdade, quando os gregos se depararam pela primeira vez com a religião judia em Alexandria – século III a.C. –, pouco depois da aventura de Alexandro Magno, os autores gregos que referem suas primeiras impressões do encontro com o povo judeu – entre eles, Hecateu de Abdera, Megastenes e Clearco de Soli em Chipre, o discípulo de Teofastro – chamam invariavelmente aos judeus a "raça filosófica" (JAEGER, 2004, p. 45).

Esses primeiros gregos que usaram a expressão de raça filosófica para os judeus, referiam-se a ela desse modo porque perceberam essa ideia de unicidade como princípio divino do mundo. Essa era uma ideia recente para os gregos, o que ajudou a estabelecer pontes e contatos mais estreitos entre as civilizações de duas regiões, no momento em que os gregos principiaram a deslocar-se para o oriente, guiados por Alexandre Magno. E mais: Jaeger (2004) afirma que o respeito pelo pensamento judeu e a curiosidade pelos seus princípios levaram ao estudo dedicado e decidido das escrituras judias. Nas suas palavras:

> Temo que a Sagrada Escritura judia nunca houvesse sido traduzida e a Septuaginta não tivesse nascido jamais, se não houvesse sido pelas esperanças dos gregos da Alexandria de encontrar nela o segredo do que, respeitosamente, chamavam de filosofia dos bárbaros. Logo, dessa aventura está a nova Ideia da "Humanidade uma" que a política de Alexandre propagou depois da conquista do Império Persa (JAEGER, 2004, p. 45).

Assim, para os séculos I e II de nossa era, não foi muito estranho pensar e se referir ao cristianismo como uma filosofia. Ela aparecia ligada à ideia de um filósofo como um homem interessado em Deus, interessado na ética e na cosmologia, mas especialmente na teologia. Além disso, um filósofo ocupado com seu modo de vida, e esse era um assunto importante no que se referia à prática de vida que o filósofo devia ter na tradição grega.

Contudo, foi um fato muito importante que o cristianismo tivesse sido considerado e tratado como filosofia por alguns gregos e romanos cultos, os quais abriram espaços para debates e discussões filosóficas, graças aos quais o próprio movimento cristão encontraria mais argumentos para se posicionar e conseguir mais conversos. O assunto da fé passou a ser um ponto de discussão central. A fé aparecia, para alguns gregos e romanos, como esse elemento cujo fundamento só era experiência subjetiva e que não oferecia uma base epistemológica suficiente para um sistema filosófico que se sustentasse. A resposta mais conhecida para essa crítica chegou das mãos do famoso Tertuliano (160-220), que aproveitou tal crítica para posicionar como superiores os temas da fé sobre os da razão (JAEGER, 2004).

Tertuliano argumentou que a "fé da religião cristã" era muito diferente e superior à "atitude racional da filosofia". A fé, nesse sentido, era suprarracional. Com isso,

> [...] prefigura certos desenvolvimentos da forma latina do cristianismo, muito importantes e muito diferentes da interpretação grega. Os gregos sempre dão as boas-vindas ao apoio da razão, enquanto que a mente Romana salienta sempre: (1) o fator da

personalidade na aceitação da fé cristã e (2) o fator suprapessoal da autoridade (JAEGER, 2004, p. 53).

Neste ponto, um reforço a mais para o problema do indivíduo e para o tema da autoridade e da obediência que vão ser caros para a forma de pastoral cristã. Nela, como vimos antes, a salvação individual, a necessidade do sacrifício, a obediência e a fé são os elementos centrais para se conseguir a salvação.

A salvação aparece como o prêmio pela fé e pela obediência à autoridade. Ela é o resultado do trabalho que o sujeito realiza sobre si mesmo e que já não encontra mais sua recompensa em uma certa relação consigo – ao se tornar "inacessível às perturbações exteriores e ao encontrar em si mesmo uma satisfação que de nada mais necessita senão dele próprio" (como era nos gregos) –, mas na recompensa vinda da fé, em algo além dele mesmo, além do mundo e da razão. Digamos que seja uma recompensa vinda de uma salvação "ao mesmo tempo vigilante, contínua e completa, da relação consigo que se cinge a si mesma. Salva-se para si, salva-se por si, salva-se para afluir a nada mais do que a si mesmo" (FOUCAULT, 2002, p. 184). Passou-se a esperar por uma salvação que exige uma ascese rigorosa de obediência absoluta à fé e pela fé.

Como vimos, estamos muito longe da salvação e da honra mediatizada pela cidade que encontramos em Platão, assim como estamos nos distanciando dessa salvação contínua e completa, na relação de si consigo dos gregos e romanos dos primeiros séculos a.C. e do primeiro século de nossa era. Agora estamos no próprio momento de configuração da forma religiosa cristã, aquela salvação "referente a um sistema binário, à dramaticidade de um acontecimento, a uma relação com o Outro que, no cristianismo, implicará uma renúncia a si" (FOUCAULT, 2002, p. 184).

Em suma, poderíamos dizer que foi nesse processo de helenização que aconteceu a articulação entre as "técnicas de si" gregas e as técnicas de "condução dos outros" vindas das práticas pastorais hebraicas, nos primeiros séculos de nossa era. Uma articulação que não é somatória, mas transformação, ajuste e emergência de novas formas e novos modos de praticar a vida. Encontro e articulação que possibilitou o surgimento de outras formas de relação, de outro equilíbrio de forças que conhecemos como pastorado cristão. Foi nesse movimento que vimos se articularem noções caras às duas formas de pensamento: salvação e conversão, mas também concórdia e obediência. Esse movimento nos levou de práticas como a direção espiritual e o exame de consciência – próprio dos gregos e dos romanos antigos – para a condução de almas e a confissão cristã, deslocamento de um preceito formativo fundamental inscrito na sua *Paideia* para um preceito pastoral que conhecemos como *Paideia cristã*.

A conformação do cristianismo continuou nas mãos de homens como Clemente de Alexandria, Orígenes e Gregório da Nissa, que prosseguiram se apoiando na *Paideia grega* e insistindo na tese do homem harmonicamente inserido na ordem cósmica, social e divina, mas agora como um elemento configurador de uma fé e uma comunidade cristã possível de ser ensinada, vivida e praticada. E isso sob a promessa da salvação em um outro mundo e em uma outra vida.

Nesse movimento, exercitantes de si gregos passaram a ser exercitantes de si cristãos. De uma exercitação (*áskesis*) que era aquisição, dotação, obtenção do *paraskeué* necessário para os acontecimentos da vida, passou-se a uma exercitação que era renúncia, negação, desprendimento de si para alcançar a plenitude, mas em outro mundo. Nesse movimento de introdução e ajustes de um *télos* cristão para orientar os exercícios e técnicas de si – que tinham ampla tradição de uso entre os gregos e os romanos –, além do fato histórico de a instituição eclesial cristã[66] ter se estabelecido, foi que o pastorado cristão ganhou autonomia e especificidade.

Com a emergência dessa forma específica de poder pastoral, os indivíduos ocidentais aprenderam a se considerar as ovelhas de um rebanho, ovelhas entre outras ovelhas. Nesse lapso de tempo, ocorrido nos três ou quatro primeiros séculos de nossa era, os homens do mediterrâneo aprenderam a pedir sua salvação a um pastor que se sacrificou por eles.

Esse foi o tempo em que os homens do mediterrâneo aceitaram e aprenderam a agir sob a forma um poder que seria determinante na história de todo o Ocidente, uma forma de poder que transformou a política (um tema da *polis*) em um assunto de rebanhos (FOUCAULT, 2006b). É aqui que, talvez, novamente as palavras de Nietzsche possam ser mais claras e contundentes para descrever esse longo processo que tentamos revisar nas primeiras seções deste capítulo:

> É somente com um *declínio* dos juízos de valor aristocráticos que essa oposição "egoísta" e "não egoísta" se impõe mais e mais à consciência humana – é, para utilizar minha linguagem, o *instinto de rebanho* que com ela, toma finalmente a palavra (e *as palavras*). E mesmo então demora muito, até que esse instinto se torne senhor de maneira tal que a valoração moral fique presa e imobilizada nessa oposição (NIETZSCHE, 1998, p. 19-20).

[66] A partir desse elemento, é possível continuar a estudar a configuração do que conhecemos como Igreja cristã, mas isso nos desviaria de nosso foco. A igreja cristã, ao que parece, "coagulou todos esses temas do poder pastoral em mecanismos precisos e instituições definidas, e foi ela que realmente organizou um poder pastoral por vezes específico e autônomo, implantou seus dispositivos dentro do Império Romano e organizou, no coração dele, um tipo de poder que, no meu entender, nenhuma outra civilização haveria conhecido" (FOUCAULT, 2006b p. 159).

Essas belas palavras dizem de todo um processo de individualização, no qual o animal humano tornou-se esse animal técnico que começou a agir sobre si mesmo e a construir sua humanidade através de uma exercitação permanente. Uma humanidade cifrada na interioridade que por séculos teria sido seu território de caça. Um animal técnico que precisou se equipar e construir ferramentas para produzir essa interioridade (si mesmo, eu) e começar a habitar nela.

Da procura das primeiras formas e ferramentas produzidas por esse animal ascético, habitante desse astro distante que Nietzsche avistava, tratou este capítulo. Uma tentativa de olhar para um passado nem tão distante, nem tão diferente, como muitas vezes pensamos; uma tentativa de olhar para esse lugar habitado por seres exercitantes. Os seres que Sloterdijk (2012) descreveu como produtores de altas culturas, esses seres cuja existência traçou-se na definição de tensões verticais, em um sem-número de modos de vida baseados no esforço e com codificação mais ou menos rigorosa. Daí podemos voltar para o capítulo inicial e concluir que ainda hoje, séculos, milênios após a invenção dessas técnicas de construção de si, continuamos, a partir dos manuais de autoajuda e práticas pedagógicas, procurando a felicidade fugidia, a salvação, esse conceito vazio que pretendemos preencher com o sucesso e através de nosso esforço, nossa exigência.

Educar ou governar? "Laicização" do poder pastoral – "pastorização" do poder político

As duas seções seguintes destinam-se a tecer uma ponte entre a proveniência das técnicas de si, que desenvolvi no capítulo anterior, e as práticas de governamento usadas na modernidade e na contemporaneidade, e isso para mostrar a forma como se organizou essa série: exercitação-individuação-condução, no longo período que levou da Antiguidade grega e o pastorado hebraico à contemporaneidade neoliberal. *Nesta seção*, desenho um panorama de algumas das transformações que aconteceram entre a Idade Média e a chamada modernidade, salientando mudanças que estão vinculadas ao privilégio que as práticas educativas tiveram, nos séculos seguintes. Trata-se de desenhar o cenário no qual a educação foi entendida como uma arte para o governamento da população.

Na *segunda seção* dedico-me a precisar elementos que acompanharam as transformações e as ênfases que essa arte de educar sofreu no decorrer do último século e nas quais podemos perceber o privilégio da aprendizagem como prática pedagógica focada no indivíduo. Nesse sentido, analiso o privilégio do indivíduo agente da sua condução e de sua aprendizagem como uma poderosa estratégia de governamento, no desenvolvimento do que, com Foucault (2007b), chamamos de governamentalidade neoliberal.

Para compreendermos esse percurso, é preciso lembrar que o período que a história tradicional chama de Medievo é considerado por Foucault (2006a, 2007b) e por Senellart (2006) como um momento de estabelecimento dos preceitos e das técnicas que orientaram as artes de governar. Nesse longo período, foram privilegiados pelo menos dois modos diferentes do exercício do poder. Por um lado, o "reinado" (*dominatio*), como o modo de ser do poder soberano; por outro lado, o "governamento" (*regimen*), como o ajuste das formas de poder da pastoral cristã no interior das instituições eclesiais e das comunidades monacais.

Assim, essas duas formas do poder, ao que parece, organizaram-se entre os séculos VI e XV d.C., num momento em que a vida na Europa foi caracterizada pela dispersão da população em assentamentos pequenos, os quais faziam parte de territórios de propriedade de reis, príncipes ou senhores feudais. Consistiu num período em que a instituição eclesial lentamente adquiriu força nos povoados e nos reinados, alcançando um equilíbrio tenso entre as formas dominantes de poder soberano e o desenvolvimento de técnicas e exercícios de condução da alma, técnicas essas que encontravam sua relação com o verdadeiro em forças superiores, naturais, divinas etc.

Ao que parece, tal período configurou-se em um momento de grande complexidade na vida da Europa, momento de disputa entre o poder temporal dos príncipes e a autoridade espiritual da Igreja. Contudo, longe de uma época escura e confusa, como muitas vezes aparece descrita, nela podem-se diferenciar pelo menos três momentos nos quais se produziram formas de pensamento e práticas de vida bem ricas e diferentes: "a alta Idade Média (séculos VI a IX), a Idade Média propriamente dita ou clássica (séculos X a XIII) e a Idade Média tardia[67] (séculos XIV e XV)" (SENELLART, 2006).

A riqueza desses três momentos, no que se refere às práticas e ao exercício do poder, fez com que a própria noção de soberania (*superioritas*) fosse objeto, "mais cedo do que se pensa, de uma elaboração jurídica e institucional" (SENELLART, 2006, p. 22-23). Dessa forma, os debates sobre a soberania real, assim como os questionamentos doutrinais da fé, a origem e o exercício do poder divino estiveram presentes e ocuparam um lugar destacado nas reflexões medievais. É importante salientar, nesse sentido, que a pergunta pela proveniência, a natureza e o exercício do poder, nas discussões que ficaram registradas dessa época, centraram seu foco mais nos "deveres ligados ao ofício do governo (*regimen*)" do que nos "direitos vinculados à função soberana".

> A continuidade da instituição monárquica, desde os reis bárbaros, não deve ser motivo de engano. Historicamente – no plano das representações que modelaram o pensamento político –, o governo precedeu ao Estado. O ato de reger, em outros termos, foi definido, analisado e codificado antes que fosse concebível uma *res pública* compreendida nos limites de um território. Por isso, é essencial não ligar muito intimamente a problematização da atividade governamental à existência de uma estrutura estatal. A questão [...] [é]: como se constituiu progressivamente o Estado

---

[67] A Idade Média tardia é também chamada de Baixa Idade Média.

> a partir de regras que a princípio não eram feitas para ele? [...]
> O *regimen*, então, não se inscrevia na perspectiva da potência,
> mas no horizonte da escatologia. A arte das artes, *ars artium*, para
> os Padres da Igreja, era o governo das almas, *regimen animarum*.
> Por muito tempo, o governo dos reis não foi senão um auxiliar
> bastante grosseiro, encarregado da manutenção da ordem e da
> disciplina dos corpos (SENELLART, 2006, p. 23-24).

Assim, naquele período de quase dez séculos, o reinado (*dominatio*) e o governo (*regimen*) foram duas formas diferentes de poder, que por vezes se cruzaram e se articularam na definição dos diferentes modos de praticar a vida individual e coletiva. As modalidades de governo medieval, no seu sentido político, configuraram-se a partir desse *regimen* eclesiástico, no governo das almas e em relações concretas que vincularam a ação da instituição Igreja ao Reino. No entanto, foi o reinado que marcou, em maior medida, os modos de viver e praticar a vida social. Isso porque a dispersão da população, sua vida isolada e camponesa, além da pouca alfabetização, limitaram a difusão do governo e da condução propostas desde a vida eclesial.

De outro modo, poderíamos dizer que os modos de condução pastorais cristãos encontraram na vida monacal e eclesial sua melhor expressão, e que é ali onde se teceram os fios técnicos do que conhecemos como *regimen* ou governo (condução da conduta). Por sua vez, as formas soberanas (*dominatio*) tiveram na vida do rei, do guerreiro, do cavalheiro, do camponês que estava em relação com o reino de um senhor, do território, uma forma de desenvolvimento e expressão centrada em práticas de dominação e conquista, características desse modo de ser do poder soberano que, nesse período, fora dominante.

Esses dois modos e seu privilégio nos diferentes cenários chegaram a um ponto de tensão, entre os séculos XIV e XV, produto de eventos e condições históricas relacionadas, entre outras coisas, a: (a) o aumento de organizações estatais, o que demandou desfazer as estruturas feudais para introduzir grandes Estados territoriais – administrativos ou Absolutistas; (b) um grande número de revoltas camponesas, expressões da escassez de alimento e mercadorias, que logo desembocariam na Guerra dos Trinta Anos e em uma grave crise financeira dos reinos; (c) um importante movimento de dispersões e dissidência religiosa – Reforma de Lutero (1483-1546) – e o posterior intento de reorganização – Contrarreforma Católica. Tal movimento acima descrito supõe uma reconfiguração das práticas de condução de si mesmo (o que, parece, significou um retorno ao estoicismo), assim como uma crise nas maneiras de condução das almas e das condutas (problema da pastoral católica e protestante). Além disso, ocorreu o surgimento de perguntas pelo governamento das crianças (problema da pedagogia, como ele aparece desenvolvido no século XVI) (FOUCAULT, 2006b).

Esse foi o momento no qual podemos perceber um deslocamento na ênfase da relação do indivíduo com o verdadeiro, e com ele, das formas de condução de si mesmo e dos outros na história que conhecemos da Europa. Trata-se de um momento que tradicionalmente é assinalado como de emergência da modernidade e que em Foucault (2006a, 2006b), corresponde à passagem de formas de poder soberano para formas de poder disciplinar. Assim, a coexistência e a tensão entre o *regimen* – com suas maneiras pastorais de relação com o verdadeiro – e a *dominatio* – com as suas técnicas de soberania – tiveram um reordenamento tal que, entre os séculos XVI e XVIII, levaram àquilo que Foucault nomeou de "bloqueio das artes de governar".

O bloqueio das artes de governar foi produto, entre outros fatores, dos fatos históricos anteriormente assinalados, além de formas de exercício do poder que mostraram uma concentração em torno de práticas monárquico-administrativas, cuja expressão foi a configuração de Estados Absolutistas. Essa concentração esteve marcada pela tentativa de manter o poderio do soberano e seguir atuando com ferramentas da soberania nos nascentes Estados. Assim, entraram em disputa duas formas de poder, duas maneiras de pensar: por uma parte, práticas de soberania (dominação) e modos de economia próximos ao modelo familiar; por outra parte, práticas de governo (condução) e formas econômicas estatais que encontraram sua primeira expressão no mercantilismo como umbral de uma nova racionalidade econômica e política (FOUCAULT, 2006b).

Nesse período de grandes transformações e de múltiplas crises e perguntas acerca das formas de condução e da proveniência do verdadeiro, no seu sentido do transcendental, as disciplinas do corpo e dos saberes adquiriram um destaque particular. No tempo do "bloqueio das artes de governar" houve um desenvolvimento das práticas disciplinares que privilegiaram técnicas orientadas para o controle do si mesmo e dos outros. Foram exercícios e técnicas que saíram dos monastérios para começarem a fazer parte das formas de condução usadas pelos administradores estatais.

Esse seria o momento de emergência do que conhecemos como "práticas de polícia", aquelas que passaram a configurar e definir muitas das práticas sociais e pessoais nos novos Estados europeus, mas também o momento da constituição de uma disciplina encarregada da direção do entendimento dos seres humanos: a didática, tecnologia do ensino cujo propósito, inédito na história da Humanidade, foi "ensinar tudo a todos"

(COMENIUS, [1631] 2002). Foi, aliás, o momento do aparecimento dessa maquinaria chamada escola pública[68] que levou, nos séculos posteriores, à escolarização massiva da população, fato que hoje podemos constatar nas estatísticas oficiais sobre a "cobertura escolar".

As práticas de polícia incluíam ações que iam da instrução das crianças e dos jovens até o controle dos pobres e da saúde pública, passando pela atenção aos acidentes, o controle na fabricação e comércio de produtos, de bens móveis, etc. Assim, a multiplicidade de objetos concernentes à ação da polícia aparece vinculada, por um lado, a problemas urbanos e, por outro lado, a problemas de mercado, de bens e circulação, ambos os objetos fundamentais do que viria a ser, mais cedo que tarde, um problema fundamental: o governo da população (FOUCAULT, 1990a).

Nesse sentido, cabe salientar que o uso de práticas pastorais cristãs, em cenários da vida social e da organização dos Estados, pode ser entendido como a "laicização" desse poder pastoral, ou, de outro modo, a "pastorização" do poder político. Isso porque, ao vincular técnicas de governamento (*regimen*) nos modos de conduzir a política interior do Estado, as práticas de poder no interior desses grupos humanos mudaram. As disciplinas constituíram então as primeiras expressões da pastorização do poder político ou de laicização das práticas pastorais, no que seria um primeiro movimento de governamentalização dos Estados.

De outro modo, poderíamos dizer que esse processo de governamentalização significou que algumas práticas de governamento (*regimen*) começaram a ser usadas como parte da política interior dos Estados. Técnica e exercícios de condução, controle e disciplinas dos indivíduos e das coletividades foram se incorporando na prática política. Nesse ponto, o foco de exercício de poder passou a ser os indivíduos e as coletividades, e não tanto as estruturas administrativas estatais. Com a introdução das formas de poder pastorais, o que se introduziu foi a própria noção de governo, de condução da conduta individual e coletiva, assunto que até esse momento não havia sido o foco do exercício do poder soberano. Talvez por isso, Comenius falasse da sua arte – *docendi artificium* – como a arte das artes, *ars artium*, cujo triplo propósito era "conduzir à verdadeira cultura, aos bons costumes, a uma piedade mais profunda" (COMENIUS, [1631] 2002, p. 13).

Lembremos que o foco do poder soberano era o território e suas riquezas – e nele, os indivíduos, seu controle e seu aproveitamento. Ou seja, o controle e aproveitamento dos indivíduos eram importantes,

---

[68] Sobre a esse conceito de maquinaria escolar Cf. Varela; Álvarez-Uría (1991).

Educar ou governar? "Laicização" do poder pastoral – "pastorização" do poder político   193

mas somente como parte dessa riqueza e desse território. Ao introduzir técnicas e exercícios pastorais no cenário da vida das nascentes organizações estatais, ora como instituições disciplinares (escolas, hospitais, etc.), ora como práticas de polícia (de vigilância e controle) nas práticas sociais, emergiu e adquiriu força essa outra forma de poder que conhecemos como disciplinar. Assim, lentamente, aconteceu um cruzamento dos dois modos de exercício de poder, que até esse momento e nessas sociedades, teriam se desenvolvido em cenários separados: *dominatio* e *regimen*, soberania e pastorado (FOUCAULT, 2006b).

De outro modo, dir-se-ia que essa velha forma de poder soberana encontrou-se com outra velha forma de poder, a pastoral (na sua modalidade cristã), e no meio desse encontro, a *polis* – modo de praticar a vida que outrora foi fundamental para os gregos – volta entrar em cena. Assim, conduzir essas estruturas jurídico-administrativas que eram os Estados – que retomaram muito das maneiras como operaram as antigas cidades-estado gregas – é uma tarefa que precisa articular práticas de dominação soberanas e modos de condução individual e coletiva de tipo pastoral (aqueles experimentados no interior das comunidades eclesiais e monacais).

Esse processo é descrito por Veiga-Neto (1996) em termos de uma "virada disciplinar" no eixo corporal e no eixo cognitivo. Tal virada significou que a disciplinaridade aconteceu em pelo menos dois eixos: no eixo corporal – enquanto constrangimento físico – e no eixo cognitivo – enquanto mecanismo interno de controle e delimitação dos discursos. A

> [...] virada disciplinar [é] a substituição da disciplinaridade da Antiguidade Clássica (as novem disciplinæ) e da Idade Média (as artes liberalis ou *disciplinæ* liberalis do trívio e quadrívio) pela disciplinaridade moderna, agora destinada a representar a ordem do mundo natural e social. [...] participação das disciplinas na fabricação do sujeito moderno, com ênfase em algumas práticas discursivas e não discursivas que se articulam na escola e fazem dela a principal maquinaria envolvida nessa fabricação (VEIGA-NETO, 1996, p. 2).

Tal encontro teve, então, sua forma particular de se manifestar no que poderíamos chamar de processo de disciplinarização da população, processo que Foucault (2006a) estudou a partir do que denominou a "parasitagem" das disciplinas, isto é, as formas como as disciplinas medievais, isoladas nos monastérios e em pequenas comunidades religiosas e laicas, começaram a se espalhar para atingir novos setores da população. Alguns setores atingidos foram os seguintes: os estudantes dos colégios (que se tornaram, por efeito desse processo, alunos dos internatos, menores de idade, crianças que devem ser vigiados e disciplinados pelos professores); os indígenas americanos (para quem se desdobraria um intenso processo de conversão através do ensino da doutrina cristã); e os operários de alguns países da Europa (disciplinados nas primeiras fábricas e cidades industriais). Nesse processo, as práticas educativas (e os discursos correspondentes) adquiriram um lugar privilegiado, enquanto constituíram as formas mais eficazes para conduzir a conduta dos outros e a própria conduta.

Modernidade: constituição de uma sociedade educativa

Seguindo a tese de que a educação tornou-se uma das principais artes de governo desde começos do século XVI, acredito que seja pertinente revisar algumas análises feitas por diferentes autores para estabelecer como e quais as práticas educativas, orientadas ao governamento de si, se articularam às estratégias de governamento modernas. Nesse sentido, parece possível fazer uma leitura da modernidade na perspectiva da educação, e assim, tentar descrever como operaram algumas práticas de condução e, portanto, de individualização, no processo de constituição de uma sociedade educativa.

De acordo com Noguera-Ramírez (2011), em tal processo é possível perceber três modos de pensar e praticar a educação e o ensino. O *primeiro modo*, correspondente aos séculos XVII e XVIII, teve a forma de uma *sociedade ensinante* ou da razão de Estado ensinante, e nele, a didática constituiu-se no saber principal e o *Homo docilis* na forma subjetiva privilegiada; um indivíduo dócil que, na linguagem pedagógica da época, significava o indivíduo capaz de aprender e de ser ensinado.

O *segundo modo*, de início do século XIX até meados do século XX, corresponde a uma forma chamada de *Estado educador*, momento de emergência do conceito de educação no vocabulário pedagógico e de expansão da educação e da instrução pública nos distintos setores e grupos sociais. Nesse segundo modo, os conceitos de educação e formação (*Bildung*), por uma parte, e as tradições pedagógicas modernas (as ciências da educação francófonas, os estudos do currículo anglo-saxônicos e a pedagogia ou ciência da educação germânica), por outra, foram as formas do saber, sendo o *Homo civilis*, o indivíduo civilizável, a sua principal figura subjetiva.

Finalmente, o *terceiro modo*, constituído nos alvores do século XX, foi o período de estabelecimento das bases conceituais do que conhecemos como sociedade da aprendizagem e da forma subjetiva do *Homo discens*:

um indivíduo aprendente, que já não só deve aprender mas também aprender a aprender. Para esse modo de pensar, a psicopedagogia (francófona e anglo-saxônica) tornou-se a principal forma do saber.

Nessa perspectiva de análise, podemos pensar que, para cada momento e para cada forma de subjetividade, se acomodou e se ajustou um conjunto de práticas de si que, cada vez mais, ocuparam lugares destacados nos discursos pedagógicos. Nesse processo de constituição da sociedade educativa, as técnicas de si tiveram um lugar de destaque que se expressou na relevância que o indivíduo, sua própria atividade, seus interesses e suas necessidades começaram a ter, bem como na dominância que os discursos sobre a experiência, a aprendizagem e a educação permanente alcançaram nas discussões educativas. Isso, como vimos anteriormente, teve seu correlato na produção de reflexões e materiais destinados ao reconhecimento de uma natureza particular, à identificação do si mesmo e ao estabelecimento de ações concretas para produzir as transformações necessárias e para se alcançar "a" felicidade.

Tratar-se-ia de pensar que os três modos acima referidos constituíram sociedades educativas na medida em que a arte de educar – orientada pelo ensino, pela educação ou formação, ou pela aprendizagem – foi condição para constituir, realizar e garantir a salvação do indivíduo e da sociedade. Destaca-se, nesse sentido, que ainda que a escola tenha um lugar privilegiado na sociedade educativa, sua presença não define o caráter educativo da sociedade, o que implicaria que, para além da escola, de seus muros e práticas, todos os indivíduos estivessem comprometidos e obrigados a seguir aprendendo em todos os espaços e no decorrer de sua vida toda. Essa era a questão que o próprio Comenius já salientava quando pensou o mundo como uma grande escola – *panscolia* – na qual os indivíduos passavam, ao longo da sua vida, por várias escolas: pré-natal, da infância, da puerícia, da adolescência, da juventude, da idade adulta, da velhice e da morte (COMENIUS *apud* NOGUERA-RAMÍREZ, 2011).

Como analisei em outro lugar, no primeiro momento a instrução da população era sinônimo do bom governo que dela fazia o governante. Ela era uma atividade fundamental para atingir a felicidade pública, a salvação de todos e de cada um, e a prosperidade do reino. Desse modo, a constituição da razão de estado encontrou na instrução a chave para assegurar a manutenção do poder estatal, e a didática passou a ser considerada como uma arte que responde a um projeto muito mais amplo, a *Pampedia*: "assujeitar o indivíduo, desde o berço até o túmulo, a um regime disciplinar baseado num ensinar e aprender constante e por toda a vida" (NOGUERA-RAMÍREZ; MARÍN-DÍAZ, 2012, p. 23).

Nesse movimento, o indivíduo (*Homo docilis*) aparece como um animal dotado de uma especial disposição tanto para ser ensinado quanto para aprender. As técnicas disciplinares de instrução, vigilância e controle exercidas sobre ele para ensiná-lo fizeram parte desse processo de individualização, que analisamos antes, e foram o fundamento para a ênfase que noções como educação e aprendizagem alcançaram depois do século XVIII, ligadas a uma nova forma de governamento, já não de caráter disciplinar, mas de tipo "liberal".

No movimento que significou a passagem da instrução para a aprendizagem, através da educação, vemos aparecer a ênfase em técnicas destinadas à própria condução dos desejos, das necessidades e dos interesses que o indivíduo deve fazer, técnicas próprias daquilo que Foucault (2007b) chamou de governamentalidade liberal. A educação tornou-se esse cenário para adquirir tais aprendizados de autocondução da própria vida: "a educação encontra-se mais perto da ação de dirigir ou conduzir que da ação de instruir ou ensinar alguma coisa" (NOGUERA-RAMÍREZ; MARÍN-DÍAZ, 2012, p. 24). Nesse sentido, a educação focou sua ação na qualidade particular para aprender e na adaptação de um meio no qual cada indivíduo (*Homo civilis*) teria a possibilidade de desenvolver aquilo que traz como parte de sua natureza. São essas as características que Foucault assinala como próprias da era das liberdades, momento de emergência do governamento liberal.

Nesse momento de ênfase na educação, vemos aparecer nos discursos pedagógicos o princípio de atividade do próprio indivíduo. Ao centrar o foco da atividade educacional mais na aprendizagem do que no ensino, privilegiou-se a ação do indivíduo sobre si mesmo. Aí se potencializou o uso de técnicas autorreflexivas e de autocontrole, procedentes dessa forma pastoral cristã que, séculos antes, teria configurado certa forma de pedagogia pastoral cristã (HUNTER, 1998). Práticas pedagógicas que, segundo Popkewitz (2008), usaram velhas ferramentas de "condução", cujos propósitos e prioridades não foram simples cópias das práticas disciplinares, mas a incorporação e a atualização de técnicas na produção de indivíduos governáveis. Nesse sentido, as práticas pastorais são, como assinala Hunter (1998), fonte de uma tecnologia pedagógica específica, como condição para o aparecimento de

> [...] um conjunto especial de "disciplinas espirituais" (de uma prática particular de relacionar-se e governar-se a si mesmo), personificada na relação pastoral entre mestre e aluno. Veremos que é o "jogo do pastor do rebanho", próprio do cristianismo, com sua característica articulação de vigilância e autoescrutínio, obediência e autorregulação, aquilo que continua proporcionando

o núcleo da tecnologia moral da escola, muito depois de que foram apagados os seus apoios doutrinais (HUNTER, 1998, p. 23).

Foi, portanto, a irredutibilidade das disciplinas pastorais a princípios teológicos particulares que permitiu às práticas liberarem-se da âncora doutrinal que tinham e migrarem tranquilamente para espaços estatais diversos, como a escola, o exército, a fábrica, etc. Eis outra forma de descrever esse processo de laicização das práticas de condução pastorais.

Em termos gerais, parece que em torno de práticas autorreflexivas, dois processos se organizaram para a produção das formas de subjetivação modernas: por uma parte, a laicização do poder pastoral, como nomeado por Hunter (1998); por outra parte, a produção do aparato psíquico particular (ELIAS, 1987; FIGUEIREDO, 1994). Assim, do tempo em que dar forma e reconhecer o "eu" único e diferente foi uma tarefa essencial, um conjunto de gestos paradoxais – de esperança e medo – constituíram eixos estruturantes de muitos discursos educativos nacionalistas e de organização dos Estados, dispondo a educação como uma das principais estratégias de governo, tanto do indivíduo quanto do grupo social a que ele pertence (POPKEWITZ, 2008).

Lembro aqui o fato de considerar como práticas pedagógicas o conjunto de práticas em que se produz ou transforma a experiência que os indivíduos têm de si e que lhes permite se tornar sujeitos. Nesse sentido, tanto as atividades escolares com crianças e adultos quanto as que são propostas através de grupos informais (de terapia espiritual, de cura mental e religiosas) ou mesmo aquelas divulgadas por livros, áudios, vídeos, conferências de motivação, autoajuda, gestão pessoal, etc. são consideradas como práticas pedagógicas, enquanto procuram modificar as relações reflexivas dos sujeitos, enquanto fazem parte de certos aparatos de subjetivação que produzem a (assim chamada) "pessoa humana" (LARROSA, 1995).

A partir dessa consideração, acredito que as formas que as práticas de si tiveram na modernidade levaram à constituição desse tipo de indivíduo reflexivo moderno que descrevi anteriormente e que foi necessário e útil às estratégias de governamento da época. Destaco aqui a possibilidade que encontro em analisar outras práticas de constituição do sujeito moderno vinculadas à chamada pedagogia pastoral e que, parece, precederam e, talvez, foram condição de possibilidade das ciências *psi* desenvolvidas entre os séculos XIX e XX.[69] Dessa forma, poderíamos afirmar que, se existiu um processo de psicologização da pedagogia no século XIX,

---

[69] Cf. Rose (1996, 1998, 2007).

esse processo foi precedido por outro – o processo de pedagogização da clássica psicologia das faculdades da alma.

Na seção seguinte, tentarei aprofundar a análise dos discursos educativos que se desenvolveram na primeira metade do século XX e que, segundo Popkewitz (2008), fizeram parte do momento da "autonomização" das sociedades, momento característico das formas de governamento neoliberais e tempo de emergência e consolidação dos discursos das psicologias e das pedagogias chamadas de construtivistas. Momento no qual podemos perceber o aparecimento dessa outra forma de individualidade (*Homo discens*), ocupada em se exercitar permanentemente.

Práticas de si: sujeito aprendente como exercitante permanente

> *É a democracia – ou, melhor ainda, o liberalismo que amadureceu no século XIX – que desenvolveu técnicas extremamente coercitivas que, em certo sentido, se constituíram no contrapeso de uma determinada "liberdade" econômica e social. Os indivíduos, certamente, não poderiam ser "liberados" se não fossem educados de determinada maneira.*
> (FOUCAULT, 2003b, p. 45)

O terceiro modo a que me referi na seção precedente, constituído nos alvores do século XX, foi o período de estabelecimento das bases conceituais do que conhecemos como sociedade da aprendizagem e da forma subjetiva do *Homo discens* (NOGUERA-RAMÍREZ, 2011) um sujeito aprendente que já não só deve aprender senão também aprender a aprender; para esse modo de pensar, a psicopedagogia (francófona e anglo-saxônica) tornou-se a principal forma do saber.

Para identificar algumas práticas de si que se organizaram através dos discursos educativos na primeira metade do século XX, é preciso pensar, então, em quais as formas que adotaram as relações consigo, num tempo em que consolidaram as estratégias de governo liberais e, com elas, a difusão ampla e massiva das práticas educativas. Seguindo essa ideia, parece-me importante reconhecer as formas que determinadas práticas, como a confissão e a direção de consciência, adquiriram nesse tempo; mais ainda, se consideramos a importância que enunciados como "tudo deve ser dito", "tudo deve ser conhecido" teriam alcançado nas práticas pedagógicas atuais (FISCHER, 1999) e se percebemos sua força e presença nos "processos de psicologização da vida, constituídos pelos e constituintes dos processos contemporâneos de governamentalização" (AQUINO; RIBEIRO, 2009, p. 63).

Seja porque nesse tempo emergiram práticas diferentes, seja porque algumas das práticas já existentes se enfatizaram e se articularam aos dispositivos de governo que ganharam predominância nas décadas seguintes, tudo parece indicar que, a partir desse momento, as formas de governamento de si promovidas pelos discursos pedagógicos estiveram associadas a dois acontecimentos: as reformas dos sistemas educativos nos primórdios do século XX – assunto estudado por Popkewitz (2008) – e a emergência das chamadas "pedagogias construtivistas" centradas na autoestruturação do sujeito. Parece-me que esses dois elementos fazem parte do desdobramento da forma "liberal" dessa arte de governo que é a educação, e que vemos expressa, pela primeira vez, no *Emílio* de Rousseau e, posteriormente, nos desenvolvimentos educacionais derivados das teorias evolucionistas, nos pedagogos da Escola Nova.

Esses dois acontecimentos estiveram atravessados pelos discursos pedagógicos que se fundamentaram na ideia da transformação do indivíduo por sua própria atividade, através dos métodos chamados "ativos". Tais métodos podem ser de dois tipos: (1) de descobrimento por meio da observação – como aqueles que encontramos em Montessori (2002), Decroly (1933, 1939) e Cousinet (1976) etc. – e (2) da invenção por meio da experiência adaptativa – como foi desenvolvido por Claparède (2007), Dewey (1997, 1999, 2000), Freinet (1996) e Lobrot (1995), entre outros (NOT, 2000).

Segundo as análises de Walkerdine (1998), o tempo de ênfase nos estudos centrados em métodos ativos foi o mesmo tempo do aparecimento da criança construtivista. Isso significa compreender que se tratou mais da produção discursiva desse sujeito ativo, do que um descobrimento ou reconhecimento que pedagogos e psicólogos fizeram das qualidades e capacidades presentes no indivíduo humano. Tratou-se

> [...] não apenas de estratégias discursivas, de práticas e convenções linguísticas, mas de uma série de aparatos materiais que fazem "aparecer" a criança construtivista na sala de aula: protocolo de observação; ficha de avaliação; arranjos de mobiliário; disposições arquitetônicas... Mas a natureza construída do sujeito construtivista não teria nenhuma importância não fossem seus efeitos de poder (WALKERDINE, 1998 *apud* SILVA, 1998, p. 10).

Aqueles discursos educativos da modernidade liberal e, em particular, os discursos que propunham o reconhecimento de uma particularidade, de uma individualidade do sujeito (correlatos da psiquiatria e da psicologia) foram condição de possibilidade para o aparecimento das chamadas pedagogias *psi*, nos primórdios do século XX. Tratar-se-ia, então, de certa intensificação dessa forma de educação psicologizante, "donatária de um projeto humanista de melhoramento das pessoas e das coisas. Educação que não mais se restringe a remediar danos, voltando-se intensivamente à antevisão dos riscos, a fim de preveni-los" (AQUINO; RIBEIRO, 2009, p. 65).

Nessas nascentes formas do saber pedagógico, podemos perceber não só a permanência de algumas das práticas de si organizadas na modernidade liberal, mas também o ajuste e emergência de outras que promoveriam, prepariam e ajeitariam as condições de desenvolvimento das formas de governamento neoliberal que começaram a desenhar-se nesse momento. Assim, esse é um tempo no qual se inicia

> [...] uma reinscrição de técnicas e formas de saberes, competência, *expertises*, que são manejáveis por "expertos" e que são úteis tanto para a expansão das formas mais avançadas do capitalismo, quanto para o governo do Estado. Tal reinscrição consiste no deslocamento e na utilização de técnicas de governo que visam fazer com que o Estado siga a lógica da empresa, pois transformar o Estado numa grande empresa é muito mais econômico – rápido, fácil, produtivo, lucrativo (VEIGA-NETO, 2000, p. 198).

Um exemplo interessante das formas que os saberes tomaram no momento de produção dessa criança construtivista, no tempo de constituição desse grupo de *experts*, é aquela que se refere ao aparecimento e uso do conceito "interesse" e do importante lugar que ele começou a ter nas discussões educativas, nos alvores do século XX (MARÍN-DÍAZ, 2009).

Em Decroly,[70] o pedagogo e educador belga, por exemplo, a ação educativa deve centrar-se nos autênticos interesses da criança. Nesse autor, a curiosidade e o interesse são duas faces de um mesmo fenômeno psicológico que manifesta uma necessidade instintiva ou adquirida, ou um sentimento da criança: interesse e curiosidade são signos da necessidade e do instinto e, por isso, é preciso dispor tudo em função de tais necessidades (de caráter estritamente físico: sustento, refúgio, proteção e trabalho). Qualquer ação pedagógica teria de levar em conta tanto o "processo natural de desenvolvimento da criança" quanto as "condições do meio onde tal processo ocorre", pois é o estímulo da

---

[70] Em 1901 esse reconhecido pedagogo fundou um instituto onde aplicou as suas teorias educacionais com crianças "anormais". Já em 1907, criou a Escola de L'Ermitage ou escola "para a vida mediante a vida", onde ampliou sua atividade docente a crianças sem problemas. No seu livro *La mesure de l'intelligence chez l'enfant*, deu a conhecer seu método de trabalho por "centros de interesse". Decroly desenvolveu suas teses sobre o interesse e a curiosidade na sua proposta pedagógica de "centros de interesse ou das ideias associadas", vinculada às noções de "ensino globalizado", "concentração unitária" e "instrução total".

curiosidade e dos interesses da criança, e não a instrução, o motor da aprendizagem (DECROLY, 1939).

Assim, no ato educativo é preciso organizar os conhecimentos de forma global a partir das necessidades vitais e naturais que atraem a curiosidade e o interesse da criança. Antes que manter as crianças em ambientes naturais (como sugeriria Rousseau), em Decroly trata-se de naturalizar os ambientes artificiais (sala de aula, escola), organizando-os com materiais e brinquedos, à maneira de oficinas, que sirvam para estimular a curiosidade e o interesse da criança e, assim, incitar a aprendizagem.

Em Claparède, talvez um dos pedagogos do século XX em que melhor se enxerga o atravessamento da biologia e da nascente psicologia da inteligência nas discussões educativas, as tendências naturais e as necessidades (físicas e mentais) da criança são consideradas o centro do trabalho pedagógico. Por isso mesmo, ele afirma que toda ação deve centrar-se na atividade da própria criança. A necessidade, ou melhor, a ruptura do equilíbrio físico ou afetivo do organismo, é o motor da conduta do indivíduo, e essa conduta tem por função restabelecer e manter o equilíbrio do organismo, o que significa que ela pode se expressar antes ou depois da necessidade – evitando-a ou satisfazendo-a.

Qualquer necessidade sem satisfação produz no indivíduo desequilíbrio, certa tensão fisiológica que às vezes também é sentida como tensão afetiva e que se constitui em uma forma de atividade mental, agindo ao modo de um mecanismo de proteção, prevendo ou protegendo o organismo de um desequilíbrio. A ação educativa, nesta perspectiva, se constitui no olhar funcional de tais processos mentais e, nela, os problemas da conduta e da aprendizagem são considerados como problemas de adaptação que exigem conhecer as circunstâncias nas quais um indivíduo usa a sua inteligência, para encontrar soluções para elas (CLAPARÈDE, 2007).

Como podemos perceber nesses dois autores e em outros desse mesmo tempo, tratou-se da emergência de um conjunto de práticas que, vinculadas aos discursos da psicologia e da biologia, privilegiaram processos nos quais a criança, suas particularidades e sua própria atividade tornaram-se o eixo da atividade educativa. Tal perspectiva percebe-se na ênfase e na importância que alcançaram noções como interesse, experiência e aprendizagem nas análises desses autores e que estimularam ações "de" e "sobre" os indivíduos, orientadas para esquadrinhar a origem de sua conduta para, a partir delas, promover sua transformação não tanto pela ação externa quanto pelo movimento interno do sujeito.

A aprendizagem, como processo e como resultado da ação educativa, tornou-se um conceito-chave dos discursos pedagógicos desde o século XX. O aparecimento e a difusão dessa noção, além de expressar a centralidade que a atividade do indivíduo começou a ter no processo educativo, definiram as bases conceituais daquilo que Noguera-Ramírez (2011) chama de sociedade da aprendizagem, esse terceiro modo da sociedade educativa que se organizara nesse momento. Dessa forma, o uso e a difusão do conceito "aprendizagem" tornam-se uma evidência importante da mudança de ênfase que as práticas educativas tiveram ao orientar-se mais para a atividade do sujeito que aprende, do que para os conteúdos ou para os processos de ensino. Tratou-se de uma mudança que significou o ajuste e a articulação de um conjunto de práticas para produzir um sujeito ativo, um sujeito *aprendente*, esse indivíduo que, por sua própria experiência, por sua própria atividade, aprende o que precisa para viver e ser feliz.

Assim, a ênfase na aprendizagem, no sujeito *aprendente* expressa também a centralidade que as práticas orientadas para o conhecimento de si, para o saber sobre os próprios interesses e necessidades (e, assim, autoajudar-se) começaram a ter. Discursos que usaram velhas práticas confessionais e de direção à consciência nas atividades escolares, centrando a atenção do professor em saber mais do aluno, e a atenção do aluno em saber mais de si, dos seus próprios interesses, desejos e necessidades. Contudo, as práticas vinculadas ao conhecimento de si teriam uma crescente aceitação e importância, incorporando-se em diferentes esferas da vida social, fazendo delas espaços de aprendizagem e dos indivíduos, aprendizes permanentes – condições centrais no deslocamento da razão governamental liberal para a razão governamental neoliberal.

Nesse sentido, é interessante ver o efeito performativo da governamentalização do social, certa reiteração e circularidade das temáticas usuais no campo educacional. Tais temáticas se referem ao cotidiano da vida escolar, mas operam em estreita correlação com formas de governamentalização que "perpassam os muros escolares" (p. 67). Trata-se de processos orientados para

> [...] a conformar estratégias tecnologias de si, por meio não apenas da conformação dos gestos dos protagonistas escolares, mas também pela convocação e manipulação de suas motivações *profundas*. Agora, tratar-se-ia de uma investida diuturna direcionada a um controle baseado na probabilidade e gestão dos riscos; controle que visa ao rastreamento contínuo daquilo que tende a escapar das modulações normativas prováveis, absorvendo os desígnios inconfessos das almas dos protagonistas escolares, a modo de intervir em destinos potencialmente funestos (AQUINO; RIBEIRO, 2009, p. 67).

Em termos gerais, parece-me que estudar os discursos pedagógicos constituídos nos alvores do século XX e tentar reconhecer os vestígios deles nas temáticas e problemáticas educativas atuais, como percebidas pelos autores supracitados, torna possível identificar e descrever a proveniência de algumas das práticas de governo de si (governamento ético) propostas e desenvolvidas pelos discursos educativos desde o começo do século XX, e suas articulações com outras tecnologias que operaram na governamentalidade neoliberal.

Em particular, se poderia afirmar que a emergência da aprendizagem nas teorias e práticas psicopedagógicas, no fim do século XIX e nos primórdios do século XX, cumpriu uma dupla tarefa: de uma parte, serviu ou, melhor ainda, permitiu a expansão da forma liberal de governamento baseada na ideia da existência de uma naturalidade no indivíduo, expressa em sua capacidade de agenciamento de si, em seus interesses e em sua liberdade; de outra parte, contribuiu com a emergência dos conceitos de capital humano e competência estabelecendo, assim, a passagem da forma de governamento liberal para a neoliberal.

O indivíduo aprendente já não é mais aquele indivíduo da identidade que procura seu eu definitivo; ao contrário, ele é um permanente exercitante, um *unfinished cosmopolita* (POPKEWITZ, 2009) que como agente, responsável único do seu próprio futuro, está compelido a aprender e a se autoajudar se quiser atingir o sucesso e, finalmente, a felicidade.

Desaprender e aprender:
agir como capital humano

> *Ser feliz. Viemos a este mundo para sermos felizes, qualquer outro propósito que haja torna-se acessório e colateral! Mas somos construtores ativos da nossa felicidade! E o que é ser feliz? [...] há uma extensa possibilidade de situações atitudinais que não apenas nos fazem melhores, mas promovem as diferenças positivas necessárias para o clima da escola como um todo. E o que é mesmo a escola?! É lugar para ser feliz! É lugar para ajudar a fazer os alunos felizes! Portanto, é um lugar para sermos felizes **juntos**! Por isso...*
> *1) Jamais ponha [...]*
> *3) Amplie seu horizonte cultural [...]*
> (MIRANDA, 2011, p. 44-45)

Usar diferentes técnicas para saber quem você é, realizar exercícios sobre si mesmo para se transformar e alcançar o sucesso e a felicidade são os três elementos que foram descritos no primeiro capítulo como peças-chave nos discursos de autoajuda e que, como vemos na epígrafe anterior, poderíamos encontrar em muitos outros livros, dirigidos especificamente para orientar a prática escolar dos professores e as práticas formativas que pais e adultos desenvolvem com as crianças e com nós mesmos.

Para além da constatação que podemos fazer do aparecimento desses três elementos nos livros de autoajuda que circulam amplamente como livros para consumo massivo nas prateleiras dos supermercados, como livros de texto nas salas de aula tanto no ensino fundamental quanto no espaço universitário, assim como nos processos de formação inicial e permanente de professores – nas faculdades de educação, nos programas de pós-graduação e nos cursos e seminários de aperfeiçoamento profissional oferecido pelas escolas, ministérios e secretarias de educação de nossas cidades e países –, é possível perceber na narrativa da autoajuda algumas características que expressam essa articulação dos discursos de autoajuda com as práticas pedagógicas e de ambos com a racionalidade de governo liberal e neoliberal, desenvolvidas entre os séculos XIX e XX.

Haveria pelo menos três características na narrativa oferecida pela autoajuda que permitiriam entender a sua emergência no cenário das práticas pedagógicas institucionais e não institucionais, e sua articulação com discursos próprios dessas práticas. Essas características – também assinaladas por Illouz (2007) quando analisou discursos que no início do século XX focalizaram e levaram as emoções ao mundo empresarial e ao cenário do público – mostrariam que não é de surpreender a emergência da autoajuda na instituição escolar e que sua vinculação aos discursos pedagógicos é sobretudo a expressão da ação de uma estratégia de governamento que se organizou como parte da racionalidade liberal, mas que continuou e se expandiu no desenvolvimento das práticas de governo consideradas como neoliberais.

Em outras palavras, a autoajuda, seja num formato geral – através de livros que circulam em diferentes cenários e são levados para a sala de aula como texto de leitura e reflexão obrigatória –, seja num formato específico – através de livros dirigidos especialmente para a formação de crianças, pais ou professores –, aparece como uma narrativa estruturada a partir das situações atuais para o momento de sua produção, atrelada a saberes relativos ao "eu" que são validados pelas comunidades acadêmicas ou pelo *saber* comum e com uma força explicativa tão ampla como que para cobrir (descrever e orientar comportamentos) diferentes assuntos da vida.

A *primeira* das características da autoajuda é que ela parece conter algo de atualidade e de novidade, bem como de saber do senso prático, e esses são aspectos muitas vezes assinalados como ausentes nos cenários educativos – em particular, nas práticas escolares e nos processos de formação institucional. A autoajuda aparece como um discurso inscrito num sistema de saberes informais que surgem e se dispersam pelos interstícios sociais, ligados à experiência de vida das pessoas. Através desse discurso, tais saberes apresentam-se como possíveis de serem transmitidos e aprendidos usando diferentes exercícios e técnicas (exemplos, conselhos, etc.) ao alcance da mão de quem os procura. Discurso que mobiliza um saber viver, um saber agir em situações inesperadas e/ou em momentos cotidianos que exigem sensibilidades (emoções e controle das emoções) e habilidades sociais que na escola geralmente não são ensinadas, mas que podem entrar nela através de leituras, seminários, projetos, cursos, etc. oferecidos usando os discursos da autoajuda.

A *segunda* característica é que nas suas formas narrativas, tais discursos expõem-se como vinculados a disciplinas acadêmicas, nas quais o fundamento é um tipo de saber psicológico que orienta o mundo social e para o qual os nossos ouvidos modernos e contemporâneos parecem estar dispostos. Desse modo, falar no privilégio das necessidades e dos interesses do indivíduo, reconhecer que o indivíduo é seu foco de atenção, que da sua motivação e sua disposição, assim como de seus sentimentos e emoções – da sua vontade de aprender e se autotransformar – depende o êxito do processo educativo e o cumprimento das metas de felicidade de cada um, constituem os enunciados que expressam a validade do saber vindo da experiência de vida e sustentado, direta ou indiretamente, no conhecimento psicológico, conhecimento esse que no campo da educação e na academia em geral desfruta de amplo prestígio. Daí ser a autoajuda bem-vinda quando se trata de acompanhar situações pessoais dos estudantes, problemas entre colegas (o *bullying* escolar, por exemplo), faltas de motivação e interesse pelas aulas, distração, desinteresse, indisciplina, hiperatividade, etc.

A última característica que permite entender o aparecimento e a difusão dos discursos de autoajuda é que tais discursos apresentam-se como sendo de um conhecimento amplo e abrangente, de tal modo que oferecem uma visão geral de diferentes assuntos da vida. Neles cada um pode encontrar as dicas, os conselhos, as regras e os princípios necessários para resolver situações e problemas particulares, mas que parecem ter sido previstos e antecipados por esses especialistas da vida que são os autores da autoajuda – que, nesse caso, operam como assessores pedagógicos. São discursos com uma visão suficientemente panorâmica, que se oferecem com um razoável efeito explicativo e interpretativo para serem usados em um amplo leque de situações das quais as práticas escolares e formativas não escapam.

Em geral, podemos dizer que essas três características presentes na autoajuda (novidade ou atualidade, vínculo com saberes acadêmicos e caráter geral, amplo, abrangente), ligam-na facilmente às práticas pedagógicas, na medida em que (1) oferece a elas novidade e atrelamento ao mundo da vida, assuntos que parecem ausentes nas práticas escolares; (2) legitima-se devido ao seu fundamento em saberes (psicológicos, filosóficos, religiosos, éticos, etc.) que têm um importante reconhecimento nas práticas pedagógicas; e (3) porque se apresenta com uma força explicativa suficientemente ampla e clara que se torna fácil de seguir e utilizar como parte das próprias práticas educativas.

Tal articulação possibilitou, nos primórdios do século XX, o surgimento e a aceitação quase irrestrita de livros e seminários focados na própria condução moral que podemos qualificar como de autoajuda nos espaços educativos formais e não formais. Esse é um assunto importante,

Desaprender e aprender: agir como capital humano   207

pois como veremos a seguir, a construção disso que chamamos de identidade moderna – "um agente humano, uma pessoa, um *self*" (Taylor, 2011, p. 15) – é um elemento-chave na definição dos preceitos de condução moral, de fixação do bom, portanto das formas de condução. É nessa tentativa de definir uma identidade que "a individualidade e o bem, ou em outras palavras, a identidade e a moralidade, apresentam-se como temas inextricavelmente entrelaçados" (p. 15).

De outro modo, podemos pensar que essas três características descritas nos discursos de autoajuda nas análises anteriores – e que podemos encontrar também nos discursos pedagógicos atuais – expressam uma importante vinculação entre essas duas formas de discurso moderno toda vez que eles privilegiam e veiculam exercícios e técnicas de "condução" focados na "individualização". Os dois são elementos fundamentais na consolidação da racionalidade governamental liberal entre os séculos XIX e XX, e que também ocuparam um lugar importante no desenvolvimento das práticas de governamento na segunda metade do século XX, na emergência do que nomeamos racionalidade de governo neoliberal (Foucault, 2007b).

Nas próximas três seções descreverei a forma como as práticas de autoajuda e as práticas pedagógicas aparecem como estratégias importantes na configuração do que nomeamos, de modo geral, "identidade moderna" e as suas transformações na contemporaneidade. Isso porque as duas formas discursivas movimentam técnicas de condução de si e dos outros, e com eles, exercícios de individualização necessários a essa forma de identidade centrada no eu e na sua permanente transformação e condução. Em outros termos, descreverei certa articulação entre os discursos de autoajuda e os discursos pedagógicos, para assinalar como eles agenciam uma forma de vida exercitante que, nos últimos séculos, focou-se em produzir eus capazes de autorregulação e autotransformação.

Tal vinculação ocorreria no deslocamento das três racionalidades de governo que configuraram a modernidade europeia, como foi descrito anteriormente. Nesse sentido, configurou-se um processo de individualização que teria começado com a mudança de formas soberanas de poder para formas disciplinares, e destas para formas liberais. Na configuração dessas últimas, no século XIX, percebia-se a organização de um discurso que, focado na cura mental e na terapia espiritual, expressava a preocupação pelos modos de condução de si e pela definição dos preceitos morais que a orientavam. Trata-se de um discurso que esteve vinculado ao aparecimento e à divulgação de reflexões pedagógicas acerca da formação e da condução das crianças.

Também descrevo alguns elementos que acompanharam um amplo movimento de produção de livros de autoajuda na segunda metade do século XX, no que significou o ingresso desses discursos como livros de texto para as salas de aula, assim como seu uso em processos formativos de crianças, pais e professores. Tal movimento mostra que a relação entre discursos de autoajuda e discursos pedagógicos encontra-se definida por um *télos* de individualização que orienta para a procura de uma vida em constante transformação e cujo propósito é conseguir o sucesso e a felicidade.

Isso aparece claramente nas duas formas discursivas, em particular na ênfase dada aos processos de aprendizagem e à educação permanente. Esse é um assunto da maior relevância, pois o processo de individualização ter-se-ia focado em dois aspectos diferentes no decorrer dos últimos séculos: no primeiro momento (entre os séculos XVII e XIX), na identificação e fixação do eu, e no segundo momento (desde finais do século XIX até hoje), na transformação desse eu que já não precisa mais ser fixo e claramente definido, mas mutável e adaptável às necessidades e às condições de cada momento.

Há, portanto, um deslocamento na ênfase que não supõe a substituição de um processo (fixação do eu) em função do outro (transformação permanente), senão o privilégio e a centralidade de cada um deles, em cada momento. Assim, no desenvolvimento da racionalidade do governo neoliberal do último meio século, em vez da fixação de um eu e sua estabilização, assistimos à produção de modos de ser adaptáveis e flexíveis dispostos a se transformar constantemente, modos de vida individuais que agem como capitais humanos e que, por conseguinte, funcionam como condição de possibilidade para cada um se torne em empresário de si mesmo.

Conduzir nossos eus: construir nossas identidades

> *A escola do porvir deverá fazer do objeto da educação o sujeito de sua própria educação; do homem que suporta a educação, o homem que se educa a si mesmo; da educação do outro, à educação de si mesmo. Essa mudança fundamental na relação entre seres, ao programar um trabalho criador permanente do homem sobre ele mesmo, esse é o problema mais difícil que se propõe ao ensino para os futuros decênios da Revolução científica e técnica.*
> (FAURE, 1974, p. 242)

A pergunta pelo governo de si e dos outros aparece como um tema relevante nas duas primeiras décadas do século XX. É o que podemos constatar ao revisar alguns dos livros ofertados como de interesse, nos meios impressos da época, em nossas cidades e países. Tais livros eram promovidos como portadores de temas que orientariam para a boa condução da vida, reflexões sobre o bom governo de si mesmo e preceitos para a formação da alma de jovens e adultos, etc. Esse conjunto de textos dirigidos à condução da conduta moral e do comportamento social, que se sugerem como leituras para um amplo número de pessoas dentro e fora da escola, aparece ao lado de livros que consideramos como próprios do campo pedagógico, seja porque oferecem reflexões sobre as práticas formativas como leitura para pais ou professores, seja porque se indicam como manuais escolares de leitura para os estudantes.

Na revisão de alguns dos jornais que circularam amplamente nos nossos países, no começo do século XX, percebe-se a promoção de títulos que mostram certa preocupação com a condução moral e com o governo da vida. Assim, por exemplo, entre os primeiros livros recomendados para leitura pelo jornal *El Tiempo*,[71] entre os anos 1911 e 1920, na Colômbia, encontramos vários textos do filósofo e pedagogo alemão Friedrich Wilhelm Foerster (1869-1966),[72] cujos títulos são um bom indicativo de tal preocupação – em particular, o primeiro deles, *El buen gobierno de la vida: libro para los pequeños y para los grandes* (*O bom governo da vida: livro para os novos e os grandes*, 1910), traduzido para o espanhol no ano de 1911 (EL TIEMPO, 1911a, p. 3).

Nesse livro, o pedagogo alemão desenvolve histórias no formato de contos que contêm ensinamentos morais para enfatizar a necessidade de dominar o caos de apreciações e desejos, e assim, conseguir a formação do caráter, valor necessário para se comportar bem e cumprir os propósitos da vida. O autor salienta ainda que se trata de uma leitura útil tanto para os maiores quanto para os mais novos, além de recomendar que a formação do caráter seja feita através da orientação de tarefas simples, pois o caráter

---

[71] *El Tiempo* é um jornal fundado em 30 de janeiro de 1911 na Colômbia, por Alfonso Villegas Restrepo. Algumas das edições mais antigas podem ser consultadas na internet, no *site* <http://news.google.com/newspapers?nid=N2osnxbUuuUC&dat=19181215&b_mode=2&hl=es>. O acervo todo se encontra microfilmado e disponibilizado para consulta na principal Biblioteca Pública da Colômbia, a *Biblioteca Luis Angel Arango*, em Bogotá.

[72] Friedrich Wilhelm Foerster estudou filosofia, economia, ética e ciências sociais em Freiburg e Berlim. Ele atuou como professor de Filosofia e Educação Moral na Universidade de Zurique e no Instituto Federal Suíço de Tecnologia de Zurique, na Universidade de Viena e em Ludwig-Maximilians-University, em Munique, onde ensinou Filosofia e Pedagogia. Em seu trabalho, Foerster focou em elementos de formação fundados na ética, assim como em temas políticos, sociais, religiosos e sexuais. Através deles, sugeria uma reforma da educação de base cristã e ética: a formação da consciência como objetivo final da educação (FOERSTER, 1910).

se forma na capacitação e na direção das coisas menores e nos cenários familiares, antes que nos grandes palcos do mundo (FOERSTER, 1910).

Na mesma linha e no mesmo ano, foram recomendados para leitura dois títulos com nomes bem chamativos – *Para los pequeños y para los mayores: conversaciones sobre la vida y el modo de servirse de ella* (1908) (Para pequenos e grandes: conversas sobre a vida e o modo de servir-se delas, 1936),[73] e *A través de los hombres y de las cosas. La base de todo. Obra dedicada a los padres que desean contribuir a la formación del alma de sus hijos* (Através dos homens e das coisas. A base de tudo. Trabalho dedicado para pais que desejam contribuir na formação da alma de seus filhos, s/d) (EL TIEMPO, 1911b, p. 3). Esses livros, escritos pelo pastor e teólogo francês Charles Wagner (1852-1918),[74] foram oferecidos como manuais práticos para o ensinamento dos princípios fundamentais da vida para crianças e adultos.

A tradução para o espanhol e a divulgação dos títulos de Foerster e Wagner no principal jornal da Colômbia, no início do século XX, expressa uma preocupação com a condução da vida e com a formação dos outros nas sociedades onde esses livros foram produzidos, além das sociedades onde foram difundidos. É preciso dizer que, ao pesquisar edições, citações e referências desses livros e de seus autores, percebemos que eles circularam por vários países da Europa e da América. E aqueles que não foram traduzidos para outras línguas parecem ter circulado nos seus idiomas de produção, pelo menos nos circuitos acadêmicos,[75] durante as duas ou três décadas seguintes.

Tal preocupação pela condução da vida aparece mais evidente se prestarmos atenção a outro conjunto de livros que foram publicados entre 1859 e 1887, e que hoje são caracterizados e citados como clássicos da autoajuda pelos autores deste gênero. Assim, por exemplo, na edição

---

[73] A versão brasileira desse livro intitula-se *Para pequenos e grandes* e sua primeira publicação data de 1936 (WAGNER, 1936). Alguns dos preceitos de comportamento extraídos do livro aparecem referidos no seguinte *site*: <http://lucio-vergel.blogspot.com.br/2011/02/charles--wagner-o-misterioso-amigo.html>.

[74] Charles Wagner foi formado na Sorbonne e nas universidades de Strassburg e Göttingen. Seus livros datam da última década do século XIX e, ao que parece, o posicionaram como líder na França de um movimento que focara nas relações fraternas entre pessoas de diferentes crenças religiosas.

[75] Por exemplo, do livro de Foerster, uma edição antiga em língua alemã encontra-se em oferta na internet como livro usado, o que insinuaria que foi um livro que circulou no Brasil ainda que de forma restrita, pois não foi possível localizar uma tradução para o português que mostre uma circulação maior nessa língua. Do autor, o primeiro livro que aparece traduzido para o português é datado da década de 1960 e intitula-se *A questão judaica* (1961), referido como um texto histórico e religioso.

de 13 de janeiro de 1919 do mesmo jornal, apresenta-se como novidade editorial a tradução para o espanhol da coleção de livros do escritor e reformista escocês Samuel Smiles (1812–1904), com títulos como: *El Carácter* (O caráter, [1871] 1895); *Vida y trabajo* (Vida e trabalho, [1887] 1901); *¡Ayúdate!* (Ajuda-te!, [1859] 1935a); *El Deber* (O dever, [1880] 1935b); *El Ahorro* (A poupança, [1875] 1935c); etc.

Todos esses livros, escritos nas duas últimas décadas do século XIX, contêm preceitos de comportamentos tão variados, que ainda hoje continuam a ser uma fonte importante de frases e de pensamentos (como frequentemente chamados), que são usados em muitos livros e em páginas e *sites* de autoajuda na Internet. Nesse sentido, podemos também destacar que, tanto nos textos de Smiles quanto nos livros e nas páginas de internet que o citam, encontramos suas reflexões formuladas como máximas morais, ao modo de verdades essenciais que promovem maneiras de atuação social e individualmente desejáveis e aceitáveis, e que hoje parecem tão atuais como há um século.

"Nunca se dê por vencido. Desenvolvemos a sabedoria com os fracassos muito mais do que com os sucessos"; "Nós geralmente descobrimos o que fazer percebendo aquilo que não devemos fazer. E provavelmente aquele que nunca cometeu um erro nunca fez uma descoberta"; "a vida tem seu lado sombrio e seu lado luminoso; de nós depende escolher o que mais nos agrade"; etc. (FRASES DE VIDA, 2012, s/p). Essas locuções que foram produzidas por Smiles, a partir de sua experiência de vida na sociedade inglesa da segunda metade do século XIX – que conhecemos como a Inglaterra Vitoriana –, aparecem recomendadas nas primeiras décadas do século XX, na Colômbia, como "a melhor leitura para crianças e jovens", ao se considerar que "são livros instrutivos, moralizadores e muito interessantes" (EL TIEMPO, 1919, p. 1). Tais locuções continuam a ser recomendadas pelos *sites* de Internet para servirem como guias de conduta nas primeiras décadas do século XXI, pelos mais variados usuários e nos mais diversos lugares onde elas possam ser acessadas.

Ao continuar a revisão dos livros recomendados para leitura no começo do século XX, em outra edição do jornal, alguns anos antes, sugere-se o título a *Arte de ser feliz o El decálogo en acción* (Arte de ser feliz ou O decálogo em ação, 1904) de William Colville (1862-1917), um livro traduzido do inglês, que é descrito como resultado de "uma investigação acerca da natureza e do método da revelação divina" (EL TIEMPO, 1912, p. 4) e que promove formas de comportamento fundadas nos dez mandamentos das leis de Deus. Do mesmo autor podemos encontrar outros livros em inglês que não foram traduzidos nem para o espanhol nem para o português, mas que também mostram nessas sociedades o interesse prestado à condução moral da vida e à definição de preceitos e exercícios que possibilitassem o equilíbrio entre o mundo interior (alma, espirito, mente) e o mundo exterior (relações familiares, vida laboral, relações sociais). Ao que parece, dois mundos cada vez mais diferentes e no meio dos quais o "eu" e a identidade tentaram se definir, ajudados por terapias para a alma e práticas de cura mental.

Títulos como *Spiritual therapeutics or divine science* (1888), *Health from Knowledge or the Law of correspondences as Related to Psycho-therapy* (1909), são descritos pelo próprio autor como lições que tentam responder

> [...] ao pedido urgente de muitos estudantes em várias partes do mundo que, depois de terem lido com interesse e lucro muitas obras sobre a cura espiritual e mental, manifestaram o desejo fervente para acrescer algumas instruções referentes ao meio mais eficaz de tornar essa teoria geral uma prática em casos especiais. O assunto de Correspondências está atraindo grande atenção em muitos círculos, e como estamos completamente convencidos de que é uma mina de muita riqueza para todos aqueles dispostos a explorá-la de forma diligente, nos propusemos a tarefa de tentar raciocinar, da forma mais simples e lógica possível, algumas dessas correspondências óbvias entre estados internos e externos, que só precisam ser investigadas imparcialmente para serem entregues de maneira clara para a percepção geral da humanidade (Colville, 1909, p. 7-8).

Destarte, os livros produzidos e divulgados entre os finais do século XIX e as primeiras décadas do século XX parecem ser o reflexo desse movimento que ficou conhecido como de *Cura mental*, analisado por William James (1842-1910) no seu famoso livro *As variedades da experiência religiosa: um estudo sobre a natureza humana* ([1901] 1991). No seu texto, o psicólogo norte-americano examina um conjunto de experiências religiosas vinculadas à existência de várias seitas, grupos e organizações religiosas em que, mesmo com importantes diferenças de credo, há concordância quanto à preocupação generalizada em procurar formas para alcançar o equilíbrio mental e, através dele, a felicidade.

James estudou em vários registros, sucessivamente, a experiência religiosa da "alma sana" – *Mind-cure, New Thought* e a versão cristã de *Christian Science* –, a experiência religiosa da alma enferma, as experiências da personalidade dividida e das duas almas de Santo Agostinho para finalmente, a partir de um ponto de vista psicológico, examinar os fenômenos da conversão, da santidade e do misticismo. Daí James salientar que na época havia uma ampla produção de literatura sobre cura mental e que essa prolífica produção de textos e guias espirituais foi tão grande que justificou "a produção de materiais insinceros, mecanicamente produzidos para o mercado, até certo ponto fornecidos por editores, [um] fenômeno nunca observado" ([1901] 1991, p. 68).

Neste ponto, duas observações. *Primeira observação*: parece que isso que hoje muitos nomeiam de "fenômeno editorial sem precedentes", vinculado à ampla produção de livros de autoajuda, não seria um fenômeno tão inédito assim. Ele teria seu precedente nesse outro movimento de produção e mercado aberto para os livros da chamada terapia da alma e cura mental, de finais do século XIX e que, como bem nos assinala William James, abriram um mercado que continuou a crescer no decorrer do século seguinte. *Segunda observação*: as reflexões religiosas, assim como os saberes vindos da psicologia, da filosofia e das teorias científicas, constituíram fontes de saber que explicaram e ofereceram suporte acadêmico tanto para os exercícios e técnicas promovidas pela cura mental e a terapia da alma quanto para os livros de autoajuda que encontrarmos no decorrer do século XX.

Sobre a última observação James ([1901] 1991) assinala que as fontes que nutriram o movimento de cura psíquica vão desde "os quatro Evangelhos", passam pelo "emersonianismo ou o transcendentalismo da Nova Inglaterra", o "idealismo de Berkeley", o "espiritismo" – com suas "mensagens de lei, progresso e desenvolvimento" – e chegam até o "evolucionismo da ciência popular otimista" e o "estudo do hinduísmo" (p. 69). Foi nesse amplo campo de produções e de fontes, que alimentaram as discussões sobre a cura mental e a elaboração de guias práticos para consegui-la, que James encontrou um traço característico de todo esse movimento. Afirma ele que tal traço corresponderia ao fato de que

> Os chefes dessa fé tiveram uma crença intuitiva no poder salvador das atitudes de equilíbrio mental como tais, na eficácia conquistadora da coragem, da esperança e da confiança, e num desprezo correlativo da dúvida, do medo, da preocupação e de todos os estados de espírito nervosamente admonitórios. De um modo geral, sua crença foi corroborada pela experiência prática dos discípulos; e essa experiência forma hoje uma massa imponente pelo vulto (JAMES, [1901] 1991, p. 69).

Assim, um dos motivos do sucesso desse movimento teria sido o fato de ser ele um movimento que foca nas atitudes e experiências dos indivíduos como elementos-chave para a consecução do equilíbrio mental. Outro motivo seria o fato de ele corroborar-se através da experiência de vida de alguns que alcançaram esse equilíbrio e mostraram sua vida como um testemunho. Neste ponto, devemos fazer uma terceira observação que as análises de James põem em evidência: lembrar a força que a verdade testemunhal ganhou desde os primeiros séculos de nossa era e que aparentemente foi reforçada no decorrer dos últimos séculos. Essa forma de verdade ou, melhor ainda, de relação do sujeito com a verdade, teria acompanhado esse processo de individualização, em que a ideia de uma experiência própria concentrou sua atenção nas forças e capacidades individuais como possibilidade para a própria felicidade.

Os livros surgidos nesse movimento de cura mental, muitos dos quais se fundaram na experiência de vida de outros, seguravam-se na ideia de que, diante dos fatos que podem turbar a paz, o que prima é a atitude e os pensamentos do próprio indivíduo, e não tanto as coisas que acontecem ao seu redor ou que modificam a sua forma de vida. Assim, é o indivíduo quem transforma os fatos em maus ou bons, através de seus próprios pensamentos. A tarefa de cada um para conseguir a felicidade, então, fundamenta-se no governo de seus próprios pensamentos, na "resolução de não condescender com o sofrimento". Esse trabalho começa "num ponto relativamente pequeno dentro de nós", que deve continuar de forma a "não se interromper enquanto não tiver colocado toda a estrutura da realidade sob uma concepção sistemática tão otimista que se torne congenial às suas necessidades" (JAMES, [1901] 1991, p. 66).

Tal trabalho de controle e governo dos pensamentos requeria, por parte do "curador psíquico", o ensino de diferentes exercícios – entre eles, o de autoconvencimento ou sugestão. A sugestão, como sabemos, requer para sua consecução o desenvolvimento de uma série de técnicas (meditação, autoconvencimento, leitura, etc.) que combinadas, orientam as sensações, os sentimentos e, portanto, os pensamentos para um ponto onde é possível encontrar esse equilíbrio mental procurado.

> A "sugestão" é apenas outro nome para o poder das ideias, na medida em que se revelam eficazes na crença e na conduta. [...] O Dr. Goddard, cujo ensaio psicológico imparcial sobre as Curas pela Fé as atribui tão-somente à sugestão comum, remata dizendo que "a Religião (e com isso parece aludir ao nosso Cristianismo popular) tem em si tudo o que existe na terapêutica mental, e tem-no em sua melhor forma. O viver de acordo com as ideias (da nossa religião) fará por nós tudo o que pode ser feito". E isso apesar do fato real de que o Cristianismo popular não faz absolutamente *nada*, ou não fez nada até que a cura psíquica acudiu em seu auxílio (JAMES, [1901] 1991, p. 69).

Destarte, isso que chamamos de religião medieval e moderna, tanto quanto as práticas de cura mental do século XIX e de autoajuda do século XX, organizou-se sobre um conjunto de exercícios e técnicas de autocontrole e condução da própria interioridade (pensamento, mente, alma, eu, si mesmo, etc.), que por vezes cruzam-se e articulam-se, constituindo-nos nesses seres exercitantes e autoprodutores de si mesmos que somos nós, humanos.

Aqui podemos compreender, então, as palavras de Sloterdijk (2012) que usei para iniciar as reflexões deste livro. Afinal, ao analisar os livros recomendados como leitura nas primeiras décadas do século XX, assim como as reflexões de James sobre o movimento de cura mental da segunda metade século XIX e a literatura de autoajuda produzida nas últimas três décadas, percebemos que, antes de nos encontrarmos diante de uma nova virada religiosa – como asseguram muitos autores hoje[76] –, estamos assistindo ao uso extensivo e intensivo de sistemas de exercitação (práticas espirituais) levados a efeito em diversas realizações coletivas ou pessoais (autoajuda, *personal training*, etc.):

> A modernidade, que não podia ser outra coisa que radical, seculariza e coletiviza a vida da exercitação, sacando a ascese transmitida desde antigo de seus respetivos contextos espirituais, com o fim de dissolver ela no fluido das modernas comunidades de trabalho dedicadas ao treinamento e à formação (SLOTERDIJK, 2012, p. 421).

Práticas destinadas à cura mental, práticas religiosas, discursos sobre o governo da vida, sobre sucesso laboral e econômico, assim como a autoajuda, permearam os diversos cenários e espaços sociais e alcançaram um amplo protagonismo na modernidade. E isso tudo porque esse conjunto de práticas focou sua atenção no elemento indivíduo, na construção de certa forma de individualidade exercitante encarregada de si mesma e em cujas mãos estavam as possibilidades de sucesso e felicidade que cada vez menos o mundo social, o mundo natural, o mundo econômico poderiam oferecer.

Assim, parece mais fácil compreender por que no decorrer do século XIX e nas primeiras décadas do século XX foram produzidos e divulgados com sucesso títulos como os de Smiles (*Ajuda-te!*; *O caráter*; *O dever*; *A poupança*; *Vida e trabalho*), Conwell (*Acres de diamantes*; *Cada homem é a sua própria universidade*), Danforth (*Desafio você!*), entre outros estudados nas seções anteriores. Isso tudo, ao lado de textos como aqueles que James descreve como ""Evangelho do relaxamento", no "Movimento do não-se-preocupe", das pessoas que repetem para si mesmas, "Mocidade,

---

[76] Para ilustrar esse movimento que fala em uma nova virada religiosa, um bom exemplo é o título de Richard Dawkins, *Deus, um delírio* (2007).

saúde, vigor!" enquanto se vestem pela manhã, como divisa para o resto do dia" ([1901] 1991, p. 69). Nesse movimento todo, prosseguiu-se a produzir essa vida subconsciente, necessária para abrigar os pensamentos, as emoções e a interioridade através dos quais foi preciso perscrutarmos para exercitarmos e, assim, nos conduzirmos.

Em tal movimento, as técnicas fundadas em exercícios de sugestão e regeneração aparecem como peças-chave para produzir uma vida mental e espiritual saudável: conselhos ponderados, afirmações dogmáticas e a realização de exercícios de concentração como relaxamento passivo (pensamento espiritual) e meditação silenciosa – e até algumas técnicas que invocaram certa forma de hipnose – tornaram-se úteis à cura mental. Em particular, os exercícios de concentração adquiriram relevância na medida em que serviam para atingir o domínio de si mesmo e possibilitaram o disciplinamento da própria mente, mantendo a sua unidade (JAMES, [1901] 1991).

Em geral, os livros produzidos e divulgados – bem como a própria análise de um psicólogo (James) apresentada em 1901 como parte das prestigiosas *Conferências de Gifford*, em Edimburgo, Escócia[77] – expressam a relevância que ocuparam entre a segunda metade do século XIX e a primeira do século XX assuntos como a condução moral, o governo das emoções e os pensamentos, além da orientação das ações e atitudes que o indivíduo estava destinado a realizar sobre si mesmo. Nesse sentido, não é de estranhar que junto a esses livros e essas reflexões surjam publicados outros textos e manuais de conteúdo explicitamente educativo e pedagógico.

Ao nos voltarmos para as ofertas do jornal desse mesmo período, vemos que nelas sugerem-se como leituras importantes – com destaque igual aos dos livros citados anteriormente – os seguintes títulos: a tradução para o espanhol de *La evolución intelectual y moral del niño* (A evolução intelectual e moral da criança, 1905) do reconhecido pedagogo francês Gabriel Compayré (EL TIEMPO, 1911d, p. 3);[78] o livro *Medios de desarrollar la dignidad y la firmeza del carácter con la educación* (Meios para desenvolver a

---

[77] As lições ou *Conferências de Gifford* foram estabelecidas por Adam Lord Gifford (1820-1887), senador da Escola Superior de Justiça da Escócia. Seu propósito com as conferências era promover e difundir nas universidades de Edimburgo, Glasgow, Aberdeen e St. Andrews o estudo da teologia natural e em particular, do conhecimento de Deus. O prestígio das conferências funda-se no prestígio dos pensadores que foram convidados para proferi-las: Hannah Arendt, Niels Bohr, Étienne Gilson, Werner Heisenberg, Max Muller, Iris Murdoch, William James, etc.

[78] Do mesmo autor, aparecem no Brasil as seguintes versões na língua original, francês: *Histoire de La Pédagogie* (COMPAYRÉ, 1917) e *Psychologie Appliquée a L'Éducation 1ère Partie Notions Théoriques* (COMPAYRÉ, 1889).

dignidade e a firmeza do caráter com a educação, 1986), do antigo reitor do *Seminário de Rondeau* (Grenoble) e que fora "um trabalho premiado com medalha de ouro no concurso da *Sociedade Nacional de Educação de Lyon* em 1871" (El tiempo, 1912, p. 4); e o livro *La perfección moral – o el arte de vivir dichoso según Benjamín Franklin*, (A perfeição moral – ou a arte de viver feliz segundo Benjamin Franklin), escrito pelo general do exército colombiano Vicente Mestre[79] (1911a).

O último título acima citado é um texto interessante de salientar: ainda que escrito a partir da leitura e experiência de vida de um homem militar, ocupado com a condução moral dos homens de farda, é lançado como um livro que "todo mestre de escola que tenha consciência do seu nobre sacerdócio, deve prescrever para seus discípulos", que "todo sacerdote, moralizador, deve recomendar aos seus fiéis", e que "toda dama virtuosa deve usar" (El tiempo, 1911c, p. 6). Trata-se de um livro que acolhe a experiência de vida de Benjamin Franklin, extraindo dela preceitos que servem para guiar e conduzir aqueles que precisem de tal orientação, seja na vida militar ou na vida civil, seja pessoas novas ou adultas, seja homens ou mulheres etc.

Nesse caso, outra observação é necessária para lembrar um elemento característico da literatura de autoajuda que assinalei nos textos de Drummond (1993) e Cutler e Dalai Lama (2008) e que vimos aparecer há pouco, com as reflexões de Smiles ([1887] 1901, [1859] 1935a, etc.), e agora com as de Mestre (1911a). Trata-se da atualização e da releitura dos preceitos de condução, assim como das técnicas promovidas por livros que foram produzidos sob certas condições e para tempos e grupos humanos específicos. Assim, preceitos, exercícios e técnicas com proveniências diferentes e articulados a *télos* diferentes reaparecem articulados com outros fins e propósitos e dirigidos a pessoas e grupos diferentes. Isso é relevante se percebermos que, no centro dessa atualização, aparece como uma constante a necessidade de exercitação, para saber de si (para produzir esse si), para se transformar e para conseguir o que se percebe como sucesso.

Voltando à leitura de conjunto dos textos que estou analisando nesta seção, é interessante perceber que, tanto quanto seus autores, esses textos nos sugerem a importância que os livros destinados ao ensino e ao aprendizado de formas de condução moral alcançaram nos primórdios do século XX. Ainda que o exemplo só destaque a oferta feita no jornal de circulação na Colômbia, é preciso reconhecer que as traduções para o

---

[79] Vicente Mestre foi um militar colombiano de princípio do século XX, "autor de várias obras militares, membro correspondente de alguns institutos científicos da Europa e múltiplas vezes condecorado" (MESTRE, 1911b, s/p).

espanhol foram feitas a partir de livros produzidos em diferentes países e línguas (inglês, francês, alemão), o que nos permite supor sua circulação tanto nos lugares de origem quanto no país usado como exemplo, e sugere que talvez eles tenham sido divulgados em outras cidades e outros países.

De igual modo, a produção de tais livros em diferentes países e línguas deixa ver que essa preocupação pela condução moral estava presente em muitas sociedades. Então percebe-se que na procura por guias práticos para tal condução, pessoas vinculadas com as mais diversas atividades profissionais – filósofos, pedagogos, psicólogos, religiosos, militares, etc. – começaram a produzir e a difundir reflexões sobre o assunto, inaugurando um largo e longo caminho de sucesso para os discursos de autoajuda, superação, motivação e crescimento pessoal.

Em outras palavras, podemos pensar que, ainda com matizes diferentes e fundados em saberes variados, livros expressam que, para aquele momento, nas sociedades ocidentais, houve uma inquietação com relação à orientação da própria vida, à necessidade de preceitos e princípios morais para levá-la, à identificação e à produção de ferramentas para o aprendizado e o ensino a outrem de preceitos morais para viver. Essas preocupações e as formas como elas são abordadas e vinculadas ao problema da moralidade tornam evidente a centralidade que os temas da condução e da individualidade alcançaram naquele momento em nossas sociedades, tanto na Europa quanto na América.

É neste ponto que as análises do filósofo norte-americano Charles Taylor (2011) são esclarecedoras. Elas podem nos ajudar a entender a importante articulação que há entre a preocupação moderna com a condução moral e a produção da ideia de identidade. Essa relação estaria no âmago dos processos de identificação que operaram através de exercícios e técnicas (de condução) tendentes a estabilizar uma forma de "eu", de *self*. Taylor assinala que a orientação moral das ações individuais é o elemento "essencial para se ser um interlocutor humano capaz de responder por si mesmo" (p. 46). É na definição dos preceitos morais que se define a relação do indivíduo consigo mesmo e com os outros, portanto é nessa definição que se produz o *self*.

Assim, em meio a essas inquietações pela definição da conduta moral, nós passamos a nos ocupar em definir o que somos, quem somos, o que temos em nosso interior e a utilizar um conjunto de exercícios e técnicas de identificação. Isso significa que, como resultado da fixação das valorações morais que orientam a conduta individual e grupal, as identidades são definidas e, a partir delas, cada um constrói (cria) para si esse algo que deve procurar (a sua verdadeira natureza, seu eu) e ao qual precisa ser fiel para alcançar o sucesso.

"Identidade é aquilo que nos permite definir o que é e o que não é importante para nós" (TAYLOR, 2011, p. 47). A partir dessas identidades produzidas como correlato das valorações morais – que aceitamos como guias de conduta – se definem muitas das ações que estamos dispostos a realizar conosco para conseguirmos nossos objetivos e metas individuais e sociais. Esse eu, esse *self* moderno, antes de ser um *datum* prévio, aparece-nos como o resultado das ações dirigidas sobre nós, por outros e por nós mesmos, na procura por esses preceitos de conduta com os quais nos vinculamos ao mundo social. Nessa "busca" (pelos processos de identificação) é que se contorna, se conforma e se define certa identidade, nosso eu.

Em outras palavras, o processo moderno de identificação que se promove e se alimenta da compulsão paradoxal de criar e modelar a própria autobiografia, com seus laços e redes para suportar as cambiantes condições do âmbito social (econômico, laboral, educativo, político, etc.), corresponde-se com isso que chamamos individualização (BECK, 2004a). Assim, a individualização, ao que parece, acontece como resposta à desintegração dos modos de organização social existentes e ao momento de emergência das formas de vida nas sociedades modernas do Ocidente. Nessas novas maneiras de praticar a vida, a identidade passou a ser definida segundo categorias de classe, gênero, *status* social, nacionalidade, etc. Através delas, determinaram-se as características que ajudaram na tentativa de se construir certa unidade interior. A individualização, portanto, pode ser descrita como esse processo de identificação permanente através do qual, nos últimos séculos, temos tentado consolidar essa forma de interioridade que denominamos eu, em meio a importantes transformações na organização das sociedades modernas.

Nesse sentido, a crítica formulada por Illouz (2010) aos discursos de autoajuda – ou cultura terapêutica, como ela nomeia – se foca em assinalá-los como promotores do "retiro em nós mesmos" e do abandono dos "grandes mundos da cidadania e da política", ao não proporcionarmos "um modo inteligível de conectar o eu privado com a esfera pública", e ao esvaziarmos o eu de "seu conteúdo comunitário e político" em troca de "uma preocupação narcisista por si mesmo" (p. 13). No entanto, é uma crítica que perde sentido se pensarmos que o eu não é um dado prévio que simplesmente esvazia-se de um conteúdo para trocá-lo por outro segundo a vontade do "Estado" (o que aparece como outro dado prévio[80]) e de seus governantes, mas sim ele é um correlato das práticas

---

[80] Não podemos esquecer que para Foucault (2006b, 2007b) o "Estado não é outra coisa senão um 'efeito' de relações de poder que lhe precedem, e é por isso que ele dirigiu seu olhar para

sociais e dos modos de vida modernos. O eu emerge como elemento articulador de diferentes tecnologias de governo de si e dos outros que privilegiaram estratégias de individualização e de definição do eu como modos particulares de condução e, portanto, de exercitação permanente para sua construção e transformação.

A afirmação anterior se faz mais evidente quando seguimos o viés da exaltação da individualidade como essa outra expressão da racionalidade de governamento liberal, em pleno desdobramento entre os séculos XIX e XX. Nesse caminho, vemos aparecer tanto as reflexões que analisei antes, com James, quanto os primeiros textos de autoajuda, que do mundo empresarial passaram para os espaços de formação, dentro e fora das instituições escolares. Ali é que percebemos o importante lugar que os livros ofertados para o autoconhecimento, a autotransformação e a consecução do sucesso tiveram na construção da identidade moderna já no século XIX, bem como a força que eles alcançaram nas últimas décadas do século XX e nos primórdios do século XXI.

Esse jogo de identificação significou a construção social da identidade moderna.[81] Nele as emoções aparecem como um elemento importante dos relatos de autoconhecimento e de necessidade de transformação da própria conduta. As emoções entraram no cenário do público ao mesmo tempo que foram exaltadas e privilegiadas na vida privada. A organização de certa percepção da existência de uma identidade moderna a ser descoberta, organizada e reconhecida foi possível através de uma narrativa que combinou "a aspiração à autorrealização" (aquela salientada pelos discursos de sucesso e felicidade) com certa forma de "sofrimento emocional" (para o qual a cura mental oferecia soluções), ambos focados na construção de um indivíduo que se define / identifica a si mesmo, que se ocupa de si mesmo e das suas próprias necessidades e emoções, e que focaliza sua ação no autorreconhecimento dos próprios interesses (ILLOUZ, 2007).

Neste ponto, é preciso nos determos um pouco para compreender que o processo de identificação e construção da identidade moderna aconteceu durante vários séculos, bem como no desenvolvimento e na

---

a multiplicidade de relações microfísicas, e não para suas cristalizações molares. [...] o Estado moderno emerge nos séculos XVII e XVIII como consequência da articulação entre diferentes tecnologias de condução da conduta" (CASTRO-GÓMEZ, 2010).

[81] Isso que chamamos identidade moderna parece designar um conjunto de "compreensões (sobremodo desarticuladas) do que é ser um agente humano: os sentidos de interioridade, liberdade, individualidade e de estar mergulhando na natureza, tão familiares ao Ocidente moderno" (TAYLOR, 2011, p. 9).

operação de diferentes estratégias de poder. Assim, a partir do aparecimento de reflexões acerca da condução moral da vida, essas formas de identificação e condução centradas no eu surgiram como correlatas à emergência dos dispositivos de seguridade e ao desdobramento da chamada governamentalização dos Estados europeus (Foucault, 2006b). A partir de tal processo de "governamentalização" – que durou mais de quatro séculos – produziram-se as diferentes formas e espaços nos quais essa identidade individual transformou-se na peça fundamental das práticas de governamento atuais. Ou seja, o processo de construção da identidade moderna é correlato ao processo de governamentalização dos Estados europeus, na medida em que o problema do governamento (da condução) tornou-se a forma privilegiada das relações de poder.

No mesmo processo em que a condução configurou-se como a forma privilegiada das relações entre os indivíduos vinculados aos Estados, as técnicas de individualização/identificação começaram a ocupar um lugar importante. A condução, o governo é essa forma de exercício do poder que requer, para seu agenciamento, que os indivíduos se reconheçam a si mesmos como individualidades e reconheçam os outros também como indivíduos com identidades particulares. Desse modo, o exercício do poder tornou-se mais eficiente ao precisar menos de controle, vigilância e regulação externa e ao promover mais autocontrole, autorregulação e autonomia individual. Nesse caminho, as práticas pedagógicas e os discursos de autoajuda transformaram-se em peças-chave para produzir indivíduos autogovernados, tornando mais efetivo (em termo de eficácia e eficiência) o exercício do poder.

As práticas pedagógicas enquanto formas de condução, fazem parte dessa trama de identificação e construção das identidades modernas. Elas articularam, sem muito problema, os discursos *psi* – que emergiram nesse mesmo processo e na tentativa de definir a identidade – ao tempo em que aparecem como destinatárias de alguns dos discursos de autoajuda que ancoraram suas raízes nesses saberes. Em outros termos, isso quer dizer que a pergunta quanto aos modos de condução da própria vida vai além do assunto pedagógico e escolar, ou das inquietações que reconhecemos como próprias do saber pedagógico. Contudo, não podemos esquecer que a pergunta sobre a condução dos outros é "a" pergunta das práticas pedagógicas, pelo menos no momento de seu aparecimento na *Paideia grega* e em algumas das formas que elas tomaram nas práticas da pastoral cristã, nas disciplinas e, é claro, na era das liberdades.

Entre outras coisas, isso significa que as práticas pedagógicas são práticas de condução, mas nem todas as práticas de condução são pedagógicas. As técnicas relativas às práticas pedagógicas, suas ferramentas e seus propósitos particulares fazem delas esses tipos de práticas que operam em muitos cenários sociais nem sempre ligados à instituição escolar, mas que sempre focam sua finalidade na condução dos outros. Nessa lógica, podemos compreender que a pergunta sobre a condução é um desses fios da racionalidade liberal que vemos atravessar os modos de praticar a vida e que levaram à articulação e ampla aceitação dos discursos de autoajuda (de autocondução) nas práticas pedagógicas contemporâneas.

É possível perceber que, na história da configuração dos Estados europeus, houve pelo menos três deslocamentos de ênfase, a partir do privilégio das técnicas usadas por uns indivíduos e grupos sobre outros, no exercício do poder. Foi nesse deslocamento de ênfase que a individualização se configurou como uma estratégia de governo mais econômica, ao mesmo tempo que se produziu a compreensão da existência de certa "identidade moderna", na qual a interioridade – "o sentido de nós mesmos como seres dotados de profundezas interiores" (TAYLOR, 2011, p. 10) –, a vida cotidiana e a noção de uma natureza própria – "como fonte moral interna" (TAYLOR, 2011, p. 10) – constituíram-se nos seus principais suportes.

Nesse movimento, as técnicas de condução de si e dos outros tiveram maior ou menor predomínio nos diferentes momentos de governamentalização dos Estados, caracterizando os focos dos dispositivos preponderantes em cada grupo social e em cada momento histórico: por um lado, a condução dos outros como foco das disciplinas; e aí, o papel central da escola, do professor e da didática como disciplina criada para "ensinar tudo a todos" (COMENIUS, [1631] 2002). Por outro lado, a condução de si mesmo como ênfase das liberdades, e aí, a importância do novo conceito de educação (baseado nas ideias de liberdade, interesse e natureza) criado por Rousseau e desenvolvido pelas posteriores teorias sobre a aprendizagem. Cabe lembrar que a ênfase em certas técnicas, em determinado momento, não significou o apagamento total das outras técnicas, mas sua incorporação aos dispositivos, que se organizaram e se orientaram para o privilégio das liberdades.

Na vinculação desse processo de governamentalização às práticas de individualização, percebemos que a governamentalização dos Estados – a introdução de técnicas de condução das condutas como foco das relações de poder – caracterizou-se de modos diferentes no tempo. Num primeiro momento, a governamentalização se deu pela implementação de um conjunto de técnicas de governo (condução) no interior dos Estados soberanos, o que os levou a constituir primeiramente Estados administrativos (no tempo de desdobramento e ênfase nas disciplinas, séculos XVI e XVII, momento da emergência da escola). Logo depois, eles constituíram o que reconhecemos como Estados modernos (no período de desenvolvimento e ênfase nas liberdades, século XVIII, momento da educação "liberal").

Detalhando um pouco esse processo, podemos dizer que um *primeiro deslocamento* é de uma forma de poder soberana – característica dos Estados soberanos (absolutistas) – que exigia o exercício da força exterior, para o uso de um conjunto de técnicas de governo (condução de si e dos outros) disciplinares que implicava quatro técnicas fundamentais: o ensino, a obediência, a vigilância e o controle – características dos Estados administrativos europeus entre os séculos XVI e XVII. Nessas formas disciplinares, a individualização dos corpos e a organização de instituições que recortaram a multiplicidade ganharam relevância (FOUCAULT, 2007a). Foi esse o momento de aparecimento da escola moderna e das reflexões sobre as práticas de condução vinculadas a noções como instrução e ensino nos discursos pedagógicos, como bem marcou Noguera-Ramirez (2011). As disciplinas, portanto, foram uma importante expressão das primeiras formas de identificação e construção da individualidade, que logo se ampliaram com o desenvolvimento das formas de governo liberais e os seus correspondentes dispositivos de segurança.

O *segundo deslocamento* corresponde justamente à ênfase nas formas da seguridade, entre os séculos XVIII e XX, quando as técnicas orientadas à identificação vincularam-se aos discursos naturalistas e liberais – que promoveram tanto o conhecimento da natureza individual própria quanto a atenção aos interesses particulares –, em harmonia com certa natureza própria das formas de agir e se comportar da população. Desse modo, a autorregulação natural dos processos sociais, econômicos e pessoais, assim como a gestão dos próprios recursos e das possibilidades individuais, adquiriram maior relevância e começaram a ocupar esse lugar que o controle e o disciplinamento externo e permanente ocuparam anteriormente. Essa regulação no elemento da realidade é o elo fundamental nos dispositivos da seguridade e na construção das formas identitárias modernas (FOUCAULT, 2006b, p. 69).

Em meio a esse movimento – em que as reflexões sobre a educação (Rousseau), o interesse, o desejo, a experiência e a aprendizagem começam a aparecer nos discursos pedagógicos –, é que vemos se configurarem as tradições pedagógicas modernas: francófona, anglófona e germânica (NOGUERA-RAMIREZ, 2011). Tradições que vieram acompanhadas por discursos sobre a realização pessoal, a autonomia e a autogestão, conectados ao tema das emoções como um assunto pertinente a todos os espaços vitais. Tais discursos articularam-se com a definição das identidades modernas fundadas no gênero, na raça, na nacionalidade, na idade e, como podemos perceber nos discursos mais recentes, articularam-se também com a definição de marcadores individuais tão particulares, que incluem as mais variadas características físicas e psicológicas como placares da identidade individual. A partir delas, as diferenças pessoais deveriam ser reconhecidas, aceitas e incluídas.

Em outras palavras, o deslocamento nas formas de exercício do poder levou ao aparecimento da liberdade como um elemento articulador das tecnologias de condução da conduta. Assim, já não se tratava mais de "simplesmente dominar os outros pela força, senão de dirigir a sua conduta de modo eficaz e com seu consentimento, e isso sob suposta liberdade daqueles que deviam ser governados" (Castro-Gómez, 2010, p. 12). Nesse sentido, organizou-se um conjunto de tecnologias políticas orientadas à condução eficaz da conduta dos outros para o logro de certos fins, assim como um conjunto de estratégias dirigidas a fazer com que as pessoas se comportassem segundo esses fins.

Tratou-se da emergência da racionalidade liberal na qual se produziram modos de existência que levaram indivíduos e coletivos a se tornarem sujeitos desses modos concretos de ser e estar no mundo: sujeitos autorregulados nos modos que coincidiriam desejos, esperanças, decisões, necessidades e estilos de vida com objetivos governamentais. Com essas tecnologias políticas, "não se busca "obrigar" a que outros se comportem de certa forma (e contra a sua vontade), mas fazer com que essa conduta seja vista pelos governados como boa, digna, honorável e, acima de tudo, como *própria*, como proveniente da sua liberdade" (Castro-Gómez, 2010, p. 13).

Contudo, é preciso lembrar que nesse processo de individualização moderna, tanto a definição do eu quanto o fato de acreditar e pensar em si mesmo e nos outros como sendo um *self* "ligado a nossos sentimentos do bem" (Taylor, 2011, p. 76) são algo que construímos em meio aos outros, em meio à complexidade de práticas sociais (escola, família, fábrica, exército, etc.) nas quais os modos possíveis de praticar a vida, assim como os sentimentos, as emoções, as sensações são definidos. Destarte, os marcadores que aparecem assinalados como individuais definem-se não tanto pela existência de "algo" nesse *self*, mas pelas relações e modos de viver, nos quais nos constituímos como identidades e em meio às quais estabelecemos junto aos outros isso que pode ser considerado como "bem". Esse não é um assunto menor, pois a identidade é "uma preocupação crucial e incontornável" que não deixamos de lado, ela que alimenta esse empenho de "conferir sentido à nossa vida", ela que nos constitui e nos faz agir (Taylor, 2011, p. 76).

Na segunda metade do século XX, percebemos um *terceiro desloca-mento* no privilégio de algumas técnicas de condução usadas pelos indivíduos. Nesse terceiro movimento, a individualização foi levada a uma de suas mais altas expressões, uma vez que as estratégias de condução focaram-se quase que completamente na ação que o indivíduo realiza sobre si mesmo e na sua permanente transformação. O indivíduo, então, tornar-se-ia o responsável pelo próprio governo, pelo próprio sucesso e pela consecução de suas metas. Ele é quem deveria ocupar-se de si e de autoproduzir-se, incrementando seu valor de troca como uma permanente fonte de capital humano. Nesse momento, a aprendizagem tornou-se o conceito relevante nos discursos pedagógicos, bem como nos discursos sociais.

Nesse sentido, as análises de Rose e Miller (1992) – sobre a forma como agem as técnicas de governamento dispersas pelo tecido social, que eles chamam de "sociedades liberais avançadas" – salientam a presença de um conjunto de tecnologias e programas através do qual são promovidas formas de governamento de si que operam nos pequenos detalhes: técnicas de registro e cálculo; aprendizado de hábitos de trabalho; ações para desenvolvimento de competências profissionais; desenho dos espaços, etc. Nesses modos de praticar a vida, é possível perceber um conjunto de técnicas agindo na produção de eus responsáveis por si mesmos, técnicas essas de individualização (subjetivação, nos termos dos autores) que fazem emergir valores como a autoestima, a responsabilidade, a autonomia, a competência, entre outros. Esses valores constituem "fontes de "recursos" ou "ativos imateriais" que permitem a qualquer indivíduo ser "empresário de si mesmo" (CASTRO-GÓMEZ, 2010, p. 247).

Aprender constantemente é a forma de ser e estar em um mundo sujeito a permanentes mudanças. Aprender já não é mais acumular e adquirir habilidades necessárias; é garantir a transformação e adaptação que ofereçam, a cada momento, habilidades e competências para a entrada no mundo do mercado do trabalho, dos sonhos, dos interesses e desejos. Aprender permanentemente é o *slogan* da vida desse empresário de si mesmo. Trata-se do tempo das palavras enunciadas por Edgar Faure (1974), com as quais iniciei esta seção, aquelas que expressaram claramente a ênfase que as práticas educativas colocaram na aprendizagem e na própria ação do indivíduo.

No informe oferecido pela primeira comissão da UNESCO em 1972, o próprio título *Apprendre à être?*, traduzido como *Aprender a ser: a educação do futuro*, expressa a centralidade que o indivíduo e sua própria ação têm nas formas de praticar a vida. O que não significa que pela publicação desse informe e pelas diretrizes dos membros da UNESCO, a aprendizagem tenha se tornado o eixo dos discursos pedagógicos, mas, sim, que o próprio informe é uma superfície de emergência de um discurso que privilegia a ação do indivíduo.[82] Ele expressa um importante enunciado de individualização e condução que se organizaram nos quatro últimos séculos, num processo que, como já referi, Foucault denominou governamentalização dos Estados europeus e que, nas histórias tradicionais, corresponde à conformação da modernidade europeia.

Em outra perspectiva, podemos ler esse processo de individualização, correlato aos três deslocamentos na governamentalização dos Estados europeus, a partir da organização de múltiplos e complexos sistemas de exercitação. Nesses sistemas produziram-se os eus modernos e, portanto, modos de praticar a vida que se difundiram nas nossas sociedades. Cenários escolares, oficinas, hospitais, instituições militares, assim como os espaços das artes e as ciências modernas, além das práticas esportivas, médicas e de polícia trouxeram, para seu interior, exercícios e técnicas de treinamento do corpo e da mente, para suprir a necessidade de condução cada vez mais presente. Desse modo, configurou-se uma forma de vida ascética moderna que, em palavras de Sloterdijk (2012), teria a forma de uma "ascese desespiritualizada" ou *training*[83] "e se corresponde com uma forma de realidade que exige dos indivíduos, por se dizer de algum modo, *fitness, fitness sans frase*" (p. 426).

Essa forma de ascese não espiritual corresponde-se com certa forma de "*metodismo* sem referências religiosas" que se propagou pelos diferentes cenários sociais. E talvez seja essa não referência religiosa das formas de exercitação que tenha permitido tanto a incorporação de exercícios e técnicas vindas de outros grupos e organizações sociais quanto a difusão para outras sociedades e latitudes dos sistemas de exercitação organizados pelas civilizações europeias; isso depois de séculos de experimentação e tentativas de construção desse si mesmo (SLOTERDIJK, 2012).

Não posso deixar de observar aqui que grande parte dessa desespiritualização das práticas de exercitação aconteceu na apropriação e no uso de técnicas do pastorado cristão, como ferramentas de condução dos Estados. Tal desespiritualização corresponderia ao próprio processo de instalação de técnicas disciplinares (práticas de polícia ou de ensino, por exemplo) como formas de governo nas sociedades europeias e no

---

[82] Sobre a emergência do conceito de aprendizagem no campo do saber pedagógico e as suas relações com a governamentalidade liberal e neoliberal, sugiro consultar Noguera-Ramírez (2011).

[83] "O termo *training,* verificável desde os anos 20 do século XIX" corresponde-se com as palavras *entraînement* em francês e *trainirung* em alemão (SLOTERDIJK, 2012, p. 426, Nota de rodapé 1).

privilégio do que nomeamos, com Foucault, poder disciplinar. De outro modo, poderíamos dizer que se tratou de um processo de laicização do poder pastoral, que levou técnicas próprias da condução pastoral cristã para operar como técnicas de governamento nas sociedades ocidentais. Isso significou, entre outras coisas, que aquele chamado para a elevação da vida, característica das práticas pastorais cristãs medievais (comunidades monacais e eclesiais), se transformara em um imperativo de vida para todos os indivíduos. Imperativo de condução que marcou os nossos modos de ser modernos. Nesse sentido, aquilo que chamamos de modernidade, não seria outra coisa que o momento em que tais práticas ascéticas se desdobram na sociedade toda, sob a forma de um disciplinamento generalizado que levaria até o que hoje se denomina de "sociedade educativa" (FAURE, 1974) ou sociedade da aprendizagem.

Essa forma de ascese desespiritualizada permitiu que algumas sociedades da Europa e Oriente se transformassem e, entre os séculos XIX e XX e começo do século XXI, outras sociedades do mundo também fizessem o mesmo. E isso ocorreria porque foram

> [...] precisamente homens dessa região do mundo que, baseando-se na vantagem que tinham em assuntos de exercitação, empurraram todas as outras civilizações do planeta a incorporar-se nos ciclos de treinamento introduzidos por eles. A prova disso que dizemos é: entre as nações que haviam ficado para trás, só conseguiram dar um salto à frente aquelas que souberam implantar, mediante um sistema de ensino de acordo com a época, um grau suficiente de tensão didática. E isso se conseguiu tanto melhor ali onde, como no Japão e na China, todo um sistema bem elaborado de adestramento feudal facilitava a transição para as modernas disciplinas. Os Tigres asiáticos recuperaram seu terreno, enquanto os europeus modernos faziam caretas altaneiras diante do que consideraram uma imitação, novos concorrentes de todo o mundo fizeram do antiquíssimo princípio da aprendizagem o fundamento de seu sucesso (SLOTERDIJK, 2012, p. 427).

Na leitura do processo de individualização a partir da organização de múltiplos e complexos sistemas de exercitação, é evidente a configuração de um conjunto de transformações históricas, morais e técnicas que implicaram a instalação desse princípio de transformação e elevação da vida, no qual a aprendizagem como noção e como prática teria um lugar destacado. Instituições como a escola, a igreja e a família, entre outras, assumiram para si a tarefa de produzir essa massa de indivíduos exercitantes que configuraram a sociedade e os Estados Modernos: sujeitos de um preceito que exigia a transformação da vida para melhorá-la;

indivíduos para quem a aprendizagem constituiu o fundamento de toda ação sobre si e no eixo da condução dos outros; Estados que organizaram grandes sistemas de instrução e educação pública para a escolarização (ensino) da população.

Neste ponto da análise, parece clara a centralidade que formas de exercitação têm na produção de modos de vida individualizados. A exercitação encontra-se no centro mesmo das formas de condução modernas, e talvez seja por isso que encontramos uma forte narrativa de exercitação nas últimas décadas do século XIX e nas primeiras décadas do século XX, em particular nos discursos de autoajuda. Assim, condução (governo) e individualização (eu) são os eixos temáticos que atravessaram tanto os discursos pedagógicos quanto os discursos de autoajuda desde finais do século XIX até nossos dias e, como detalharei a seguir, eles encontram na aprendizagem e na educação permanente um importante ponto de articulação e ação das práticas de governamento contemporâneas.

Aprender a ser feliz: educar-se permanentemente

> *Este livro é um diagnóstico de como estamos hoje e de como podemos melhorar para que nossos filhos se tornem pessoas éticas, felizes, autônomas e competentes recebendo uma educação integrada. [...] "Felicidade não depende do que nos falta, mas do bom uso que fazemos do que temos" (Thomas Hardy, escritor inglês). Todos os pais querem que seus filhos sejam felizes. Felicidade não se dá, muito menos se compra. Aprende-se a ser feliz.*
> (TIBA, 2002, p. 20)

Nas décadas de 1970 e 1980, os livros de autoajuda ganharam esplendor e abrangência nos cenários de formação básica, média e profissional. Em particular, livros como os estudados nas seções anteriores – de Napoleon Hill ([1928] 1997), Og Mandino (1987), Stephen Covey (1999, 2011), Ram Charan (2007), etc. – acompanharam a formulação e realização de cursos de formação nas faculdades de administração, negócios e finanças, assim como programas de mestrado e doutorado em prestigiadas universidades, como Stanford e Harvard, e em outras universidades, institutos e programas de atualização que podemos encontrar nas nossas cidades e nossos países.

Por sua vez, nos cursos de formação em ética, moral e religião são famosos os livros de Paulo Coelho (*O alquimista*, 1993),[84] de Deepak

---

[84] Sobre o uso do livro *O alquimista*, de Paulo Coelho, como leitura obrigatória na escola, cf. Câmara; Busnello (2004).

Chopra (*As sete leis espirituais do sucesso*, 2011), de Kalil Gibran (seu livro mais conhecido, *El profeta, el loco, páginas escogidas – O profeta, o louco, páginas escolhidas*, 2003), de Dyer Wayne (*Tus zonas erróneas*, 1992 – *Seus pontos fracos*, 1993), entre outros. Este último, talvez tenha sido um dos primeiros livros usados como texto no ensino médio, nos primeiros anos da década de 1980. Longe de ser um sucesso editorial, foi o livro com o qual muitos jovens aprendemos que, além de "sermos pessoas únicas e não repetíveis", como nos disseram nas aulas de religião, devíamos tomar conta de nós mesmos e ter "consciência" de si para sermos felizes e alcançarmos o sucesso nas nossas vidas.

Para cumprir com esse preceito de conduta, o livro indicava uma série de exercícios reflexivos que permitiam avaliar permanentemente as nossas ações e as razões que as motivavam. Segundo ele, devíamos julgar nosso comportamento no mesmo momento da ação, tomando "consciência" dos sentimentos e dos pensamentos que o produziam. Assim, por exemplo, o livro orienta:

> Pense naquilo que está fazendo no momento em que o está realizando. O novo pensamento requer ser consciente de seus velhos pensamentos. Você acostumou-se com padrões mentais que identificam as causas de seus sentimentos em fatos externos.
>
> Tomar conta de você mesmo implica um esforço maior do que o que significa simplesmente especular com ideias novas. Implica a determinação, a decisão de ser feliz e de destruir todos e cada um dos pensamentos que produzem em você uma infelicidade autoimobilista (WAYNE, 1992, p. 14-15).

Junto com livros e autores como esses, nas quatro últimas décadas outro grupo de textos apareceu nas feiras de livros, nas livrarias e nas bibliotecas de escolas e instituições de educação, assim como nas bibliotecas pessoais de pais e professores, e começou a ganhar lugares destacados ao fazer parte da bibliografia usada na sua formação, nos espaços oferecidos pelas instituições, secretaria e ministérios de educação. Isso porque esses textos apresentam análises e propõem reflexões com orientações e dicas acerca da educação das crianças e dos jovens, que se ajustam às condições atuais das escolas e das famílias.

Dois fatos chamam a atenção na primeira aproximação com esse grupo de livros que podemos considerar de autoajuda direcionada para a educação.

Primeiro fato: os autores de maior prestígio dessa linha de textos, de um modo geral, são autores locais, reconhecidos principalmente em seu país de origem. E ainda que alguns de seus livros estejam traduzidos para outras línguas (espanhol, português e/ou italiano, como alguns autores referem), eles continuam sendo autores de renome local, e não internacional. Pelo menos, é isso que se percebe com escritores brasileiros como Augusto Cury, Simão de Miranda, Lair Ribeiro, Içami Tiba, Celso Antunes, etc., e com autores colombianos como Jaime Lopera, Martha Bernal, Camilo Cruz, Jaime Duque, entre outros.

Segundo fato: na maioria de casos, tais autores, quando formados, são profissionais de áreas diferentes da educação – das áreas *psi*, da medicina, da administração, das ciências naturais, etc. Nesse sentido, suas contribuições aparecem como se trouxessem um olhar novo e diferente para as práticas pedagógicas. Encontramos títulos de grande sucesso, tais como: os do médico psiquiatra e psicoterapeuta Augusto Cury – *Pais brilhantes, professores fascinantes* (2003), *Seja líder de si mesmo* (2004), *Filhos brilhantes, alunos fascinantes* (2007a), *Treinando a emoção para ser feliz* (2007b), *O código da inteligência* (2008). Também temos os títulos do doutor em psicologia social e desenvolvimento humano Simão de Miranda – *Dicas para a autoestima do aluno* (2004), *Professor, não deixe a peteca cair!: 63 ideias para aulas criativas* (2005), *100 Lembretes e uma carta para a autoestima do professor* (2006), *Como se tornar um educador de sucesso. Dicas, conselhos propostas e ideias para potencializar a aprendizagem* (2011). Há ainda o especialista em inteligência e cognição e mestre em ciências humanas, Celso Antunes – *A grande jogada. Manual construtivista sobre como estudar* (1997a), *A inteligência emocional na construção do novo* (1997b), *A construção do afeto* (1999). Por fim, o médico cardiologista Lair Ribeiro – *Excelência emocional* (2002a), *Ideias que estimulam* (2002b), *Como passar no vestibular: use a cabeça e vença o desafio* (2003), *Educando com amor e responsabilidade* (2007), *Como se tornar um educador de sucesso* (2011), etc.

Nesse grupo de autores brasileiros, destaca-se hoje o médico psiquiatra Içami Tiba, com títulos como *Quem ama educa!* (2002), *Disciplina, limite na medida certa. Novos paradigmas* (2006), *Educação & amor* (2007), *Ensinar aprendendo. Novos paradigmas na educação* (2008), entre outros. Ao nos aproximarmos dos textos desse autor, assim como de alguns dados e referências dele e dos escritores mencionados, podemos perceber que seus textos seguem as mesmas estratégias narrativas identificadas nos livros analisados nas seções anteriores. No uso dessas estratégias – histórias curtas, frases para estabelecer preceitos de comportamento e listagens de conselhos e dicas práticas, entre outras formas narrativas – os autores enfatizam a "aprendizagem" e a "educação permanente" como o caminho certo para conseguir o desenvolvimento de competências e de habilidades sociais e profissionais que permitem às pessoas alcançar o sucesso na sua vida pessoal e profissional.

Na estratégia de histórias curtas, por exemplo, geralmente aparecem personagens reais ou ficcionais de meninos, pais e professores que enfrentam situações nas quais a autoridade do adulto fica questionada, a atuação da criança aparece como de uma *expertise* superior à do adulto, e em que fica evidente a necessidade de a criança ser orientada em exercícios e técnicas de autocontrole e disciplinamento. Essas narrativas são usadas para exemplificar relacionamentos falidos ou situações em que as crianças e os jovens devem acertar seus comportamentos e seus modos de viver, harmonizando-os com os preceitos de conduta socialmente aceitos.

Em geral, tais histórias servem para introduzir ensinamentos, dicas e preceitos de comportamento que devem guiar as relações entre adultos e crianças, assim como as relações entre as duas instituições tradicionalmente ligadas à formação delas – família e escola. Um exemplo dessa forma narrativa é apresentado por Içami Tiba, quando conta que, no início das suas palestras, ele usa uma história que o ajuda a chamar a atenção dos pais e dos educadores por ser "ao mesmo tempo muito bem-humorada e realista":

> Dois meninos de cinco anos estão numa espaçosa área de lazer. Não há brinquedos por perto. Um deles é magro e alto. O outro é gordo e baixo. Naturalmente, resolvem brincar. O magro propõe: "E pega-pega, e você é o pegador!" E já sai em tal disparada, que o gordo, com seus passos lentos e pesados, tem dificuldade de acompanhar. Quando este percebe a distância entre os dois cada vez maior, toma consciência de que não conseguirá alcançar o outro. Então para, estica o braço e, apontando com o indicador, grita: "Aí não vale!" O magro para imediatamente, mesmo sabendo que não tinha sido combinado que "aí" não valeria.
>
> Nesse momento, pergunto ao público: "Por que o magro parou?" Percebo que cada um busca dentro de si uma boa resposta. Para facilitar, eu mesmo respondo: "Para continuar brincando! Se o magro continuar correndo, a brincadeira acaba, não é?"
>
> O magro volta até o gordo com os ombros meio caídos, pois sabe que agora é a vez do outro propor uma brincadeira. O gordo, vendo o magro bem próximo, diz: "É luta livre!" E já avança no magro, dá-lhe uma gravata, derruba-o e aperta o pescoço do menino, que, à beira do desmaio, dá umas palmadinhas no braço do gordo em sinal de rendição. Nesse momento, pergunto de novo ao público: "Por que o gordo para de enforcar o magro?" "Para continuar a brincadeira!", responde o público.

E eu arremato: "E também porque com morto não se brinca!" (TIBA, 2006, p. 19-20).

Narração de histórias curtas é também a forma de escrita usada nos livros do periodista colombiano Jaime Lopera e de sua colega profissional das Ciências Sociais, Martha Bernal. Eles produziram uma trilogia que apresenta parábolas, fábulas e reflexões para que os leitores percebam que a responsabilidade pelo sucesso, assim como a culpa pelo fracasso repousa nas ações e nas decisões de cada indivíduo. Que não há ninguém fora de nós mesmos que possa assumir para si a tarefa de nos fazer felizes, e que da aprendizagem que temos dessas situações que vivemos é que depende nosso sucesso.

Tomemos deles os seguintes títulos: *Y ¿de quién es la culpa? Anécdotas, parábolas, fábulas y reflexiones sobre la motivación* (E de quem é a culpa? Anedotas, parábolas, fábulas e reflexões sobre a motivação, 2005); *La culpa es de la vaca. Anécdotas, parábolas, fábulas y reflexiones sobre liderazgo. Parte 1 y Parte 2* (A culpa é da vaca. Anedotas, parábolas, fábulas e reflexões sobre a liderança. Parte 1 e parte 2, 2002; 2007). Neles os autores usam a vaca como esse alguém a quem todos tentamos responsabilizar pelo fracasso, quando não assumimos a direção da nossa própria vida e queremos fugir da nossa responsabilidade por nós mesmos. A razão pela qual a vaca seja o animal escolhido para transmitir essa imagem não é fácil de saber. Ao que parece, ela é uma figura que ajuda a lembrar os livros facilmente, além de chamar a atenção e de despertar interesse e curiosidade pela sua leitura. Isso é assim entre falantes de espanhol, e até onde é possível saber, chamaria ainda mais a atenção entre falantes de português.

Nas histórias propostas por esses autores, as personagens não são mais crianças e pais em situações de formação, mas personalidades fictícias como reis, pastores, objetos animados, animais falantes, etc. Quando tomam as decisões adequadas, em determinadas situações, conseguem ser bem-sucedidos e obtêm muito mais do que esperavam por cumprirem corretamente com suas tarefas. Por outro lado, quando tomam decisões erradas e/ou fogem de suas responsabilidades, fracassam e perdem o que tinham. A história a seguir parece um bom exemplo da estrutura desses contos:

> Os obstáculos em nosso caminho. Um rei deixou uma pedra grande no caminho, bloqueando-o. Depois, escondeu-se para ver se alguém retirava a pedra. Os comerciantes mais ricos do reino e alguns cortesãos simplesmente passaram pelo lado. Muitos culparam o rei por não manter as estradas limpas, mas ninguém

fez nada para remover o obstáculo. Então, veio um camponês com uma carga de vegetais. Deixou-a no chão e tentou mover a pedra para o lado da estrada. Após muita força e suor, ele conseguiu. Quando ele estava pegando a sua carga, ele encontrou uma carteira na estrada, justamente onde a pedra estava. Ela continha muitas moedas de ouro e uma nota escrita pelo rei que dizia que essa era a recompensa para aquele que abrisse o caminho. O camponês aprendeu o que muitos outros nunca entenderem. Todo obstáculo contém uma oportunidade para melhorar sua situação. Se você cair, levante-se e vá em frente! (LOPERA; BERNAL, 2002, p. 79-80).

Essas histórias oferecidas para serem usadas por qualquer pessoa, pois servem para orientar reflexões e meditações sobre as decisões que são tomadas em diferentes momentos e que, ao vê-las acontecerem para as personagens da história, deixam ensinamentos de condutas exemplares para qualquer um. Por isso mesmo, elas também são úteis na sala de aula e para o trabalho com crianças.

Nesses contos, há uma referência permanente à aprendizagem como a maneira de encarar as dificuldades da vida. Aprender com a vida, com as situações difíceis, com os que já viveram a experiência é a estratégia para sair na frente das dificuldades, mas também é o fim dos próprios contos. Trata-se de levar os outros, os leitores, para aprender esses preceitos de vida que parecem evidentes em muitos casos, mas que por vezes perdem-se de vista. Assim, viver aprendendo é talvez a melhor forma de viver. E viver se exercitando em técnicas de autoavaliação da própria conduta é a forma de aprender com a vida permanentemente.

Apresentação de dicas, conselhos e exercícios práticos numerados clara e explicitamente constituem outra estratégia narrativa utilizada nesses livros de autoajuda, dirigida para a educação. Um exemplo interessante dessa estratégia é o livro de Simão Miranda (2011), intitulado *Como se tornar um educador de sucesso. Dicas, conselhos propostas e ideias para potencializar a aprendizagem.* Nele o psicólogo assinala que é preciso incorporar "atitudes proativas à prática cotidiana, de modo que, ao olharmos para os problemas, consigamos ver possibilidades" (p. 15). Para tanto, ele sugere o uso de alguns conselhos, métodos e técnicas, cuja prática cotidiana habilite os professores a fazer de todas as situações oportunidades de aprendizagem. Seguindo esse caminho é que se tornaria possível conseguir o sucesso próprio e ajudar no sucesso dos outros (os estudantes).

Sem entrar no livro, o próprio sumário é já um bom exemplo de um "cardápio" de conselhos e técnicas para "aprender" e ter sucesso na vida profissional.

I. 15 dicas para os primeiros contatos com a escola e com a turma,

II. 10 conselhos sobre o uso da linguagem,

III. 15 avisos sobre o planejamento,

IV. 10 recomendações sobre o uso da voz,

V. 10 comentários sobre a formação docente,

VI. 25 formas de construir e manter a motivação dos alunos,

VII. 10 sugestões para potencializar a sua disposição física,

VIII. 50 atitudes vitais para o dia a dia feliz na escola,

IX. 5 opiniões sobre a vida fora da escola,

X. 5 ideais sobre suas relações com a equipe gestora da escola,

XI. 10 gestos que os gestores podem fazer para ajudarem na motivação docente,

XII. 15 motivos que me convencem de que educar é a atividade mais gratificante do mundo!,

XIII. 20 filmes sublimes sobre docência,

XIV. 10 livros que reacendem o encanto pela docência,

XV. 10 textos maravilhosos que exaltam o educador,

XVI. 10 lembretes finais, não menos importantes,

XVII. 35 palavras-chave, à guisa de síntese (MIRANDA, 2011, s/p).

Seria interessante nos determos aqui para mostrar que a potencialização da aprendizagem é a finalidade que o autor propõe no uso dessa série de recomendações. Todas elas correspondem a atitudes e atuações que os professores devem assumir permanentemente (praticar e aprender), ajudando para que os outros (estudantes e pais) também as aprendam. Todavia, encontramos recomendações a serem atendidas cotidianamente, que incluem desde a forma de se vestir, até a forma de falar e de se cuidar física e mentalmente. Todas essas indicações são acompanhadas de exercícios que, passo a passo, permitem o aprendizado das técnicas que levam à mudança dos hábitos. A atitude cinquenta das *cinquenta atitudes vitais para o dia a dia feliz na escola* – proposta por Simão Miranda, no capítulo VIII de seu livro – resume bem a centralidade que a aprendizagem tem nesses discursos, mas também as enunciações por vezes contraditórias que neles encontramos:

> Esteja sempre disposto a aprender! Mas, com a mesma intensidade, sempre a duvidar das "certezas". Aliás, sempre acredite que aprender é duvidar! Isto é certo: não são as certezas que me movem. São as possibilidades ocultas nas descobertas! (MIRANDA, 2011, 63).

Mas então duvidamos da certeza de Simão Miranda sobre essa obrigação de estarmos sempre dispostos a aprender? Sobre a ideia de que aprender é duvidar? Bem, vamos em frente para ver como essa certeza em aprender permanentemente tornou-se o enunciado de uma época que, como a nossa, colocou no indivíduo – que se exercita para aprender – e na sua educação permanente as possibilidades de sucesso e felicidade.

Nesse sentido, quando são marcados explicitamente preceitos de comportamento desejáveis na prática de vida individual e coletiva (uma outra estratégia narrativa usada pelos livros de autoajuda), a noção de aprendizagem volta a aparecer com muita força. Ela surge nas frases curtas que em geral abrem as primeiras páginas dos livros ou destacam-se no meio dos textos com outras fontes, entre aspas duplas, em letras itálicas, etc. Assim, por exemplo, encontramos em um dos livros de Içami Tiba, frases como:

> Cada criança tem seu ritmo. Umas são mais concentradas que outras e gostam de ver seu trabalho pronto. Outras querem ver logo o resultado, sem paciência. Estas precisam de maior atenção dos pais para que aprendam a ter prazer em cada etapa realizada (p. 49).

> Nenhuma criança nasce folgada, ela aprende a ser. A indolência constante não é natural, mas o resultado da dificuldade de realizar seus desejos por si mesma (p. 50).

> Pouco adianta determinar e controlar o horário de estudo do jovem na casa. Ele que estude quando e como puder. O mais importante é que aprenda e demostre que aprendeu (p. 104).

> O que melhor exemplifica disciplina adquirida é o autodidatismo. Uma experiência própria anterior serve de "professor" ou de "mestre" para ser, ou não, repetida visando à consecução de uma meta. O autodidata é um aprendiz de si mesmo (p. 199).

> O exemplo é muito importante em educação, mas quem sabe realmente fazer aprendeu fazendo (Tiba, 2006, p. 202).

Aprender a ter prazer, aprender a ser, ser um aprendiz de si mesmo, aprender fazendo, etc. são expressões que acompanham uma série de preceitos de comportamento de que pais e professores devem se apropriar, na sua tarefa de educar as crianças e jovens. Elas também são expressões usadas para definir os processos que crianças e jovens devem realizar, quando vinculados ao processo educativo oferecido na família ou na escola.

Outros exemplos que podem mostrar a presença dessas expressões nos discursos de autoajuda, voltadas ou não de forma específica para a educação escolar ou familiar, são os livros de Jaime Duque, um dos mais afamados autores de autoajuda na Colômbia. Escritor e palestrante habitual de colégios e empresas, cuja formação profissional é desconhecida, ele tem tanto sucesso que uma palestra sua foi o presente da Secretaria de Educação da cidade de Bogotá para os orientadores escolares vinculados à rede pública da cidade, na data em que comemoravam sua profissão, no segundo semestre de 2012.

Duque Linares também apresenta, há mais de cinco anos, um programa de televisão chamado *Atitude positiva*,[85] que passa em um canal transmitido em cadeia nacional, pela TV aberta, nas manhãs de domingo. No programa ele promove seus livros e suas palestras, usando uma linguagem corriqueira, simples e popular. No decorrer de seu programa – como costuma fazer em seus livros e palestras –, é habitual que ele fale na necessidade de se transformar os próprios comportamentos e atitudes através de exercícios de concentração e treinamento (usando técnicas de meditação, domínio de si mesmo e repetição de ações), para se alcançar todas as metas traçadas pelos próprios indivíduos. Ele enfatiza que isso é possível, mesmo nas condições sociais, econômicas e laborais mais difíceis.

O autor indica ainda uma série de preceitos de comportamento que devem se constituir num guia permanente para adquirir os aprendizados necessários a cada situação da vida. Assim, por exemplo, assinala que quando pensamos no dinheiro como "um fator preponderante na vida", porque nos ajuda a resolver algumas situações e a cumprir alguns sonhos, temos de compreender que ele nem sempre pode comprar aquilo que "constitui nosso desejo mais profundo". Então,

a. Há que se aprender a ganhá-lo honestamente.

b. Há que se aprender a gerenciá-lo.

c. Há que se aprender a multiplicá-lo. Há que se reconhecer que o dinheiro faz mais dinheiro, se se pratica uma sábia economia. A aquisição e multiplicação de dinheiro por meios legais são muito simples, você só tem de seguir algumas regras para a sua gestão, e é isso o que fazem as pessoas dedicadas.

d. Há que se aprender a desfrutá-lo. O dinheiro deve estar a serviço e para o benefício do homem, e não o contrário (DUQUE LINARES, 2000, p. 137-138).

Nessa formulação, volta aparecer o imperativo da aprendizagem na forma de aquisição de habilidades para agir sobre regras de comportamento, individual e socialmente aceitáveis. Através desse enunciado da aprendizagem, também se mobilizam tanto a ideia de desenvolver algo que já está presente no indivíduo, na sua natureza, no seu eu, quanto as possibilidades de transformação desse eu para adquirir habilidades

---

[85] Cf. exemplo disponível em: <http://www.youtube.com/watch?v=BNq1sEvNuJo>.

e competências necessárias ao sucesso: aprender é mudar, aprender é transformar os comportamentos, aprender é adquirir outros comportamentos, aprender é obter algo que não se possui pela ação que cada um realiza sobre si.

Aprender não é simplesmente uma palavra que vemos aparecer nos discursos de autoajuda ou nos discursos educacionais porque ela se encontre na moda, ainda que seja muito usada hoje. Ela é muito usada justamente por expressar esse enunciado de "elevação da vida" que vimos se desenhar entre a modernidade disciplinar e liberal e que, na atualidade, não só continua vigente, como é um dos eixos de condução mais importantes para as formas de governo neoliberais. Trata-se de um preceito de transformação que traça um caminho de exercício constante, no qual o indivíduo se produz como uma permanente individualização.

Não é de estranhar, então, que a forma que os discursos educacionais tomaram neste último século fosse da aprendizagem e da educação permanente, assim como não é estranho que eles encontrem seu correspondente nos discursos de autoajuda que vimos emergir claramente no século XIX e se difundir no último século. Afinal, ambos falam dessa necessidade de aprender e levar os outros a aprender de modo permanente e, com isso, concentram nossa atenção na ação do indivíduo, na sua própria condução e no que é possível que ele realize sobre si para se transformar e para conseguir o que idealize como felicidade.

Desse modo, quando Faure (1974) assinalava no relatório da Unesco *Apprendre à être?* (Aprender a ser: a educação do futuro) que uma das grandes preocupações da educação, na segunda metade do século XX, era preparar homens para sociedades ainda não existentes, não estava formulando algo novo para o campo dos discursos educacionais. Ele expressava um enunciado que já estava no seio mesmo dos modos de praticar a vida nas sociedades ocidentais modernas e contemporâneas: a necessidade de formar homens dispostos a aprender permanentemente, dispostos a se adequar a novas formas de relações, às novas formas de estar no mundo.

Nesse mesmo sentido, lembremos que os especialistas reunidos na comissão da Unesco de 1972 concluíram que uma das formas de viabilizar a educação no século XXI seria planejar sistemas através dos quais o homem, "sujeito de sua aprendizagem" e de seu próprio destino, "aprendesse a ser". E isso porque havia cinco questões a serem atendidas pelos sistemas educacionais em face às demandas que as novas formas de vida, os desenvolvimentos tecnológicos e as condições econômicas do mundo propunham para eles:

- Poderiam esses sistemas se adaptar à evolução das sociedades?

- Teriam esses sistemas a capacidade de preparar uma mão de obra criativa e qualificada, capaz de se adaptar à evolução da tecnologia e de participar da revolução da inteligência, ambas as coisas necessárias às formas que as economias mundiais estavam adquirindo?
- Saberiam esses sistemas levar adiante pesquisas acerca das relações entre os sistemas educativos e o Estado?
- Teriam esses sistemas a capacidade de estabelecer as relações entre as formas públicas e privadas de educação e de garantir os resultados necessários?
- Teriam esses sistemas a capacidade de ajudar a criar uma linguagem universal que permitisse superar as contradições e transmitir a todos os habitantes do planeta, apesar delas, os valores de abertura para o outro, de compreensão mútua e os ideais da paz? (DELORS, 1998 *apud* SILVA, 2004).

Essas questões continuaram a ser assuntos centrais dos debates que aconteceram depois da publicação do relatório de 1974 e das discussões de uma outra comissão que se reuniria em 1993, vinte anos após a comissão presidida por Faure. Dessa outra comissão, presidida por Jacque Delors, saiu o relatório intitulado a *Educação, um tesouro a descobrir*, em que aparecem formulados os princípios que conhecemos como "Pilares para a educação", e nos quais fica evidente a centralidade que a aprendizagem alcançara nos discursos educacionais de finais de século XX: *aprender a conhecer, aprender a fazer, aprender a viver em comunidade e aprender a ser* (DELORS, 1998).[86]

Observamos que nas duas comissões reunidas, foi enfatizada a ideia tanto da educação como a forma fundamental para preparar e adaptar as pessoas e os grupos para as mudanças permanentes, quanto da aprendizagem como o principal processo das práticas educativas. Assim, educar é, principalmente, garantir a aprendizagem, é promover cenários de aprendizagem e, nessa medida, é deixar que o outro leve adiante um processo que fundamentalmente depende dele mesmo.

Tal premissa advoga o aprender qualquer coisa nem muita coisa, mas o adquirir a própria habilidade e capacidade de aprender para adaptar-se e ser flexível em diferentes momentos e condições. Trata-se, portanto, de aprender não tanto conteúdos quanto formas de chegar a eles (aprender a conhecer); não tanto uma prática ou uma ação quanto competências para assumir diferentes atividades e tarefas (aprender a fazer); não tanto um modo de viver quanto as competências para se adaptar e habitar um mundo em permanente mudança (aprender a viver); não tanto uma forma de ser

---

[86] Acerca dos assuntos e das noções desenvolvidas nesses documentos, rever os trabalhos de Martínez, Noguera e Castro (1994) e de Martínez (2004).

sujeito quanto a disposição de uma forma de gerir – usar e acrescentar – as próprias possibilidades, o "seu capital humano" (aprender a ser).

Um aprender a aprender na contingência, na eventualidade, uma forma de adaptação às condições e nas condições que se apresentem é, portanto, uma aprendizagem que se atualiza e particulariza segundo as necessidades individuais, porém nas chamadas "condições glo-cais".[87] Encontramos essa mesma centralidade na aprendizagem em muitos outros documentos, de outros organismos internacionais e de políticas nacionais dos diferentes Estados. Neles, a aprendizagem aparece ligada ao desenho de políticas que ofereçam a chamada educação permanente. Trata-se de uma educação que garanta a aprendizagem e a adaptação dos indivíduos às constantes transformações e que, portanto, lhes permita viver em um mundo que ainda não existe.[88]

De concreto, parece que perceber a noção de aprendizagem circulando tanto nos discursos de autoajuda quanto nos discursos educacionais – que direcionam muitas das políticas públicas e dos projetos educativos nos nossos países – expressa (e nos ajuda a explicar) a proximidade que há entre essas duas séries discursivas. Isso, ao mesmo tempo que nos permite perceber que ambas fazem parte dessa estratégia de governamento contemporânea que é mais econômica no exercício do poder, ao produzir essas formas de individualidade autogovernadas e autoprodutoras de eus. Trata-se de uma articulação de duas séries que se produzem e reforçam entre si, sob um *télos* de felicidade e sucesso, e que produzem e reproduzem exercícios e técnicas de condução focadas no indivíduo.

Nesse sentido, poderíamos salientar ainda que o uso da noção de aprendizagem não é a única evidência desse importante lugar que ocupa a exercitação na configuração de individualidades, nos discursos de autoajuda e nos discursos pedagógicos, e que os posicionam como importantes estratégias de condução na atualidade. Tal articulação se expressa como

---

[87] O conceito de *glo-cal* deriva do termo *glocalização*, que provém da mistura que alguns autores na década de 1980 fizeram de outros dois termos: globalização e localização, para explicar o tipo de práticas comerciais que foram desenvolvidas no Japão. O termo, em geral, refere-se à dupla local-global que caracterizaria as formas contemporâneas de assistir ao mundo, graças às tecnologias da informação e à comunicação, entre outras coisas, que nos põem em sintonia simultânea com as questões locais e as globais. Muitos autores atribuem ao sociólogo alemão Ulrich Beck (2004a, 2004b) a criação e a difusão desse termo, porém outros afirmam que foi Roland Robertson quem o teria usado explicitamente.

[88] Nesse sentido, podem ser consultados documentos como: Banco Mundial (2010), Fundação Ford (2010), Oei (2000), OREALC/CEPAL-UNESCO (1993). Podem também ser conferidas as análises que autores como Tedesco (2000), Coraggio e Torres (1999) realizaram sobre esses documentos.

um acontecimento discursivo que, no decorrer do século XX, possibilitou a emergência e o atrelamento de todo um conjunto de noções que oferecem esse campo de referência ou campo explicativo, a partir do qual damos sentido às nossas buscas, como agentes ativos da nossa própria educação. Noções como autoestima, autonomia, competências, agente, capital humano, educação permanente e aprendiz vitalício aparecem conformando esse campo de discursos que nos ajuda a explicar nossa compreensão sobre o que seja educar hoje e sobre as possibilidades de nos constituirmos como sujeitos dessa educação.

Seguindo o fio da educação permanente, por exemplo, podemos perceber elementos similares aos encontrados quando procuramos pela aprendizagem. Ela é uma categoria usada com frequência nas discussões acadêmicas e nas políticas educacionais como a forma de definir a necessidade de uma "construção contínua da pessoa humana". Propõe-se como uma forma de educação que engloba tanto as práticas de formação institucional formal, vinculadas aos sistemas educativos estatais, quanto aquelas de caráter não formal e informal, oferecidas em outros âmbitos sociais. Segundo Wiel (1978), ela abrange o conjunto de atividades

> [...] peri-Escolares (ou para-Escolares) e tudo o que se convencionou denominar o "socioeducativo" ou "sociocultural". Não convém, de modo algum, circunscrever o educativo ao sistema Escolar: é educativo tudo o que concorre, consciente ou inconscientemente, através de todas as circunstâncias da vida, em todos os planos, afetivo, intelectual, físico, para enriquecer e modificar os comportamentos de uma pessoa (ou de um grupo) e suas representações do mundo. A Educação Permanente é também educação totalizante (WIEL, 1978, p. 49).

Essa abordagem global da educação permanente soma-se, por um lado, à visão prospectiva assinalada por Faure (1974), de uma educação doravante comprometida em modelar o futuro e, por outro lado, a essa atitude crítica diante das práticas escolares. Ela emerge como resposta para uma educação incompleta e desatualizada que muitas vezes é oferecida pela escola, e que desafia essa forma de educação escolar, para que ela incorpore novas práticas e ferramentas que a tornem um cenário de formação adequado às demandas do mundo contemporâneo.

Assim, a educação permanente propõe-se como outra forma de pensar a educação; uma forma para além do processo educativo formal, quer dizer, para além dos estágios que esse processo parece comportar, dos métodos que por muito tempo se desenharam para assegurar o seu êxito na formação e no desenvolvimento físico, intelectual e moral do ser humano, do ato ou processo de educar(-se), do conhecimento e desenvolvimento resultantes desses processos, do preparo e desenvolvimento metódico de certa faculdade, de certo sentido, de um órgão, do conhecimento e observação dos costumes da vida social – civilidade, delicadeza, polidez, cortesia. Em outras palavras, se a

> [...] Educação Permanente se propõe como remédio para a doença da Escola, ela o é de fato para numerosos males que atingem o corpo social: é a resposta aos maiores desafios lançados aos homens e às sociedades do século XX, resposta não única e, no entanto, idêntica para problemas muito diferentes, de origens muitos diversas.
>
> É efetivamente em todas as dimensões, é na realidade de todos os horizontes de nossa sociedade que se ergue o apelo da Educação Permanente. Esse apelo multiforme e multívoco deve primeiro ser ouvido e compreendido para definir a noção de Educação Permanente, antes de nos interrogarmos sobre o futuro da Escola (Wiel, 1978, p. 50).

A educação permanente aparece, então, como resposta a esse crescente pedido de educação que, desde a segunda metade do século XX e no clima do pós-guerra, parece ter tomado maior força com a necessidade de responder a situações radicalmente novas.[89] Nessas condições, as possibilidades abertas pelo desenvolvimento das novas tecnologias da informação e da comunicação cavaram o espaço para a aspiração coletiva da difusão e do acesso às tecnologias e à informação que circula através delas. Poder-se-ia pensar que a emergência da educação permanente se encontra no ponto de convergência dessa necessidade, dessa possibilidade e dessa aspiração (Wiel, 1978).

A questão proposta pela educação permanente à escola parece afirmar e confirmar a necessidade de "transformar a escola" para prestar atenção às demandas contemporâneas, uma transformação que se constitui hoje na bandeira de luta e no *slogan* de muitas e variadas análises e propostas de acadêmicos, políticos e empresários. Essa nova forma de educação apareceu na primeira década do século XXI vinculada à educação formal, mas não se limita a ela ou às práticas de tipo escolar. Pelo contrário, nessa perspectiva da educação permanente, a formação escolar oferece-se como "base para uma aprendizagem e um desenvolvimento humano permanentes, a partir dos quais os países possam construir, sistematicamente, novos níveis e novas classes de educação e capacitação" (Oei, 2000, p. 2).

---

[89] Coombs (1976) assinala, em seu ensaio de 1968, o caráter mundial da crise em educação e adverte sobre as dificuldades de educar uma nação e manter o seu sistema educacional ajustado às condições de sua época. A partir desse documento, começa o esforço sistemático da Unesco para obter tanto uma visão panorâmica da crise quanto alternativas com vistas à redução do déficit educacional, sobretudo nos países pobres ou em desenvolvimento (WERTHEIN, 2000).

Em geral, nessa noção de educação permanente percebemos que ocorrem várias mudanças na forma de pensar a educação e na forma de ser sujeito dessa educação. Além da ênfase nos meios educativos e não tanto nos meios (apenas) escolares, a ideia de assumir a educação do sujeito em todos os sentidos, nos diferentes espaços e cenários sociais, em todos os momentos da vida, implica outros dois deslocamentos nas reflexões educativas atuais: no tempo de educação – dos primeiros anos de vida para a vida toda – e no processo central de formação – do ensino e da instrução para a aprendizagem. Nesse sentido, desenha-se para o sujeito um lugar ativo dentro de seu processo de formação e preparação; ele se torna responsável por sua própria educação ao longo da vida, uma vez que ela dependerá, fundamentalmente, de seus interesses e "necessidades básicas de aprendizagem", assim como dos investimentos que faça sobre si mesmo para aumentar o seu próprio capital humano.

No caminho dessa educação permanente, aparece mais clara a possibilidade de trazer saberes não escolares aos cenários escolares, bem como de procurar aprendizados fora da escola que possam nutrir as práticas pedagógicas nelas desenvolvidas. Daí não ser muito estranho que saberes sobre o indivíduo, sobre seus comportamentos, sobre as suas necessidades e condições – como os oferecidos pela autoajuda – sejam trazidos para a escola sem muitos reparos. Do mesmo modo, também não é estranho que eles sejam bem vistos ao imprimir essa novidade e atualidade de que escola e professores parecem carecer. Um exemplo interessante para perceber a força que esse enunciado tem nas formas de praticar a educação e a formação hoje – assim como para perceber outra forma de ingresso dos discursos de autoajuda nas práticas pedagógicas – é observar o tipo de leitura que é procurada pelos professores, segundo alguns estudos recentes.

Um estudo realizado recentemente na cidade Bogotá pelo IDEP, pela SED e pela Universidade Nacional da Colômbia, intitulado *Caracterización social y cultural de los docentes del sector público de Bogotá*,[90] assinala que, diante da pergunta sobre o tipo de livros que os docentes escolhem ler no seu tempo livre, a resposta dos professores mostrou como principal interesse os livros acadêmicos (19%), seguidos pelas novelas (15,9%) e pelos livros de autoajuda e superação pessoal (13,9%). Os resultados oferecidos pela pesquisa apresentaram-se na seguinte distribuição, segundo as idades dos professores.

---

[90] Estudo que procurava "por uma parte, penetrar na opinião e imagem que a sociedade tem sobre o setor docente da cidade e, por outra, desvelar a autoimagem, as opiniões, os hábitos, as atitudes e valores do magistério sobre a sua profissão, a partir do qual se propõe uma tipologia de perfis dos docentes do setor estatal de Bogotá" (LONDOÑO *et al.*, 2011, p. 11).

Tabela 1 – Gêneros preferidos de leitura: pesquisa Colômbia

	IDADES									
MENOR DE 31 ANOS		DE 31 A 40 ANOS		DE 41 A 51 ANOS		MAIS DE 51 ANOS		TOTAL		
No.	%	No.	%	No.	%	No.	%	No.	%	
Ensaio	41	1,3%	213	2,8%	125	1,1%	148	1,8%	**527**	**1,7%**
Texto pedagógico	582	17,7%	1186	15,7%	1328	11,8%	973	12,0%	**4069**	**13,5%**
Título não completo	0	0,0%	66	0,9%	175	1,6%	33	0,4%	**273**	**0,9%**
Novela	816	24,8%	2114	28,0%	3603	32,1%	2115	26,1%	**8647**	**28,7%**
Autossuperação/ autoajuda	519	15,8%	1119	14,8%	1648	14,7%	1151	14,2%	**4437**	**14,7%**
Arte	0	0,0%	0	0,0%	16	0,1%	0	0,0%	**16**	**0,1%**
Texto Acadêmico	96	2,9%	645	8,6%	826	7,3%	635	7,8%	**2201**	**7,3%**
História	116	3,5%	199	2,6%	603	5,4%	502	6,2%	**1420**	**4,7%**
Religião	105	3,2%	296	3,9%	484	4,3%	414	5,1%	**1299**	**4,3%**
Várias obras	86	2,6%	39	0,5%	99	0,9%	80	1,0%	**303**	**1,0%**
Biografia/autobiografia	8	0,2%	45	0,6%	99	0,9%	91	1,1%	**243**	**0,8%**
Conto, Poesia, fábulas	246	7,5%	261	3,5%	432	3,8%	338	4,2%	**1277**	**4,2%**
Literatura Infantil	10	0,3%	38	0,5%	76	0,7%	46	0,6%	**170**	**0,6%**

Tabela 1 – Gêneros preferidos de leitura: pesquisa Colômbia (continuação)

| | IDADES | | | | | | | | TOTAL | |
| | MENOR DE 31 ANOS | | DE 31 A 40 ANOS | | DE 41 A 51 ANOS | | MAIS DE 51 ANOS | | | |
	No.	%	No.	%	No.	%	No.	%	No.	%
Sem título	0	0,0%	10	0,1%	0	0,0%	19	0,2%	29	0,1%
Testemunho	0	0,0%	34	0,5%	73	0,6%	29	0,4%	136	0,5%
Tolerância na escola	0	0,0%	0	0,0%	0	0,0%	13	0,2%	13	0,0%
Nenhum	117	3,6%	213	2,8%	343	3,1%	267	3,3%	940	3,1%
Manual técnico	0	0,0%	0	0,0%	22	0,2%	0	0,0%	22	0,1%
Livros de Literatura	0	0,0%	0	0,0%	0	0,0%	0	0,0%	0	0,0%
Superação Cristã	0	0,0%	0	0,0%	0	0,0%	0	0,0%	0	0,0%
Filosofia	69	2,1%	359	4,8%	462	4,1%	259	3,2%	1150	3,8%
Não lembra	104	3,2%	252	3,3%	186	1,7%	248	3,1%	790	2,6%
Outro	0	0,0%	0	0,0%	30	0,3%	10	0,1%	40	0,1%
Nenhuma resposta	373	11,4%	449	6,0%	608	5,4%	719	8,9%	2149	7,1%
TOTAL	3288	100,0%	7538	100,0%	11236	100,0%	8089	100,0%	30151	100,0%

(Amostra corresponde a 13% de um total 30.151 professores da rede pública da cidade de Bogotá.)
Fonte: LONDOÑO et al. (2011, s/p).

A análise desses dados mostra que na cidade de Bogotá, o gênero de autoajuda tem muita aceitação, sobretudo entre as pessoas de mais de 50 anos de idade (38,1%). Enquanto isso, somente 26,9% das pessoas mais novas reportam ter preferência por esse tipo de leitura. Entre os livros referidos nesse gênero, encontram-se os seguintes: *Quem mexeu no meu queijo?* de Spencer Johnson (2004); *La culpa es de la vaca* – Parte 1 y 2 (2002, 2007), de Jaime Lopera e Martha Bernal; *O maior vendedor do mundo*, de Og Mandino (1968); e os livros de Paulo Coelho – *O alquimista* (1993) e *Veronika decide morrer* (1998). O estudo conclui ainda que "os professores se preocupam em consultar literatura referente a seu ofício, assim como se permitem a tentação da literatura de ficção e, como o assinalam as tendências mundiais, consultam autoajuda e outros livros de divertimento" (LONDOÑO *et al.*, 2011, p. 237).

Na comparação que os pesquisadores realizam com relação às preferências literárias dos professores, segundo os estudos realizados para outros países da América Latina, salientam a importância que o gênero de autoajuda alcançou nos processos de autoformação de professores, e isso seguindo o resultado do estudo realizado por Tenti (2005), acerca da condição docente em países como Argentina, Brasil, Peru e Uruguai. Nesse sentido, o autor explica que o gênero

> [...] que aparece em primeiro lugar é "Pedagogia e educação", quer dizer, aquela literatura que se relaciona estreitamente com seu campo de atividade laboral, preferência que é particularmente notória entre os docentes peruanos. A ordem de preferência varia segundo os países considerados: na Argentina, depois dos temas profissionais, a opção é por literatura de ficção e história, com porcentagens perto de 20%, seguido pelos livros de autoajuda, as biografias e os ensaios de ciências sociais. No Brasil, os outros gêneros preferidos são a literatura de ficção, a autoajuda e a história. No Peru, como já dissemos, a pedagogia e a educação concentram a grande maioria das preferências; e a este gênero lhe seguem a história e a autoajuda (TENTI, 2005, p. 247 *apud* LONDOÑO *et al.*, 2011, p. 235).

Por sua vez, o estudo intitulado *O perfil dos professores brasileiros: o que fazem, o que pensam, o que almejam*, financiado pela UNESCO, publicado no ano 2004 e que é usado por Tenti (2005), apresenta uma tabela que mostra as preferências e assinala as porcentagens que cada gênero alcançava. Na sua análise, destaca-se que dentre os gêneros mais procurados pelos professores, o principal é pedagogia e educação com 49,5%, seguido pelos livros científicos com 28,3%, e logo depois "aparecem literatura de ficção (27,6%) e livros de autoajuda (23,8%), no rol de suas preferências de leitura" (UNESCO, 2004, p. 101).

Tabela 2 – Gêneros preferidos de leitura: pesquisa Unesco

Gêneros	Proporção (%)	
	Mais interessantes	Menos interessantes
Autoajuda	23,8	18,9
Biografias	8,9	20,4
Ensaios de ciências sociais	12,2	16,5
História	18,6	6
Literatura de ficção	27,6	24,1
Livros religiosos	22,4	21,5
Novela policial	4,3	66
Pedagogia e educação	49,5	2,1
Revistas ou livros científicos	28,3	9,6

(Proporção de professores, segundo gêneros de leituras preferidas no tempo livre. Dados de amostra por país, na ficha técnica do estudo p. 289-290.)
Fonte: Unesco, Pesquisa de professores 2002 (2004, p. 102).

Segundo esses estudos, há interesse dos professores pela própria formação. Sua procura por livros nas áreas da educação e da pedagogia, bem como pelos livros de autoajuda, assim o demostrariam. Essa preferência parece ser evidência de seu interesse por se manterem atualizados, por se encarregarem da sua própria formação e aprendizagem e por se tornarem bem-sucedidos nos seus cenários pessoais e profissionais. Essa é uma questão interessante se percebermos que as preferências de leituras marcadas para livros do campo profissional, assim como para livros de autoajuda, são um indicativo da força que esse imperativo de se ocuparem de si mesmos e se transformarem em aprendizes permanentemente tem na própria prática de vida dos adultos que ocupam essa posição de professores: são eles que procuram, por seus próprios meios, maneiras de incrementar seu saber, como forma de potencializar seu ser.

Neste ponto, seria importante sabermos quais os livros e/ou os autores procurados pelos professores, que são incluídos como pertencentes ao campo da educação e da pedagogia. Será que entre eles estão autores como Augusto Cury, Simão de Miranda, Lair Ribeiro, Içami Tiba, de Jaime Lopera e Martha Bernal, Jaime Duque? Para obter essa resposta, precisaríamos fazer outras pesquisas ou ir atrás dos instrumentos usados pelos autores desses estudos. Ante a impossibilidade de assumir tal empresa neste momento, aproveitemos os resultados dessas pesquisas para fechar esta análise sobre a articulação dos discursos de autoajuda e as práticas pedagógicas na atualidade.

Nesse sentido, cabe simplesmente salientar a importância que esses preceitos de educação e aprendizagem permanente têm nos modos de praticar a vida hoje. Longe de serem simples discursos que circulam nos mais variados formatos, eles são a expressão de um importante enunciado de transformação na perspectiva de melhorar a própria vida. Aprender e educar-se permanentemente inscrevem-se nessa forma de ser exercitante que se orienta para produzir vidas autogovernadas (autoconduzidas) à procura do que se entenda por felicidade.

De outro modo – e como veremos a seguir –, os preceitos de aprendizagem e educação permanente encontram-se no âmago mesmo das formas de condução contemporâneas. Eles que continuaram a ser fios condutores dessas técnicas de exercitação milenares e que, nos últimos quatro séculos, se articularam na produção de formas de vida centradas em eus (*self*) ocupados de si e consigo mesmos, seres autogovernados, empresários de si competentes e capazes de se produzir e gerir como capitais humanos.

Capital humano: sou um empresário feliz

> *Artigo 1º. Cada pessoa – criança, jovem ou adulto – deve estar em condições de aproveitar as oportunidades educativas voltadas para satisfazer suas necessidades básicas de aprendizagem. Essas necessidades compreendem tanto os instrumentos essenciais para a aprendizagem (como a leitura e a escrita, a expressão oral, o cálculo, a solução de problemas), quanto os conteúdos básicos da aprendizagem (como conhecimentos, habilidades, valores e atitudes), necessários para que os seres humanos possam sobreviver, desenvolver plenamente suas potencialidades, viver e trabalhar com dignidade, participar plenamente do desenvolvimento, melhorar a qualidade de vida, tomar decisões fundamentadas e continuar aprendendo. A amplitude das necessidades básicas de aprendizagem e a maneira de satisfazê-las variam segundo cada país e cada cultura e, inevitavelmente, mudam com o decorrer do tempo.*
>
> (UNESCO, 1998, s/p)

O conceito de "Satisfação das necessidades básicas de aprendizagem", que foi objeto de amplas e atentas discussões na *Conferência mundial sobre a educação para todos*, no ano 1990, em Jomtien, é proposto como eixo articulador nas reflexões apresentadas pela maior parte de Organismos internacionais que focam suas reflexões e ações no campo da educação. Essas necessidades básicas são visualizadas como presentes nos sujeitos desde seu nascimento; eles as trariam consigo e, no decorrer da vida, as solucionariam, segundo sua idade e o ambiente social, econômico, político e cultural onde eles se desenvolvem. Assim, elas se manifestam tanto nas crianças quanto nos adolescentes, jovens, adultos e idosos de maneiras diferentes e, portanto, a sua satisfação depende em grande medida das condições particulares de cada indivíduo.

Diante do reconhecimento e anúncio de tais necessidades, tornou-se imperativo que os países afiliados a esses organismos proponham políticas e projetos educacionais como estratégias e ações que garantam a sua satisfação, oferecendo cenários e meios para que cada pessoa – com suas particularidades e possibilidades – consiga desenvolver as potencialidades inscritas na natureza de seu ser. Assim, parece que, ao aceitar a existência dessas necessidades como uma condição própria da vida, cada indivíduo focaliza a atenção dos processos educativos no reconhecimento de tais necessidades e na possibilidade de sua satisfação por sua própria ação.

Nesse campo de discursos, vemos aparecerem a ênfase nos processos de aprendizagem e autogoverno, o deslocamento do foco dos processos escolares para os processos de aprendizagem ao longo da vida e o assinalamento do indivíduo como responsável por seu processo. Elas todas seriam expressões da emergência, nas últimas décadas do século XX, de outro modo de pensar a educação e o sujeito dessa educação, formas essas centradas na condução de si mesmo pelo próprio indivíduo.

Como vimos anteriormente, essa nova forma dos discursos pedagógicos tem seu correlato nos discursos de autoajuda. Os dois expressam, no uso dessa noção de aprendizagem, a relevância que o imperativo de exercitação e das técnicas e individualização alcançaram nos últimos séculos. Salientei que as técnicas de governo (de condução da conduta) acompanharam a emergência do indivíduo moderno (do seu eu), porque muitas delas se instalaram em diferentes cenários e espaços do tecido social procurando a fixação do "eu", seu reconhecimento e sua validação como princípio de vida que orientaria o comportamento moral. Na configuração da racionalidade de governamento neoliberal – que teve condições de aparecimento na primeira parte do século XX (no período de entreguerras) e que se consolidou como uma forma de governamentalidade "neoliberal" poucas décadas depois (Foucault, 2007b) – muitas dessas técnicas de produção do "eu" continuaram a se difundir e tornaram-se fundamentais.

Contudo, elas (as técnicas) já não se focalizam tanto na tarefa de produzir o "eu" (*self*), mas se dirigem para promover sua permanente transformação. Na primeira parte do livro, vimos que tanto a definição do eu quanto a sua transformação, com o propósito de sucesso e felicidade, são os eixos articuladores de muitos dos exercícios e técnicas que eram promovidos pelos discursos de cura mental, terapia espiritual, autoajuda, assim como pelas reflexões pedagógicas na segunda metade do século XIX e nas primeiras décadas do século XX. Essas técnicas de si (de concentração, intelectuais e de treinamento) – os modos de praticar a vida que elas possibilitaram –, ao lado das técnicas de governo desenvolvidas nos cenários sociais e econômicos para a condução da população nos Estados modernos (estatística, políticas de regulação dos mercados etc.), abriram a possibilidade para a emergência de individualidades perfeitamente funcionais para a nascente racionalidade de governo neoliberal.

Além disso, poderíamos dizer que os modos de praticar a vida desenvolvidos em meio às técnicas de governamento de si e às técnicas de governo dos outros – que se organizaram entre os séculos XVII e XIX – foram a condição de possibilidade para o arranjo de uma governamentalidade neoliberal. Isso ocorreu justamente porque nas primeiras, o uso de técnicas disciplinares e de segurança levou ao predomínio do indivíduo como agente e ator principal dos modos de vida social. Nele, a preocupação pela própria condução orientava-se, principalmente, para a fixação do eu e para a consecução das transformações necessárias para sua estabilização.

Já no momento de ênfase nas formas de governo neoliberal, o propósito das técnicas de si destina-se, principalmente, para definir certas características individuais e produzir um ser em permanente transformação, flexível, adaptável e ciente da necessidade de mudar constantemente. Essa nova forma de ser é a que nomeamos de "empresário de si mesmo". Trata-se de uma forma de individualidade em constante produção que responde às necessidades e exigências do mundo atual e que atua como agente de seu próprio capital. Um ser individual que aplica sobre si uma série de técnicas e que se exercita o tempo todo para incrementar seu valor de troca em um mercado de capitais humanos.

> [...] não se trataria mais daquele sujeito iluminista/moderno, idealizado como indivisível, unitário, centrado e estável, amparador e ao amparo do Estado. Trata-se, agora, de um *sujeito cliente*, ao qual (se diz que) se oferecem infinitas possibilidades de escolha, aquisição, participação e consumo. Esse sujeito-cliente é portador de uma faculdade humana fundamental, que seria anterior a qualquer determinação social: a *capacidade de escolher* (Veiga-Neto, 2000, p. 199).

Nessa outra racionalidade de governo da segunda metade do século XX, a atenção é centrada no modo de ser individual e na necessidade de autotransformação e adaptação às diferentes situações e condições. É nesse momento que noções como "educação permanente", "cidade educativa", "necessidades básicas de aprendizagem", "sociedade de aprendizagem" e "competências" tornam-se o eixo narrativo das discussões educacionais. Elas desenham esse campo de discursos, a partir de onde explicamos e começamos a racionalizar o processo educativo como produtor de um capital humano que alimente o empresário de si mesmo que cada um deve ser.

Interessante é perceber que nessa forma de pensamento atual, a ideia de certa natureza própria do indivíduo aparece ligada às possibilidades de seu sucesso pessoal e social. Em tal natureza pessoal, haveria um "algo" em potencial, possível de ser desenvolvido e adaptado às condições e necessidades de cada momento. Assim, ao que parece,

> [...] as competências, as habilidades e as aptidões de um indivíduo qualquer constituem, elas mesmas, pelo menos virtualmente e relativamente independente da classe social a que ele pertence, seu capital; mais do que isso, é esse mesmo indivíduo que se vê induzido, sob essa lógica, a tomar a si mesmo como um capital, a entreter consigo (e com os outros) uma relação da qual ele se reconhece (e aos outros) como uma microempresa; e, portanto, nessa condição, a ver-se como entidade que funciona sob o imperativo permanente de fazer investimentos em si mesmo – ou que retornem, a médio e/ou longo prazo, em seu benefício – e a produzir fluxos de renda, avaliando racionalmente as relações custo/benefício que suas decisões implicam (GADELHA, 2009, p. 149).

Segundo as análises de López-Ruiz (2007), o novo momento no cenário capitalista atual é do *ensemble individualism*, momento em que há uma eliminação da distinção entre os conceitos de capital e trabalho. No *ensemble individualism* o trabalhador é dono de seu próprio capital. Referimo-nos aí a um capital intelectual que escolhe onde, quando e como investir capacidade, competência técnica, habilidades, talentos, inteligência e destreza, assim como escolhe em que momento deve retirá-los do lugar onde os está investindo. Assim, hoje o vínculo do trabalhador com a empresa tradicional é muito mais efêmero do que antigamente, e isso porque o trabalhador tece vínculos mais fortes com ele mesmo. Ele é investidor da sua própria empresa que é seu si mesmo, ele é seu próprio capital humano.[91]

Trata-se de um capital que pode atuar nessa estrutura de concorrência, na qual o Estado não tem mais a necessidade de proteger o cidadão com emprego, segurança social, controle dos preços, etc., mas garantir

---

[91] Essa noção aparece claramente nas reflexões do economista Theodore W. Schultz (1973a, 1973b) produzidas em 1963, ao que parece, como resultado de seu trabalho na Fundação Ford, instituição criada em 1936 por Edsel Ford com o propósito de contribuir para o avanço da justiça social, a promoção da democracia e a redução da pobreza na Ásia, na África e na América Latina (FUNDAÇÃO FORD, 2010).

que possa entrar e concorrer como ator econômico, como capital e como empresário que gerencia esse capital. Em outras palavras, na racionalidade do governo neoliberal, o Estado se encarrega de oferecer condições para a concorrência dos atores econômicos, sejam eles indivíduos ou instituições. Nesse cenário, todos agem em nome de um capital que tem um valor de troca e, portanto, interagem em termos de capital e mercado.

Assim, nessa nova racionalidade de governo, antes de se tratar de um intervencionismo do Estado para pautar as mesmas condições para todos os atores econômicos, trata-se aqui de deixar atuarem as diferenças, de deixar as desigualdades se apresentarem e concorrerem entre si. Nesse ponto, as técnicas de governo voltam-se para estimular a criação de condições para competir. Portanto, o governo não é mais dos indivíduos como unidades fechadas e acabadas, mas das condições em que é possível que eles se autorregulem e gerenciem seus próprios riscos.

Segundo as análises de Simons e Masschelein (2006), é aí que se produz esse novo indivíduo: o "cidadão aprendente" – um cidadão que precisa aprender por toda a vida. Lembremos que essa ideia da aprendizagem por toda a vida parece ter emergido na Europa, nas discussões das décadas de 1960 e 1970, com a proposta de uma educação alternativa que traçaria caminhos diferentes para as práticas educativas formais. Em particular, Tuschling e Engemann (*apud* SIMONS; MASSCHELEIN, 2006) assinalam que se tratava de passar dos ambientes fechados de aprendizagem para espaços e processos abertos e menos controlados, nos quais os indivíduos adquiririam as habilidades e competências necessárias para se tornarem habitantes e cidadãos da Europa, que para aquele momento se propunha a si mesma como uma "sociedade de aprendizagem".[92]

Tal forma de sociedade, que é descrita e referida em algumas reflexões educativas, parece expressar os princípios de uma Humanidade universal e de uma promessa de progresso que hoje transcendem a ordem do nacional e recortam o sujeito cosmopolita como alvo das práticas educativas (POPKEWITZ, 2009). A sociedade da aprendizagem, em termos de Popkewitz (2009), é governada por esse ideal cosmopolita que, ainda com pretensões universais, define inclusões e exclusões segundo as particularidades individuais.[93] Essas mesmas inclusões e exclusões que acontecem

> [...] pela inscrição de distinções e diferenciações entre as características daqueles que incorporam uma razão cosmopolita que

---

[92] Sobre esse debate pode ser revisado o documento intitulado *Enseñar y aprender: hacia la sociedad cognitiva* da Comisión de las Comunidades Europeas (1995).

[93] Para ampliar a discussão sobre as relações entre cosmopolitismo e educação Cf. Popkewitz (2008, 2009).

traz progresso social e satisfação pessoal e daqueles que não incorporam os princípios cosmopolitas de civilidade e normalidade (SIMONS; MASSCHELEIN, 2006, p. 423).

Assim, tanto essas noções de educação permanente que trabalhamos antes quanto essa noção de aprendizagem ao longo da vida expressam a estratégia de governamento contemporânea, que leva as organizações estatais contemporâneas a se definirem como sociedades de aprendizagem. Sociedades que oferecem, através de diferentes cenários e modelos, uma educação para suprir necessidades básicas de aprendizagem, uma educação que depende fundamentalmente das potencialidades do indivíduo e de suas ações. Uma sociedade onde cada pessoa é responsável por governar as suas ações e se autogerir para ampliar suas possibilidades, e entrar na concorrência por todas aquelas coisas que hoje definem que os indivíduos sejam bem-sucedidos e felizes.

Não é de estranhar, então, que apareça como parte dos discursos educacionais atuais essa referência à necessidade de transformar nossos espaços sociais em espaços educadores. Em lugares onde sejam claras as políticas estatais que levem a

> [...] "investir" na educação, em cada pessoa, de maneira que ela seja cada vez mais capaz de se expressar, afirmar e desenvolver seu próprio potencial humano, com sua singularidade, criatividade e responsabilidade. Em segundo lugar, promover condições de plena igualdade para que todos possam sentir-se respeitados e ser respeitosos, capazes de diálogo. E, em terceiro lugar, conjugar todos os fatores possíveis para que possa construir-se, cidade a cidade, uma verdadeira sociedade do conhecimento sem exclusões. Para tal, há que prever, entre outras necessidades, um acesso fácil de toda a população às tecnologias da informação e das comunicações que permitam seu desenvolvimento (CONGRESSO INTERNACIONAL DE CIUDADES EDUCADORAS, 2004, p. 2).

Razões como essas transmitidas no discurso promovido pelo *Congresso internacional de cidades educativas*, que vem sendo realizado periodicamente em diferentes cidades do mundo, propõem-se fazer das cidades – suas instituições formais, suas intervenções não formais (com pretensões educativas fora da educação regulamentada) e informais (aquelas não intencionais nem planificadas) – ambientes educativos. Tais ambientes serão responsáveis, juntamente com a escola e a família, pela preparação das pessoas para que consigam se expressar, se afirmar e desenvolver seu potencial humano, sua singularidade, criatividade e responsabilidade.

Esse projeto da cidade educativa responde tanto aos desafios da educação permanente quanto de um Estado que se organiza como sociedade da aprendizagem. Ele sugere uma educação de todos os sujeitos no cenário de uma cidade aberta que lhes oferece condições de igualdade para a concorrência e para adquirir os aprendizados necessários para a vida cosmopolita. Trata-se de pensar a cidade como "meio educativo", e é nesse novo meio educativo (já não só escolar) que os indivíduos socializam-se e desenvolvem todas as suas capacidades, a partir de seus interesses e assumindo a responsabilidade pela sua própria aprendizagem.

Nesse grande cenário educativo, a instituição escolar torna-se instância técnica que oferece ao indivíduo o acesso aos "códigos básicos da modernidade". Esses códigos, segundo o informe da Comissão Econômica para América Latina e o Caribe – CEPAL (OREALC/CEPAL-UNESCO, 1993), devem ser adquiridos no processo de desenvolvimento da educação fundamental para garantir a vinculação sistêmica entre educação, conhecimento e desenvolvimento[94], e com eles, as condições de aprendizagem para outras coisas que o mundo, a cultura e a sociedade têm para lhe oferecer.

Em suma, nessa nova racionalidade de governo neoliberal, dois elementos aparecem como fundamentais: por um lado, uma nova ideia de população – não mais como "recurso ou fator humano", mas como capital humano – materializada em um coletivo de indivíduos "aprendentes" e "auto-organizados" segundo suas necessidades de aprendizagem, tanto naturais quanto relacionadas às novas condições econômicas, sociais, culturais e políticas do seu meio. Por outro lado, um espaço, para além do estatal (o mercado), que articula um conjunto de discursos – técnicas, táticas e estratégias – a partir dos quais se garante a autogestão dessa população de "aprendentes" ou capitais humanos.

Nesses discursos promovidos pelas agências multinacionais e pelos discursos de autoajuda, como analisei antes, desenha-se a imagem de um indivíduo contemporâneo que, sendo responsável por sua "aprendizagem", é também responsável pelo seu próprio destino. É um sujeito que deve aprender a ser e a viver nas sociedades de hoje e, por isso mesmo, sua aprendizagem, antes de ser de conteúdos, consiste em diversas formas

---

[94] Isso, no contexto de uma discussão que na CEPAL e na UNESCO constituiu uma tarefa fundamental a partir da década de 1990, a saber: aprofundar as inter-relações entre o sistema educativo, a capacitação, a investigação e o desenvolvimento tecnológico nas condições de transformação produtiva, de equidade social e democratização política a que assistem as sociedades contemporâneas. Sobre esses elementos, o trabalho formula a proposta estratégica de identificar e examinar o conjunto de políticas que permitiriam colocá-las em prática, além de definir os recursos econômicos para levá-las adiante (OREALC/CEPAL-UNESCO, 1993).

para acessá-los; antes de ser para adquirir uma técnica que lhe permita desenvolver uma tarefa ou um trabalho, consiste em aprendizagem de competências para adaptar-se a diferentes espaços e atividades segundo as demandas do meio onde se desenvolva; antes de ser dos códigos e das formas de viver em um tempo definido, trata-se de aprendizagem de habilidades para se adaptar e se articular aos modos de vida sempre em mudança; antes de supor uma forma de ser sujeito, supõe as destrezas, habilidades e competências para usar, acrescentar e gerir o que constitui o seu capital.

Em outras palavras, podemos dizer que, diferentemente de um tempo anterior – quando a educação era sobretudo ensino e instrução para produzir "eus" identificados e identificáveis –, essas novas noções de educação permanente, de aprendizagem ao longo da vida, de sociedade da aprendizagem marcam a ênfase na responsabilidade e na prioridade do indivíduo. Nessa outra forma, a educação é principalmente aprendizagem em diferentes espaços e em todos os momentos da vida e pela própria ação do indivíduo, não sendo mais a escola a principal instituição educativa.

Com tal mudança na forma de pensar a educação, esta passou a depender não tanto da ação educativa ou formativa do professor ou educador, mas do conjunto de ações e operações que o sujeito realize consigo mesmo. Essa prioridade do sujeito, esse destaque de seus interesses, necessidades e potencialidades (capital humano) são elementos centrais da articulação que vemos se desenhar entre a nova racionalidade educativa e a racionalidade governamental neoliberal da segunda metade do século XX.

Nessa nova perspectiva, o indivíduo é um consumidor; não só é um ser que consome, mas também é uma agência econômica que produz as satisfações que ele mesmo consome. "O capital humano é humano porque faz corpo, carne no sujeito humano, mas é capital porque é uma fonte de satisfações futuras ou salários futuros, ou ambos" (Schultz, 1973a, p. 48). Essa noção de capital humano, como assinala Lopez-Ruiz (2007 *apud* Gadelha, 2009), refere-se a um conjunto de capacidades, de habilidades e destrezas que, num tempo de avanço do capitalismo,

> [...] deve se tornar valor de troca. Para isso acontecer; esses atri-butos humanos precisam, de certa maneira, ser abstraídos das pessoas concretas que os detêm, das pessoas concretas nas quais existem, e se articular (alinhar) em função de um fim externo a elas. Argumentaremos, portanto, que o "humano", um conjunto de capacidades, destrezas e aptidões próprias dos homens, adquire valor de mercado e se apresenta como uma soma de valores de troca que serve de base real a uma empresa capitalista (Lopez-Ruiz, 2007, p. 18 *apud* Gadelha, 2009, p. 146).

O aproveitamento e a ampliação do capital humano como uma possibilidade mais ou menos voluntária do indivíduo no transcurso da vida, aparece vinculado necessariamente ao que podemos chamar de investimento educacional. Tal investimento corresponde ao reconhecimento de que "a educação, a instrução e o progresso no conhecimento constituem importante fontes de crescimento econômico. Investimento na instrução é a maior fonte de capital humano" (SCHULTZ, 1973b, p. 63). Segundo Foucault,

> [...] não houve que esperar aos neoliberais para medir certos efeitos desses investimentos educativos, já se tratara da instrução propriamente dita, da formação profissional etc. Porém, os neoliberais assinalaram, de fato, o que é preciso chamar de investimento educacional ou, em todo caso, os elementos que participam da construção desse capital humano são muito mais amplos, muito mais numerosos que a simples aprendizagem escolar ou a simples aprendizagem profissional (FOUCAULT, 2007b, p. 269).

Compreender a experiência de ser indivíduo nas sociedades contemporâneas implica reconhecer que muitas das práticas de individualização e das experiências dos indivíduos são marcadas por práticas de si orientadas para sua constituição como capital e para sua gestão como empresário de si mesmo. São práticas educativas que vão além da formação escolar, que atravessam e constituem os discursos de autogestão, motivação pessoal, empreendedorismo, autocontrole e autogoverno, que circulam e operam em diferentes âmbitos sociais. São discursos que levam os indivíduos a se ocupar e se cuidar de maneiras e com ênfases diferentes às que percebemos em outros momentos da história do Ocidente e em outras culturas (FOUCAULT, 2002).

De modo geral, com o percurso que tracei no decorrer do livro, é possível perceber a estreita articulação entre as práticas de governamento do indivíduo por si mesmo (éticas) e as práticas de governamento dos outros (políticas). Tal articulação, ao que parece, acontece na implementação de exercícios e técnicas de condução cujo foco é a definição e transformação do eu na perspectiva de alcançar aquilo que se desenhe como sucesso e felicidade. O fato de que hoje a produção dos indivíduos como capitais humanos e como empresários de si mesmos pareça traçar a finalidade das diferentes formas de exercitação que praticamos cotidianamente sobre nós mesmos, não quer dizer que esses exercícios tenham sido produto dessas formas das racionalidades modernas e liberais.

Pelo que mostrei no segundo capítulo, as práticas de si modernas e contemporâneas – que são promovidas para produzir indivíduos responsáveis por si mesmos – encontram-se ligadas por um *phylum* técnico que as vincula a uma forma bem específica de poder que se organizou há mais de um milênio: o pastorado cristão. A distinção entre técnica e *télos* é fundamental para perceber que os fios técnicos das práticas de si atuais podem ser procurados na Antiguidade grega e no pastorado hebreu; em quanto as finalidades (*télos*) para os quais essas técnicas foram usadas mudaram de um grupo para outro e de um momento histórico para outro. Assim, é possível afirmar que as práticas de si – técnicas e *télos* – têm uma historicidade marcada pela relação imanente desses dois elementos, que na sua vinculação e atuação se transformam mutuamente, impossibilitando que tais práticas continuem a ser as mesmas, ainda que mantenham com essa Antiguidade um *phylum* técnico (ROSE, 2007) que pode ser procurado.

Assim, a pergunta quanto à proveniência de algumas das técnicas que hoje têm como foco o governo do indivíduo nos levou a reconhecer nessa Antiguidade grega e hebraica alguns dos fios técnicos a partir dos quais se organizaram as atuais práticas de governo – em particular, aquelas voltadas para a condução dos indivíduos por eles mesmos de maneira contínua e permanente. Tratou-se de uma análise que procurou alguns dos exercícios e técnicas que, articuladas às matrizes filosóficas, políticas e morais desses momentos da história e desses arranjos sociais, possibilitaram a emergência de formas de governamento que se tornaram centrais na organização das chamadas sociedades Ocidentais. Técnicas e exercícios que se teriam articulado de diferentes modos e com intensidades também diferentes, e teriam produzido essas práticas de condução (de uns indivíduos pelos outros e dos indivíduos por si mesmos) analisadas neste texto, práticas a partir das quais agimos até hoje.

Finalmente, como observamos até aqui, as práticas contemporâneas de autoajuda não são tão recentes como se poderia pensar, mas também não são tão antigas para se afirmar que se trata dos mesmos exercícios e as mesmas técnicas praticados pelas antigas escolas filosóficas na Grécia e, posteriormente, nos primórdios do Império Romano. Elas têm sua emergência no decorrer do século XIX como parte do que Sloterdijk (2012) nomeia desespiritulização das práticas ascéticas ou, em termos de James ([1901] 1991), um processo de ampla difusão da cura mental e terapia espiritual. No entanto, é evidente a sua relação com a Antiguidade: trata-se de um problema tipicamente genealógico cuja análise requereu, por uma parte, uma revisão histórica de longa duração, e por outra, ferramentas conceituais para orientar essa empreitada. Tratou-se de uma tarefa necessária e importante para levar adiante um estudo que, como o descrito até aqui, se pergunta pelos modos como chegarmos a nos constituir nos indivíduos que somos hoje.

Referências

ALTEA, R. *Los signos del ama. Una guía elemental para conocer tu destino espiritual.* Tradução de Andrea Montero. Barcelona: Vergara; Millenium, 2005.

ANTUNES, C. *A grande jogada. Manual construtivista sobre como estudar.* Petrópolis: Vozes, 1997a.

ANTUNES, C. *A inteligência emocional na construção do novo eu.* Petrópolis: Vozes, 1997b.

ANTUNES, C. *A construção do afeto.* São Paulo: Augustus, 1999.

AQUINO, J; RIBEIRO, C. Processo de governamentalização e a atualidade educativa: a liberdade como eixo problematizador. *Educação e Realidade*, Porto Alegre, v. 34, n. 2, p. 58-71, maio/ago. 2009.

ARISTÓTELES. *A política* (384-322 a.C.). São Paulo: Escala, 2005.

BANCO MUNDIAL. *Quienes somos.* 2010. Disponível em: <http://web.worldbank.org/WBSITE/EXTERNAL/BANCOMUNDIAL/QUIENESSOMOS/0,menu-PK:64058517~pagePK:64057857~piPK:64057865~theSitePK:263702,00.html>. Acesso em: 10 mar. 2010.

BARROS, G. *Sólon de Atenas. A cidadania antiga.* São Paulo: Humanitas, 1999.

BECK, U. *Poder y contrapoder en la era global: la nueva economía política mundial.* Madrid: Paidós Ibérica, 2004a.

BECK, U. *¿Qué es la globalización?: falacias del globalismo, respuestas a la globalización.* Madrid: Paidós Ibérica, 2004b.

BENGTSON, H. *Historia de Grecia.* Tradução de Julio Calonge. Madrid: Gredos, 1986.

BEN-SHAHAR, T. *Aprenda a ser feliz. O curso de felicidade da Universidade de Harvard.* Porto: Lua de Papel, 2009.

BINKLEY, S. The work of Neoliberal Governmentality. Temporality and Ethical Substance in the Tale of Two Dads. *Foucault Studies*, Frederiksberg, n. 6, p. 60-78, fev. 2009.

BRANDÃO, J. *Mitologia grega.* Petrópolis: Vozes, 2004.

BRANDÃO, J. *Dicionário mítico-etimológico da mitologia grega.* Petrópolis: Vozes, 2008.

BYRNE, R. *El secreto.* Tradução de Alicia Sánchez Millet. Madrid: Urano, 2007.

BASTOS, M. H. C.; BUSNELLO, F. O Alquimista de Paulo Coelho. Leitura obrigatória na escola? *Revista Educação*, v. 27, n. 52, Porto Alegre, p. 201- 209, jan./abr. 2004.

CASTRO-GÓMEZ, S. *Historia de la gubernamentalidad. Razón de Estado, liberalismo y neoliberalismo en Michel Foucault.* Bogotá: Siglo del Hombre; Universidad Javeriana, Instituto Pensar; Universidad Santo Tomás, 2010.

CASTRO-GÓMEZ, S. Sobre el concepto de antropotécnica en Peter Sloterdijk. *Revista de Estudios Sociales,* Universidad de los Andes, Bogotá, n. 43, p, 63-73, ago. 2012.

CHARAN, R. *Know-How. As 8 competências que separam os que fazem dos que não fazem.* Tradução de Thereza Ferreira Fonseca. Rio de Janeiro: Elsevier, 2007.

CHOPRA, D. *As sete leis espirituais do sucesso.* 6. ed. Tradução de Alice Xavier. Rio de Janeiro: Best Seller, 2011.

CLAPARÈDE, È. *La educación funcional.* Madrid: Biblioteca Nueva, Ministerio de Educación y Ciencia, 2007.

COELHO, P. *O alquimista.* Rio de Janeiro: Rocco, 1993.

COELHO, P. *Veronika decide morrer.* São Paulo: Planeta, 1998.

COLVILLE, W. *Spiritual Therapeutics or Divine Science. Applied to Moral, Mental and Physical Harmony.* Chicago: Educator Publishing Company, 1888.

COLVILLE, W. *Arte de ser feliz o el Decálogo en acción.* Traducción de Felicísimo López. Barcelona: Carbonell y Esteva, 1904.

COLVILLE, W. *Health from Knowledge or the Law of Correspondences Related to Phycho-Therapy.* New York: Macoy Publishing and Masonic Supply, 1909.

COMENIUS. *Didática magna* (1631). Tradução de Ivone Castilho Benedetti. 2. ed. São Paulo: Martins Fontes, 2002.

COMISIÓN DE LAS COMUNIDADES EUROPEAS. *Enseñar y aprender: hacia la sociedad cognitiva. Libro Blanco sobre la educación y la formación.* Bruselas, 1995. Disponível em: <http://www.uhu.es/cine.educacion/didactica/1libroblanco.htm>. Acesso em: 15 mar. 2010.

COMPAYRÉ, G. *La evolución intelectual y moral del niño.* Madrid: Jorro, 1905.

COMPAYRÉ, G. *La histoire de la pédagogie.* Paris: Delaplane, 1917.

COMPAYRÉ, G. *Psychologie appliquée a l' éducation. 1ère partie notions théoriques.* Paris: Delaplane, 1889.

CONGRESSO INTERNACIONAL DE CIDADES EDUCADORAS. *Carta de Cidades Educadoras.* 2004. Disponível em: <http://www.bcn.es/edcities/esp/carta/carta_ciudades.pdf>. Acesso em: 20 out. 2008.

CONWELL, R. *Uma fortuna ao seu alcance.* Rio de Janeiro: Record, 1996.

COOMBS, P. *A crise mundial da educação.* São Paulo: Perspectiva, 1976.

CORAGGIO, J; TORRES, R. *La educación según El Banco Mundial. Un análisis de sus propuestas y métodos.* Buenos Aires: Miño y Dávila, 1999.

COUSINET, R. *A educação nova.* São Paulo: Moraes, 1976.

COVEY, S. *Los siete hábitos de la gente altamente efectiva. La revolución ética en la vida cotidiana y en la empresa.* Traducción de Jorge Piatigorsky. Barcelona: Paidós Ibérica, 1999.

COVEY, S. *O oitavo hábito. Da eficácia à grandeza.* 5. ed. Tradução de Cláudia Gerpe Duarte. Rio de Janeiro: Best Seller, 2011.

CURY, A. *Pais brilhantes, professores fascinantes. A educação inteligente: formando jovens pensadores e felizes.* Rio de Janeiro: Sextante, 2003.

CURY, A. *Seja líder de si mesmo.* Rio de Janeiro: Sextante, 2004.

CURY, A. *Filhos brilhantes, alunos fascinantes.* São Paulo: Academia de Inteligência, 2007a.

CURY, A. *Treinando a emoção para ser feliz.* São Paulo: Planeta, 2007b.

CURY, A. *O código da Inteligência.* Rio de Janeiro: Ediouro; Thomas Nelson, 2008.

CUTLER, H; DALAI LAMA. *El arte de la felicidad.* Buenos Aires: Sudamericana, 2008.

DANFORTH, W. *Desafio você!* St. Louis: William Danforth, 1941.

DAWKINS, R. *Deus um delírio.* São Paulo: Companhia das Letras, 2007.

DECROLY, O. *Iniciación general al método Decroly.* Buenos Aires: Losada, 1939.

DECROLY, O. Reflexiones generales sobre los juegos escolares y el trabajo manual. *Cultura,* Tunja (Colombia), v. VI, n. 70-71, 1933.

DELORS, J. *Educação: um tesouro a descobrir. Relatório para a UNESCO da Comissão Internacional sobre Educação para o século XXI.* Tradução de José Carlos Eufrázio. São Paulo: Cortez; UNESCO; MEC, 1998.

DEWEY, J. *El niño y el programa escolar. Mi credo pedagógico.* 3. ed. Buenos Aires: Losada, 1999.

DEWEY, J. *Experiencia y educación. La educación tradicional frente a la educación progresiva.* 9. ed. Buenos Aires: Losada, 2000.

DEWEY, J. *Mi credo pedagógico.* Tradução de Fernando Beltrán Llavador. León: Universidad, Secretariado de Publicaciones, 1997.

DIEZ, F. *Breve historia de las religiones.* Madrid: Alianza, 2006.

DRUMMOND, H. *O dom supremo.* Tradução de Paulo Coelho. Rio de Janeiro: Rocco, 1993.

DUQUE, J. *Personalidad positiva.* Santa Fe de Bogotá: Actitud Positiva, 2000.

EL TIEMPO. *Librería Americana,* serie VI, n. 4, 6 nov. 1911c. Disponível em: <http://news.google.com/newspapers?id=0gseAAAAIBAJ&sjid=sVEEAAAAIBAJ&hl=es&p-g=2335%2C4908999 >. Acesso em: 10 maio 2011.

EL TIEMPO. *Librería Colombiana Camacho Roldan y Tamayo,* año 2, n. 326, p. 4, 1 abr. 1912. Disponível em: < http://news.google.com/newspapers?id=eBAeAAAAIBA-J&sjid=xlEEAAAAIBAJ&hl=es&pg=2013%2C1485424>. Acesso em: 15 maio 2011.

EL TIEMPO. *Librería Colombiana Camacho Roldan y Tamayo,* año 9, n. 2627, p. 1, 13 enero 1919. Disponível em: <http://news.google.com/newspapers?id=d-EbAAAAI-BAJ&sjid=_FEEAAAAIBAJ&hl=es&pg=1755%2C5151917>. Acesso em: 21 jul. 2011.

EL TIEMPO. *Librería Colombiana Camacho Roldan y Tamayo,* serie IV, n. 157, p. 3, 10 ago. 1911a. Disponível em: <http://news.google.com/newspapers?id=ogseAAAAI-BAJ&sjid=sVEEAAAAIBAJ&hl=es&pg=3443%2C3329546>. Acesso em: 3 abr. 2011.

EL TIEMPO. *Librería Colombiana Camacho Roldan y Tamayo,* serie V, n. 174, p. 3, 1 sept. 1911b. Disponível em: <http://news.google.com/newspapers?id=sQseAAAAI-BAJ&sjid=sVEEAAAAIBAJ&hl=es&pg=7379%2C3735370>. Acesso em: 7 abr. 2011.

EL TIEMPO. *Librería Colombiana Camacho Roldan y Tamayo,* serie V, n. 199, p. 3, 4 oct. 1911d. Disponível em: <http://news.google.com/newspapers?id=wQseAAAAIBA-J&sjid=sVEEAAAAIBAJ&hl=es&pg=1698%2C4297574>. Acesso em: 15 maio 2011.

ELIADE, M. *Historia de las ideas y las creencias religiosas. De la Edad de Piedra a los Misterios de Eleusis.* Tradução de Jesús Valiente Malla. Barcelona: Paidós, 1999. v. 1-4.

ELIAS, N. *El proceso de la civilización. Investigaciones sociogenéticas y psicogenéticas.* México: Fondo de Cultura Económica, 1987.

EPICTETO. *Manual o Enquirion* (55-140 d.C.). Traducción de lo griego para el francés por Josef Ortiz de Sanz. Traducción de lo francés para el español por Jean Pépin. Santiago: LOM, 2011.

EPICURO. Antologia de textos (341-271/70 a.C.). São Paulo: Abril Cultural, 1980. p. 13-18. (Coleção Os pensadores).

FALCO, V.; COIMBRA, A. F. *Os elegíacos gregos de Calino a Crates.* São Paulo: Cultura, 1941.

FAURE, E. *Aprender a ser: la educación del futuro.* 3. ed. Mexico: Alianza, 1974.

FIGUEIREDO, L. *A invenção do psicológico: quatro séculos de subjetivação* (1500 – 1900). 2. ed. São Paulo: Educ-Escuta, 1994.

FISCHER, R. M. Foucault e o desejável conhecimento do sujeito. *Educação e Realidade,* Porto Alegre, v. 24, n. 1, p. 39-59, jan./jun. 1999.

FOERSTER, F. *El buen gobierno de la vida: libro para los pequeños y para los grandes.* Tradução de J. M. Palomeque e Arroyo. Torino: S.T.E.N., 1910.

FOERSTER, F. *A questão judaica.* 1961. Disponível em: <http://www.traca.com.br/livro/177909/a-questao-judaica>. Acesso em: 18 ago. 2012.

FOSTER, B.; POLINGER, K. *Las civilizaciones antiguas de Mesopotamia.* Barcelona: Crítica, 2011.

FOUCAULT, M. *Historia de la sexualidad 1 – la voluntad de saber.* México: Siglo XXI, 1977.

FOUCAULT, M. "Omnes et singulatim" para uma crítica da razão política. In: FOUCAULT, M. *Tecnologías del yo y otros textos afines.* 3. ed. Barcelona: Paidós Ibérica, 1990a.

FOUCAULT, M. *Tecnologías del yo y otros textos afines.* 3. ed. Barcelona: Paidós Ibérica, 1990b.

FOUCAULT, M. *La hermenéutica del sujeto. Curso en el Collège de France* (1981-1982). Tradução de Pons Horacio. México: Fondo de Cultura Económica, 2002.

FOUCAULT, M. Foucault Estuda a Razão de Estado. In: BARROS DA MOTTA, M. (Org.). *Estratégia, poder-saber. Ditos & escritos IV.* Rio de Janeiro: Forense, 2003a. p. 317-322.

FOUCAULT, M. *El yo minimalista. Conversaciones con Michel Foucault.* Buenos Aires: La marca, 2003b.

FOUCAULT, M. *Discurso y verdad en la antigua Grecia.* Barcelona: Paidós, 2004.

FOUCAULT, M. *Defender la sociedad. Curso en el Collège de France* (1975-1976). Tradução de Pons Horacio. Buenos Aires: Fondo de Cultura Económica, 2006a.

FOUCAULT, M. *Seguridad, territorio, población. Curso en el Collège de France* (1977-1978). Tradução de Pons Horacio. Buenos Aires: Fondo de Cultura Económica, 2006b.

FOUCAULT, M. *El poder psiquiatrico. Curso en el Collège de France* (1973-1974). Tradução de Pons Horacio. Buenos Aires: Fondo de Cultura Económica, 2007a.

FOUCAULT, M. *Nacimiento de la biopolítica. Curso en el Collège de France* (1978-1979). Tradução de Pons Horacio. Buenos Aires: Fondo de Cultura Económica, 2007b.

FOUCAULT, M. *El gobierno de sí y de los otros. Curso en el Collège de France* (1982-1983). Tradução de Pons Horacio. Buenos Aires: Fondo de Cultura Económica, 2009.

FOUCAULT, M. *El coraje de la verdad: El gobierno de sí y de los otros II. Curso en el Collège de France* (1983-1984). Tradução de Pons Horacio. Buenos Aires: Fondo de Cultura Económica, 2010a.

FOUCAULT, M. *Do Governo dos Vivos* (excertos). Organizado por Nildo Avelino. São Paulo: Centro de Cultura Social; Rio de Janeiro: Achiamé, 2010b.

FOUCAULT, M. About the Beginning of the Hermeneutics of the Self. Two Lectures at Dartmouth, 1980. In: _____. *Do Governo dos Vivos* (excertos). Tradução e transcrição de Nildo Avelino. São Paulo: Centro de Cultura Social; Rio de Janeiro: Achiamé, 2011.

FRASES DE VIDA. *Frases de vida de Samuel Smiles.* 2012. Disponível em: < http://www.frasesdevida.com/samuel-smiles.html>. Acesso em: 7 out. 2012.

FREINET, C. *La escuela moderna francesa. Una pedagogía moderna de sentido común. Las invariantes pedagógicas.* Madrid: Morata, 1996.

FREITAG, B. *O indivíduo em formação.* São Paulo: Cortez, 1994.

FUNDAÇÃO FORD. *A Partner for Social Change.* 2010. Disponível em: <http://www.fordfound.org/about>. Acesso em: 10 mar. 2010.

GADELHA, S. *Biopolítica, governamentalidade e educação.* Belo Horizonte: Autêntica, 2009.

GANEM, G. *Yo, S.A. de C.V. Conviértete en el director general de tu propia vida.* México: Random House Mondadori; Grijalabo, 2008.

GIBRAN, K. *El profeta, el loco, páginas escogidas.* Bogotá: Panamericana, 2003.

GILBERT, E. *Comer, rezar, amar.* Rio de janeiro: Objetiva; Santillana, 2007.

GRAVES, R. *O grande livro dos mitos gregos.* Tradução de Fernando Klabin. São Paulo: Ediouro, 2008.

HADOT, P. *Ejercicios espirituales y filosofía antigua.* Madrid: Siruela, 2006.

HATELEY, B.; SCHMIDT, W. *Un pavo real en el reino de los pingüinos. Fábula sobre los riesgos y posibilidades de ser diferente en el mundo empresarial.* Tradução de Beatriz Caballero y María del Mar Rabassa. Bogotá: Norma, 1996.

HAY, L. *Usted puede sanar su vida.* Barcelona: Urano, 2007.

HICKS, E.; HICKS, J. *La ley de la atracción. El secreto que hará realidad todos sus sueños.* Tradução de Alicia Sáchez Millet. Barcelona: Urano, 2007.

HILL, N. *Você pode fazer os seus milagres.* Rio de Janeiro: Record, 1971.

HILL, N. *Os degraus da fortuna. A força do pensamento aplicado ao sucesso* (1930). São Paulo: Ibrasa, 1973.

HILL, N.; STONE, C. *Success Through a Positive Mental Attitude* (1960). New York: Pocket Book, 1991.

HILL, N. *As regras de ouro de Napoleon Hill.* Rio de janeiro: José Olympio, 1994.

HILL, N. *Lei do triunfo* (1928). Rio de janeiro: Jose Olympio, 1997.

HILL, N.; KEOW, H. *Sucesso e riqueza pela persuasão* (1970). Rio de Janeiro: Record, 2004.

HILL, N. *Pense e enriqueça* (1937). São Paulo: Estratégica, 2011a.

HILL, N. *A chave mestra das riquezas* (1965). Rio de Janeiro: Record, 2011b.

HOUAISS. *Dicionário da língua portuguesa*. Rio de Janeiro: Objetiva, 2009.

HOUSE, W. *Israel: The Land and the People. An Evagelical Affirmation of God's Promises.* Michigan: Kregel, 1998.

HUNTER, I. *Repensar la escuela. Subjetividad, burocracia y crítica.* Barcelona: Pomares-Corredor, 1998.

ILLOUZ, E. *Intimidades congeladas. Las emociones en el capitalismo.* Buenos Aires: Katz, 2007.

ILLOUZ, E. *La salvación del alma moderna. Terapia, emociones y la cultura de la autoayuda.* Madrid: Katz, 2010.

JAEGER, W. *Paidéia. A formação do Homem Grego.* Tradução de Artur Parreira. São Paulo: Martins Fontes, 1995.

JAEGER, W. *Cristianismo primitivo y paideia griega.* Madrid: Biblioteca de Autores Cristianos, 2004.

JAMES, W. *As variedades da experiência religiosa. Um estudo sobre a natureza humana* (1901). Tradução de Octavio Méndes Cajado. São Paulo: Cultrix, 1991.

JOHNSON, S. *Quem mexeu no meu queijo?* Rio de Janeiro: Record, 2004.

JOYAU, E. *Epicuro.* São Paulo: Abril Cultural, 1980. p. 3-12. (Coleção Os pensadores).

KANT, I. *Fundamentação da metafísica dos costumes.* São Paulo: Discurso, 2009.

KINDER, H.; HILGEMANN, W.; HERGT, M. *Atlas histórico mundial.* 19. ed. Madrid: Akal, 2006.

KITTEL, G. *Compendio del diccionario teológico del nuevo testamento.* Michigan: Desafío, 2003.

KÜNG, H. *El judaísmo, pasado, presente y futuro.* Madrid: Trotta, 1993.

LARROSA, J. Tecnologías del yo y educación. Notas sobre la construcción y la mediación pedagógica de la experiencia de si. In: LARROSA, J. (Ed.). *Escuela, poder y subjetivación.* Madrid: La Piqueta, 1995.

LIPOVETSKY, G. *El crepúsculo del deber. La ética indolorade los nuevos tiempos democráticos.* Barcelona: Anagrama, 1994.

LOBROT, M. *Para que serve a escola?* Lisboa: Terramar, 1995.

LONDOÑO, R. et al. *Perfiles de los docentes del sector público de Bogotá.* Bogotá: IDEP, 2011.

LOPERA, J.; BERNAL, M. *La culpa es de la vaca. Anécdotas, parábolas, fábulas y reflexiones sobre liderazgo. Parte 1.* Bogotá: Intermedio, 2002.

LOPERA, J.; BERNAL, M. *La culpa es de la vaca. Anécdotas, parábolas, fábulas y reflexiones sobre liderazgo. Parte 2.* Bogotá: Intermedio, 2007.

LOPEZ-RUIZ, O. *Os executivos das transnacionais e o espírito do capitalismo: capital humano e empreendedorismo como valores sociais.* Rio de janeiro: Azougue, 2007.

LUCRÉCIO. *Da natureza* (98? a.C.-55? d.C.). Tradução de Jaime Bruna. São Paulo: Abril Cultural, 1980. p. 21-135. (Coleção Os pensadores).

MANDINO, O. *O maior vendedor do mundo*. Tradução de P. V. Damasio. São Paulo: Círculo do Livro, 1968.

MANDINO, O. *Misión: ¡Éxito!* Traducción de Guadalupe Mesa Staines. Bogotá: Círculo de Lectores, 1987.

MARCO AURÉLIO. Meditações (121-180). Tradução de Jaime Bruna. São Paulo: Abril Cultural, 1980. p. 262-319. (Coleção Os pensadores).

MARÍN-DÍAZ, D. *Infância: discussões contemporâneas, saber pedagógico e governamentalidade*. 2009. 191 f. Dissertação (Mestrado em Educação) – Programa de Pós-Graduação em Educação, Faculdade de Educação, Universidade Federal do Rio Grande do Sul, Porto Alegre, 2009.

MARÍN-DÍAZ, D.; NOGUERA-RAMÍREZ, C. Educar es gobernar. In: VEIGA-NETO, A. J. *et al*. *Gubernamentalidad y educación. Discusiones contemporáneas*. Bogotá: Instituto para la Investigación Educativa y el Desarrollo Pedagógico (IDEP), 2011. p. 127-51.

MARTÍNEZ, A.; NOGUERA, C.; CASTRO, J. *Currículo y modernización. Cuatro décadas de educación en Colombia*. Bogotá: Foro Nacional por Colombia; Tercer Milenio, 1994.

MARTÍNEZ, A. *De La escuela expansiva a La escuela competitiva*. Barcelona: Anthropos, 2004.

MASTER MIND. *Treinamento Master Mind para você*. 2006. Disponível em: < http://www.mastermindbr.com/saopaulo/master_mind_voce.asp>. Acesso em: 8 ago. 2012.

McMAHON, D. M. *Una historia de la felicidad*. Madrid: Tauros, Santillana, 2006.

MINISTÉRIO DA SAÚDE. Goiás investe na formação dos profissionais em Práticas Integrativas. O que é Ayurveda? *Revista Brasileira Saúde da Família*, Goiânia, ano IX, p. 58-61, maio 2008.

MESTRE, V. *La perfección moral (o el arte de vivir dichoso según Benjamín Franklin)*. Barcelona: Henrich y Cía, 1911a.

MESTRE, V. *Disquisiciones militares*. Barcelona: Henrich y Cía, 1911b.

MIRANDA, S. *100 dicas para a autoestima do aluno*. Campinas: Papirus, 2004.

MIRANDA, S. *Professor, não deixe a peteca cair!: 63 ideias para aulas criativas*. Campinas: Papirus, 2005.

MIRANDA, S. *100 Lembretes e uma carta para a autoestima do professor*. Campinas: Papirus, 2006.

MIRANDA, S. *Como se tornar um educador de sucesso. Dicas, conselhos, propostas e ideias para potencializar a aprendizagem*. Petrópolis: Vozes, 2011.

MONROE, P. *História da Educação*. Tradução de Idel Becker. São Paulo: Companhia Editorial Nacional, 1970.

MONTESSORI, M. *La mente absorbente del niño*. Mexico: Diana, 2002.

NIETZSCHE, F. *Ecce homo. Como alguém se torna o que é*. Tradução de Paulo César de Souza. São Paulo: Companhia das Letras, 1995.

NIETZSCHE, F. *Genealogia da moral. Uma polêmica*. Tradução de Paulo César de Souza. São Paulo: Companhia das Letras, 1998.

NIETZSCHE, F. *Aurora. Reflexões sobre os preconceitos morais*. Tradução de Paulo César de Souza. São Paulo: Companhia das Letras, 2004.

NOGUERA-RAMÍREZ, C. *Pedagogia e governamentalidade: ou da modernidade como uma sociedade educativa*. Belo Horizonte: Autêntica, 2011.

NOGUERA-RAMÍREZ, C.; MARÍN-DÍAZ, D. Educar es gobernar. La educación como arte de gobierno. In: *Cadernos de Pesquisa*, v. 42, n. 145, p. 14-29, jan./abr. 2012.

NOT, L. *Las pedagogías del conocimiento*. Bogotá: Fondo de Cultura Económica, 2000.

OEI. Declaración Mundial sobre educación para todos: satisfacción de las necesidades básicas de aprendizaje. *Informes de los Países Iberoamericanos: World Education Forum. Dakar 2000*. Disponível em: <http://www.oei.es/efa2000jomtien. htm>. Acesso em: 16 nov. 2008.

ONFRAY, M. *El cristianismo hedonista. Contrahistoria de la filosofía II*. Barcelona: Anagrama, 2010.

OREALC/CEPAL-UNESCO. *Educación y conocimiento: Eje de la transformación productiva con equidad*. Santiago de Chile: OREALC/UNESCO, 1993.

ORTEGA, F. *Amizade e estética da existência em Foucault*. Rio de Janeiro: Graal, 1999.

ORTEGA, F. *Genealogias da amizade*. São Paulo: Iluminuras, 2002.

PALPACELLI, L. Um exemplo de escritura protréptica: O Eutidemo. *Archai. Revista de estudos sobre as origens do pensamento ocidental*. Brasília, v. 0, n. 6, maio 2011. Disponível em: <http://seer.bce.unb.br/index.php/archai/article/view/3750/3254>. Acesso em: 8 ago. 2012.

PLATÃO. *As leis* (427?-347? a.C.). Bauru (SP): Edipro, 1999.

PLATÓN. *Diálogos* (427?-347? a.C.). México: Porrúa, 2007.

PLUTARCO, *Licurgo. Vidas Paralelas*. Tradução de Aristides da Silva Lobo. São Paulo: Das Américas, s/d. v. 1. Disponível em: <http://www.consciencia.org/estoicismobrehier. shtml>. Acesso em: 5 maio 2012.

PLUTARCO, *Péricles. Vidas Paralelas*. Tradução de Aristides da Silva Lobo. São Paulo: Das Américas, s/d. v. 2. Disponível em: <http://www.consciencia.org/estoicismobrehier. shtml> Acesso em: 5 maio 2012.

PLUTARCO, *Sólon. Vidas Paralelas*. Tradução de Aristides da Silva Lobo. São Paulo: Das Américas, s/d. v. 1. Disponível em: <http://www.consciencia.org/estoicismobrehier. shtml>. Acesso em: 6 maio 2012.

POPKEWITZ, T. *Cosmopolitanism and the Age of School Reform: Science, Education, and Making Society by Making the Child*. New York: Routledge; Taylor Francis Group, 2008.

POPKEWITZ, T. Sociedade da Aprendizagem, cosmopolitismo, saúde pública, prevenção à criminalidade. *Educação e realidade*, Porto Alegre, UFRGS, v. 34, n. 2, 2009.

RENOVANDO ATITUDES, *Você pode curar sua vida*. Louise Hay - o filme. 2010. Disponível em: < http://renovandoatitudes-marceli.blogspot.com.br/2011/08/voce--pode-curar-sua-vida-louise-hay-o.html>. Acesso em: 9 maio 2012.

RIBEIRO, L. *Excelência emocional*. Belo Horizonte: Leitura, 2002a.

RIBEIRO, L. *Ideias que estimulam*. Belo Horizonte: Leitura, 2002b.

RIBEIRO, L. *Como passar no vestibular: use a cabeça e vença o desafio*. Belo Horizonte: Leitura, 2003.

RIBEIRO, L. *Educando com amor e responsabilidade*. Belo Horizonte: Leitura, 2007.

RIBEIRO, L. *Como se tornar um educador de sucesso*. Rio de Janeiro: Vozes, 2011.

RODRIGUEZ, P. Individuar. De cristales, esponjas y afectos. In: SIMONDON, G. *La individuación*. Tradução de Pablo Ires. Buenos Aires: La Cebra, Cactus, 2009. p. 11-19.

ROSE, N.; MILLER, P. Polical Power Beyond the State: Problematics of Government. *British Journal of Sociology*, v. 43, n. 2, p. 172-205, 1992.

ROSE, N. El gobierno en las democracias liberales "avanzadas": del liberalismo al neoliberalismo. *Archipiélago: Cuadernos de crítica de la Cultura*, Barcelona, p. 25-41, Verano 1996.

ROSE, N. Governando a alma: a formação do eu privado. In: SILVA, T. (Org.). *Liberdades reguladas. A pedagogia construtivista e outras formas de governo do eu*. 2. ed. Petrópolis: Vozes, 1998. p. 30-45.

ROSE, N. ¿La muerte de lo social? Re-configuración del territorio de gobierno. *Revista Argentina de Sociología,* año 5, n. 8, p. 111-150, 2007.

SAID, E. *Orientalismo: Oriente como invenção do Ocidente*. São Paulo: Companhia das Letras, 1996.

SCHOLEM, G. *Conceptos básicos del judaísmo*. Madrid: Siruela, 1998.

SCHULTZ, T. *Capital humano: investimentos em educação e pesquisa*. Rio de janeiro: Zahar, 1973a.

SCHULTZ, T. *O valor econômico da educação*. 2. ed. Rio de janeiro: Zahar, 1973b.

SÊNECA. *Aprendendo a viver* (63-65). Tradução de Lucía Sá Rebello. Porto Alegre: L&PM, 2009.

SENELLART, M. *As artes de governar. Do regimen medieval ao conceito de governo*. Tradução de Paulo Neves. São Paulo: Editora 34, 2006.

SENNETT, R. *La corroción del caracter*. Barcelona: Anagrama, 2010.

SILVA, T. As Pedagogias psi e o governo do eu. In: SILVA, T. (Org.). *Liberdades reguladas. A pedagogia construtivista e outras formas de governo do eu*. 2. ed. Petrópolis: Vozes, 1998. p. 7-13.

SIMONDON, G. *La individuación*. Buenos Aires: La Cebra; Cactus, 2009.

SIMONS, M; MASSCHELEIN, J. *The Learning Society and Governmentality: An Introduction*. Educational Philosophy and Theory, v. 38, n. 4, p. 417-430, 2006.

SLOTERDIJK, P. *Has de cambiar tu vida*. Tradução de Pedro Madrigal. Valencia: Pre-textos, 2012.

SMILES, S. *El caracter* (1871). 6. ed. Tradução de Emilio Soulère. Paris: Garnier Hermanos, 1895.

SMILES, S. *Vida y trabajo los caracteres propios de los hombres según su laboriosidad, cultura y gênio* (1887). 8. ed. Paris: Garnier Hermanos, 1901.

SMILES, S. *Ayudate* (1859). 8. ed. Tradução de Nuñes de Prado. Barcelona: Ramón Sopena, 1935a.

SMILES, S. *El deber* (1880). 8. ed. Barcelona: Ramón Sopena, 1935b.

SMILES, S. *El ahorro* (1875). 8. ed. Barcelona: Ramón Sopena, 1935c.

TAYLOR, C. *As fontes do self. A construção da identidade moderna.* São Paulo: Loyola, 2011.

TEDESCO, J. C. *Educar en la sociedad del conocimiento.* Buenos Aires: Fondo de Cultura Económica, 2000.

TIBA, I. *Quem ama, educa.* São Paulo: Gente, 2002.

TIBA, I. *Disciplina: limite na medida certa. Novos Paradigmas.* São Paulo: Integrare, 2006.

TIBA, I. *Educação & Amor.* São Paulo: Integrare, 2007.

TIBA, I. *Ensinar aprendendo. Novos paradigmas na educação.* São Paulo: Integrare, 2008.

UNESCO. *Declaração mundial sobre educação para todos: satisfação das necessidades básicas de aprendizagem.* Jomtien: Unesco, 1998.

UNESCO. *O perfil dos professores brasileiros.* Brasilia/São Paulo: Moderna, 2004.

VARELA, J.; ALVAREZ-URÍA, F. *Arqueología de la escuela.* Madrid: La Piqueta, 1991.

VEIGA-NETO, A. *A ordem das disciplinas.* 1996. 335 f. Tese (Doutorado em Educação) – Programa de Pós-Graduação em Educação, Faculdade de Educação, Universidade Federal do Rio Grande do Sul, Porto Alegre, 1996.

VEIGA-NETO, A. Educação e governamentalidade neoliberal: novos dispositivos, novas subjetividades. In: PORTOCARRERO, V.; CASTELO BRANCO, G. (Orgs.). *Retratos de Foucault.* Rio de Janeiro: Nau, 2000. p. 179-217.

VEIGA-NETO, A. Biopoder e dispositivos de normalização: implicações educacionais. In: NEUTZLING, I.; RUIZ, C. M. M. B. *O (des)governo biopolítico da vida humana.* São Leopoldo: Casa Leiria, 2011. p. 15-35.

VEIGA-NETO, A.; LOPES, M. C. Gubernamentalidad, biopolítica y inclusión. In: CORTEZ-SALCEDO, R.; MARÍN-DÍAZ, D. (Comp.). *Gubernamentalidad y educación: discusiones contemporâneas.* Bogotá: IDEP, 2011. p. 105-122.

VIDAL, B. *Historias de los dioses sumerios. Mitología peculiar sumeria.* Madrid: Edimat Libros, 1999.

WAGNER, C. *Para los pequeños y para los mayores: conversaciones sobre la vida y el modo de servirse de ella.* Traducción de Domingo Vaca. Madrid: D. Jorro, 1908.

WAGNER, C. *Para Pequenos e Grandes. Conversas sobre a vida e o modo de servir-se delas.* Rio de Janeiro: Civilização Brasileira, 1936.

WAGNER, C. *A través de los hombres y de las cosas. La base de todo. Obra dedicada a los padres que desean contribuir a la formación del alma de sus hijos.* Madrid: D. Jorro, s/a.

WALKERDINE, V. Uma análise foucaultiana da pedagogia construtivista. In: SILVA, T. (Org.). *Liberdades reguladas. A pedagogia construtivista e outras formas de governo do eu.* 2. ed. Petrópolis: Vozes, 1998. p. 143-216.

WAYNE, D. *Tus zonas erróneas.* Mexico: Grijalbo, 1992.

WAYNE, D. *Seus pontos fracos. Técnicas arrojadas mas simples para cuidar dos desajustes do seu comportamento psicológico.* Rio de Janeiro: Record, 1993.

WERTHEIN, J. *Fundamentos da nova educação*. Brasília: UNESCO, 2000.

WIEL, G. Educação Permanente e educação escolar. *A pedagogia no século XX: história contemporânea das ciências humanas*. Lisboa: Moraes, 1978. 2 v.

Sites

<http://www.franklincovey.com.br/quem-somos.html>. Acesso em: 26 nov. 2012.

<http://www.frasesdevida.com/samuel-smiles.html>. Acesso em: 7 out. 2012.

<http://www.traca.com.br/livro/177909/a-questao-judaica>. Acesso em: 18 ago. 2012.

<http://lucio-vergel.blogspot.com.br/2011/02/charles-wagner-o-misterioso-amigo.html>. Acesso em: 10 maio 2010.

<htpp://www.mastermindbr.com/saopaulo/master_mind_voce.asp>. Acesso em: 18 ago. 2012.

<http://renovandoatitudes-marceli.blogspot.com.br/2011/08/voce-pode-curar-sua-vida-louise-hay-o.html>. Acesso em: 9 maio 2012.

<http://www.youtube.com/watch?v=qMNRFpfYdZY>. Acesso em: 10 maio 2011.

<http://www.youtube.com/watch?v=BNq1sEvNuJo> Acesso em: 14 jan. 2015.

<http://slowscience.fr/>. Acesso em: 27 nov. 2012.

A autora

Dora Lilia Marín-Díaz

É mestre e doutora em Educação na linha de Estudos Culturais pela Universidade Federal do Rio Grande do Sul (UFRGS). Pesquisadora do Grupo História de la Práctica Pedagógica en Colombia (GHPPC), do Grupo de Estudos e Pesquisas em Currículo e Pós-Modernidade (GEPCPós), da UFRGS, e do Grupo de Estudo e Pesquisa em Inclusão (GEPI), da Unisinos. É especialista em Estudos Culturais, pela Pontifícia Universidade Javeriana (Colômbia), e em Avaliação Educacional pela Universidade El Bosque (Colômbia). Publicou estudos e artigos em livros e revistas na área de Educação, com ênfase em História e Filosofia da Educação. Pesquisa sobre a procedência dos discursos educativos contemporâneos na sua relação com práticas éticas e políticas e estuda sobre as práticas de si, a constituição da infância e as práticas governamentais na sua relação com as práticas pedagógicas.

Este livro foi composto com tipografia Bembo Std e impresso
em papel Off Set 75 g/m² Gráfica Paulinelli.